朱绍禹先生在“第二届朱绍禹语文教育思想研讨会”上与部分弟子合影

朱绍禹先生参加东北师范大学文学院硕士研究生论文答辩

朱绍禹先生在杭州参加“当代语文学习理论指导”丛书编写研讨会

朱绍禹先生在全国语文学习科学专业委员会第三次会员代表大会预备会上与学会部分领导合影

▲ 朱绍禹先生在“全国语文学习科学实验学校校长工作研究会”成立大会上与校长代表合影

朱绍禹先生为“全国语文学习科学实验学校”授校牌 ▶

◀ 朱绍禹先生作课题实验报告

朱绍禹先生在题字 ▶

朱绍禹先生在书房

朱绍禹先生在杭州西湖苏堤留影

朱绍禹先生在桂林留影

朱绍禹先生的“全家福”照

◎王光龙 张文颖 主编

XUEZHE DAOSHI QIZHI

学者·导师·旗帜

——回忆语文教育家朱绍禹先生

语文出版社
·北京·

图书在版编目（CIP）数据

学者·导师·旗帜：回忆语文教育家朱绍禹先生 / 王光龙，张文颖主编. -- 北京：语文出版社，2017.6
ISBN 978-7-5187-0244-2

Ⅰ. ①学… Ⅱ. ①王… ②张… Ⅲ. ①朱绍禹－回忆录 Ⅳ. ①K825.46

中国版本图书馆CIP数据核字(2017)第114525号

责任编辑　张双亭
装帧设计　梁　明
出　　版　语文出版社
地　　址　北京市东城区朝阳门内南小街51号　100010
电子信箱　ywcbsywp@163.com
排　　版　大有图文信息有限公司
印刷装订　北京市科星印刷有限责任公司
发　　行　语文出版社　新华书店经销
规　　格　787mm × 1092mm
开　　本　1/16
印　　张　26
字　　数　373千字
插　　页　2
版　　次　2017年6月第1版
印　　次　2017年6月第1次印刷
印　　数　1-1,000
定　　价　65.00元

010-65253954（咨询）010-65251033（购书）010-65250075（印装质量）

一座用万千深情凝铸的永久的丰碑

（代　序）

周庆元

我国当代著名语文教育家朱绍禹先生已经离我们远去。时光的流逝，不仅没能冲淡我们对先生的记忆，反而时常激起我们对他老人家的缅怀。每当打开记忆的闸门，朱先生的身影就会变得愈加清晰和高大。我们需要一个倾诉情怀、寄托忆念的平台。

感谢光龙、文颖以及撰稿与编辑的各位同仁，是你们的诚挚与辛劳，使一部情深义重的追思文集得以问世。捧读《学者·导师·旗手——回忆语文教育家朱绍禹先生》一书，令人热泪盈眶，唏嘘不已；令人心潮澎湃，思绪万千。这是一部不同寻常的回忆录，这里洋溢着生者怀念逝者的万千深情，这是逝者留给生者的一座永久的丰碑。

我们说这里洋溢着生者怀念逝者的万千深情，因为本书汇聚了缅怀与颂扬先生的丰富情感。本书编辑组在征稿函中充满期待："编辑《学者·导师·旗手——回忆语文教育家朱绍禹先生》，既可寄托各位对朱先生的怀念，又可丰富朱先生传记的内容，为后人留下宝贵的研究资料。"为此，向"与朱先生曾经有过密切的交往，保留着一份深厚的情谊"的亲属朋友、学生晚辈广泛征稿。函件发出，四海景从，应征文稿纷至沓来。这些文稿，一部分来自先生的亲属，他的老伴、女儿、女婿、外孙、侄女等，更多的则来自先生的同学、朋友、学生以及门徒。这里有年近九旬的耄耋老人，也有风华正茂的年轻才俊；有培育人才的专家学者，也有经营实业的儒商大亨；有声气相求的学友同事，也有登堂入室的弟子门生；还有景仰先生的学子、受惠于先生的粉丝，以及先生的学生的学生一辈的朱氏门徒。也许，他们之间年龄差距颇大，经历多有不同，跟先生的交往也有浅有深，但是，他们对先生的尊敬都是一样的虔诚，对先生的情感都是一样的纯真，对先生的怀念都是一样的深沉。请看看这些回忆文章的标题吧，《天国里的父亲，我的至爱我的痛》《翁婿情深》《恩重如山，情同父子》《领路人·诤友·榜样·楷模》等，一篇篇都是真情的袒露，赤诚的见证！应当感谢组稿的朋友，你们给朱先生的亲友构建了一个缅怀先贤、倾吐心声的大好平台；应当感谢撰稿的同仁，你们用泪、用心、用满腔真情抒发了对先生的怀念、崇敬、一往情深！这哪里是一部普通的纪念文集，分明凝聚着缅怀者的泪水心花，洋溢着我们怀念敬爱的朱先生的万千深情！

我们说这是逝者留给生者的一座永久的丰碑，因为通过众多亲友学生如数家珍般的忆念与倾诉，朱先生用他的读书、教书、写书的学者人生和教书育人、献身事业的高风亮节为我们树立了光彩照人的样板。收入本书的，既有《朱绍禹先生生平》这样秉笔直书、客观描述的史实性文稿，更有《追忆我最敬爱的父亲》《仪型永昭典范　德泽长惠人间》《老而弥坚　风范长存》这样叙议结合、情理交融的抒情性诗文。史实性文稿从纯客观事实记载的视角理性地描摹与铭刻了朱先生的生平与行状、人生与业绩，抒情性诗文则从记录撰稿者与朱先生交往中有价值的事件、谈话、情景、物件、照片，以及亲自听人叙述过的朱先生的事情的另一个视角，真实、准确、具体、生动地展现了朱先生的特有性格和伟岸形象。两者的有机互补、水乳交融，在我们的面前再现了朱先生的言谈举止、音容笑貌，由此宛如在我们的心中耸立一座永久的纪念碑！文集中的近100篇文稿，诉说着许许多多生动感人的故事。在这里，有的全面缅怀先生的业绩与风范，比如《奠基·开拓·提携》《泰斗永耀　风范长存》《业绩与风范的表率》等，有的集中赞扬先生的人品与人格，比如《梦里依稀朱公面，城头不变学术旗》《科学严谨，学者风范》等；有的从漫长的时间与广袤的空间来深情回忆跟先生的长期交往，比如《永远怀念朱绍禹先生》《回忆朱绍禹先生》《一代宗师誉宇寰》《铭心交情永难忘》等，有的则从一个侧面或者一个镜头捕捉忆念先生的印象，比如《亲近中小学的教育家》《像朱先生那样热爱生活》《最后一面》《一次难忘的教材编写经历》《朱先生在狼山》等，还有的则从不同的视角再现先生音容、刻画先生形象，比如《朱绍禹先生二三事》《有感于朱绍禹先生的绝笔》《你就是我第四个女儿了》《夕阳别样美，提携后学走一线》《渊博热忱为人师　乐观豁达引路人》等。撰稿者们用饱蘸深情的生花妙笔，集体描画了朱绍禹先生有血有肉、栩栩如生的生动形象。这不仅是生者献给逝者的一瓣心香，而且是逝者留给生者的宝贵精神财富。

这就是用万千深情凝铸的一座永久的丰碑。

由此，我们可以说，朱绍禹先生并未离去，他永远活在我们的心中！

目　　录

朱绍禹先生生平 / 东北师范大学……………………………………………………1

领路人·诤友·榜样·楷模
——回忆老同学朱绍禹先生 / 赵北柯……………………………………3
仪型永昭典范　德泽长惠人间
——悼念朱绍禹先生 / 董味甘……………………………………………7
永远怀念朱绍禹先生 / 陈永芳……………………………………………11
回忆朱绍禹先生 / 王　伟…………………………………………………16
奠基·开拓·提携
——怀念我国语文教学论的一代宗师朱绍禹先生 / 董菊初……21
我心中的朱绍禹大师 / 黄麟生……………………………………………23
沉痛悼念朱绍禹先生 / 于亚中……………………………………………29
一代宗师誉宇寰
——朱绍禹先生逝世四周年祭 / 于亚中…………………………33
铭心交情永难忘 / 曾祥芹…………………………………………………35
业绩与风范的表率
——朱绍禹先生辞世百日祭 / 韩雪屏　王相文……………………40
缅怀朱绍禹先生 / 曹洪顺…………………………………………………48

朱绍禹先生60岁以后做的事 / 曹洪顺 ……52
最后一面 / 程顺之 ……55
梦里依稀朱公面，城头不变学术旗
——永远地怀念朱绍禹先生 / 程顺之 ……57
活在我心中的朱绍禹先生 / 黄沧海 ……61
亦师亦友朱先生 / 阎立钦 ……65
后来者一定超过先行者
——缅怀我的学术引路人朱绍禹教授 / 李杏保 ……68
杏坛永忆长春藤
——迟到的倾诉，献给恩师朱绍禹教授 / 李杏保 ……73
朱绍禹先生二三事 / 韦志成 ……77
师魂永在　风范长存
——怀念朱绍禹老师 / 袁修钧 ……80
点滴的回忆　永远的怀念 / 谷千帆 ……87
泰斗永耀　风范长存
——怀念恩师朱绍禹先生 / 王松泉 ……93
献于朱先生灵前 / 卫灿金 ……100
忆恩师朱绍禹先生 / 佟士凡 ……103
回忆朱绍禹先生 / 何芝铭 ……109
有感于朱绍禹先生的绝笔 / 刘永康 ……111
永远怀念敬爱的朱绍禹先生 / 周庆元 ……115
我们心中的朱绍禹先生 / 倪文锦　严　正 ……121
先生风范　山高水长
——追怀朱绍禹先生 / 王显槐 ……129

目标明确　内容实在　步履不停

——回忆朱绍禹先生 / 蔡　明 …… 132

永远飘扬的旗帜

——悼恩师朱绍禹先生 / 王安琳 …… 137

怀念绍禹先生 / 颜　禾 …… 140

一次难忘的教材编写经历 / 颜　禾 …… 144

扶携晚学无遗力　风骨文章醒后人

——缅怀朱绍禹先生 / 许建中 …… 148

一代宗师，风范长存 / 刘莉萱 …… 153

忆朱绍禹先生 / 武玉鹏 …… 156

中小学语文教育科研的播火者

——回忆导师朱绍禹先生 / 孙国兴 …… 160

往事如丝常萦绕，情感似酒经年醇

——回忆敬爱的朱绍禹先生 / 王光龙 …… 164

深切悼念朱绍禹先生 / 王光龙 …… 183

不朽的学术精神

——痛悼朱绍禹先生 / 曹明海 …… 187

师恩浩荡　永志难忘 / 张中原 …… 190

老而弥坚　风范长存

——深切缅怀朱绍禹先生 / 潘纪平 …… 196

像朱先生那样热爱生活 / 潘茂生 …… 202

纪念朱绍禹先生 / 钱家珍 …… 206

我所敬畏的先生 / 倪三好 …… 210

巨星雨——我永远的怀念 / 陈玉秋 …… 215

亲近中小学的教育家
——深切悼念朱绍禹先生 / 尹钟祥 …… 220
又到枝头新绿时
——怀念朱绍禹先生 / 毓明笠 …… 224
恩重如山，情同父子
——写在朱绍禹先生逝世一周年 / 张文颖 …… 229
夕阳别样美，提携后学走一线
——回忆与朱绍禹先生交往的几件事 / 张占根 …… 233
感恩长存心间 / 王玉辉 …… 239
我所认识的朱绍禹先生 / 张德斌 …… 242
中国语文教育界的一代宗师
——悼念最崇敬的朱绍禹先生 / 许书明 …… 246
朱先生在狼山 / 时金芳 …… 250
我认识的朱绍禹先生 / 魏本亚 …… 252
乐观追求　永远优秀
——朱绍禹先生对我的影响 / 王香芝 …… 255
我心中的朱绍禹先生 / 张宝华 …… 261
笑口常开　精神常在
——忆朱绍禹先生 / 李咏梅 …… 265
大师远行　日月长明
——深深追思朱绍禹先生 / 潘　涌 …… 268
哀思缕缕　师恩难忘 / 宋　祥 …… 271
先生走好 / 宋　祥 …… 274
师恩难忘
——怀念恩师朱绍禹先生 / 韩向东 …… 277

永远的遗憾
——写在悼念朱绍禹先生逝世的日子里 / 欧阳芬 ······ 280
怀念朱绍禹先生 / 乔桂英 ······ 282
远去的恩师背影 / 王雅萍 ······ 284
一代宗师　风范长存 / 王雅萍 ······ 289
先生之风　山高水长 / 闫宏斐 ······ 293
你就是我第四个女儿了
——追思朱绍禹先生 / 肖晓燕 ······ 297
深切怀念朱绍禹先生 / 雷桂萍 ······ 300
您不会走
——悼念敬爱的朱绍禹先生 / 雷桂萍 ······ 303
师恩难忘 / 蔡美云 ······ 306
科学严谨，学者风范
——忆朱绍禹教授指导我校教学科研 / 隆廷凡 ······ 309
往事·记忆·感恩 / 徐　鹏 ······ 314
怀念先生 / 孙　芳 ······ 318
此情可待成追忆
——忆我与朱先生的一面 / 姜　虹 ······ 321
渊博热忱为人师　乐观豁达引路人 / 安图县两江“五七”中学师生 ······ 324

忆朱绍禹先生的最后十年 / 吴素贞 ······ 330
追忆我最敬爱的父亲 / 朱大雁 ······ 334
对父亲的点滴记忆 / 朱大雁 ······ 343
深切的怀念　由衷的敬仰
——忆我的父亲朱绍禹先生 / 朱加丹 ······ 347

天国里的父亲，我的至爱我的痛 / 朱加丹 …… 354
永远的思念
——忆父亲朱绍禹先生 / 朱迎丹 …… 358
翁婿情深 / 王启林 …… 369
忆岳父朱绍禹先生 / 王天佐 …… 373
烈火炼出来的真金 / 朱守愚 …… 376
老叔永远活在我们心中 / 朱守坡 …… 379
刻骨铭心的记忆
——缅怀我的老叔朱绍禹先生 / 朱丽华 …… 382
永远怀念叔叔 / 朱守英 …… 387
我和姥爷 / 王阅微 …… 389
思念姥爷 / 王楷植 …… 394
痛苦的记忆，衷心的感谢 / 朱迎丹 …… 398

后　记 …… 403

朱绍禹先生生平

东北师范大学

中国共产党党员，我国当代著名语文教育家，中国语文教育学理论的奠基者，教育部中小学教材审定委员会委员，原全国语文教学法研究会理事长，原全国语文学习科学专业委员会理事长，东北师范大学文学院教授朱绍禹先生，因病于2008年5月9日14时在长春吉林大学第三医院不幸逝世，享年87岁。

朱绍禹先生1922年12月13日出生于吉林省永吉县。1949年毕业于东北大学文学院国文系，1950年起在东北师范大学执教，历任中文系助教、讲师、副教授、教授。1986年成为我国语文教学论专业首位硕士生导师，1988年接受国家教委的委托，主持了三期来自全国各地高等师范（教育）院校的语文教学法教师参加的语文教学法研讨班，培养和造就了一大批语文教育研究的专家和学者。1990年朱先生离休，但他对学术研究更加热衷和执着，相继发表和出版了多种论著，并频繁地被邀请到各地讲学，国内曾两次举办"朱绍禹语文教育思想研讨会"，奠定了他作为语文教育理论研究一代宗师的地位。

朱绍禹先生从事教学和研究工作近60载，不仅以其坚实的教学实践培养了本科生、研究生、进修教师、中学骨干教师等多层次的专业人才，还凭借其丰厚的学术功底出版了大量的著作，著有《中学语文教育概说》《中学语文教学法》《语文教育科研导引》《朱绍禹文存》，主编《国外语文教育资料》《九国语文教育资料》《语文教育学》《美日苏语文教学》《语文教育文存·外国语文教育》《中学语文教材概观》《中外母语课程教材比较研究》《语文学科研究动向》《中学语文课程与教学论》等十八部著作和教材，发表《中小学语文教学研究的现状、课题和发展》等论文百余篇。朱先生在其著作中，系统地阐述了语文学科的性质、价值、目标、内容、原则、过程和方法，构建并完善了我国语文教育科学的理论体系。他的学科基础观、学科结构观和学科发展观，对语文教育学科发展影响深远，生动地反映了朱先生语文教育思想的丰富性、深刻性和权威性。朱先生无愧于当代语文教育研究的一面旗帜。

朱先生有坚定的政治信仰，矢志不渝地追随共产党，1984 年 11 月，他于花甲之年加入了党组织。他情系教育，心向国家，淡泊世俗名利，关心弱势群体，自己省吃俭用，却多次捐书、捐款并义务讲学。为了学生的成长、学术的进步和事业的发展，朱先生严己厚人，学风谨肃，师德垂范，成果彰著，为共产党人和学者树立了一世楷模。朱先生的逝世，不仅是东北师范大学的一大不幸，也给全国语文教育研究领域带来难以估量的损失。中天摧兮奈何，余风激兮万世。朱先生所开创的事业将彪炳千秋，薪火长传！

朱绍禹先生千古！

领路人·诤友·榜样·楷模

——回忆老同学朱绍禹先生

赵北柯

在语文教学论学科建设工作中，对我帮助最大的是本学科的奠基人、“老东大”国文系（又称文学系）同学朱绍禹。我从 1980 年到高师院校教本学科并做科研工作，凡取得学术成果，几乎都和他的奖掖、提携和支持分不开。他既是本学科的奠基人，也是我的领路人。

教学和科研的领路人

我选择本专业并参加有关学会活动，均源于绍禹。我的学术论辩文章，著作评介文章，不断得到他的肯定与鼓励。他曾约我参加编写他主编的许多重要著作，主要有《美日苏语文教学》《语文教育辞典》《初中语文实验教材》等。前者比较全面地介绍了外国的语文教学经验，后二者充分反映了他的理论联系实际、全面掌握语文教育理论和深入了解中学语文教材与教学实际。《语文教育辞典》堪称奠基之作，已出版的任何同名辞典，都无法与之相提并论。关于中学语文实验教材的编写，其价值似乎尚未被充分认识，没像朱绍禹其他著述那样引起人们的注意。

绍禹把他编写出版的本学科教材，包括最初用作内部教材的《中学语文教学法》，直至后来出版的《中学语文教育概说》《语文教育学》等专著，都一一寄赠，供我借鉴、学习。他还约我同他一起编教材，他出版《语文教育学》时，约我写了《日本中学国语教育的理论和方法》；后来又约我以二人名义共同编写《中学语文教育论》和《中学语文教学论》教材。

思想作风的诤友

细心的读者，对比我二人所写的论著和教材，观点和研究角度并不相同，但能互相取长补短；同时在平时的交流中，也能开诚布公，互相展开批评和自我批评。这是我们在解放区东北大学“抗大式”民主生活中养成的良好作风。有一次他当众批评我，不顾情面，言辞激烈。那是 1981 年，我第一次为大连暑期本学科教师学习班学员讲课，由于多年脱离教学，初到高校任教缺乏讲学经验，以及因忙于家务未认真对待，没能很好地了解学员全是本学科的高校教师，有其特殊要求，致使第一次讲课反应不好，学员的议论传到主办者朱绍禹耳中。他很是气恼，批评我说：“你没看看参加学习的都是什么人？这次讲课对你影响有多大？随便讲，不把‘鼻子、眼睛’弄清怎么能行！”前两句是“恨铁不成钢”，后一句是告诉我改进要点，编好纲目。最后他斩钉截铁地说：“回去好好准备，晚间重讲，给你一个小时！”

这就是绍禹的另一面，也是他的风格。在我与人交谈或发言欠妥时，他会立即告诉我：“你的嘴应该有个把门的。”他不隐藏自己的不满，会以各种方式示意你，所以他是一位难得的诤友。因为我俩是多年的老同学，彼此的个性多有了解，如何批评都会互谅。我们二人性格、作风不尽相同，但能真诚相见，无私相助。有一次他来沈阳，我和他谈心，提到编写中他对我的帮助，他说“帮助是相互的”。还举了编写《语文教育辞典》给我分派“重要词条”的例子：“我给你的词条都很重要，有的我安排两位撰写，择优录取，我不是因为老同学的关系就选用你写的。你写得较好，对我也是帮助。”

学风“三严”的榜样

绍禹在学风上，一向“严肃、严谨、严格”。他认真批改编写者的稿件，用毛笔小楷写行书，一丝不苟，很少涂抹。我和他书信往返较多，特别是编写中学语文实验教材期间，全凭书信联系，有时他的信写得很长，也总还是那样工整，实在令人佩服。

绍禹作报告，面前总放一个笔记本，很像是成文的讲稿。报告前，又总是独自徘徊，一边漫步一边思考，不跟任何人交谈，认真准备，绝不马虎。

敬业乐业的楷模

绍禹伪满时曾毕业于陆军军官学校，祖国光复后，转学文学，做过报社编辑。吉林解放后，入东北大学文学院国文系学习，1949 年年底毕业，1950 年年初留校，做过部属文化补习学校的语文教师。随着“老东大”转型为师范大学，调任中文系任语文教学法课助教，逐步晋升为教授，并以优异的成就成为本学科的主要奠基人之一。他六十年如一日，敬业乐业，执着追求。他曾说过，只要有一分可能就要笔耕不辍。他把时间全用到教学和学术研究上。1986 年，他办第一期本学科硕士生课程学习班期间，我应约讲日本中学国语教育，乘便到他家拜访，见门上贴一纸条：“本人工作忙，谢绝闲谈。”我当时觉得这有些生硬，但也特别佩服他敬业和珍惜时间的精神。

还有一次，我去长春看望绍禹，他特意跟我谈起同班同学苏兴。苏兴毕业后即被留任助教，研究吴承恩年谱和《西游记》，学术成果显著，出有专著，评上教授并任中文系主任多年。绍禹提到苏兴在学术上已名声在外，有的专家辞典要把苏兴列入，他坚决反对。当时这类名人辞典不多，能被列入也不易。绍禹特别提出此事，是赞扬苏兴踏实治学，不慕名利，不求虚荣。绍禹以此自励，也是在启发我应向苏兴学习。

朱绍禹爱国敬业一生，不务虚名，不求名利，堪称楷模。他的事业将永垂语文教育史册。他对我的奖掖、提携和热情的帮助，我将永远不忘！

1984 年 1 月广州会议期间作者（后排左一）与朱绍禹理事长（后排右一）、王兆苍副理事长（后排中）、于亚中秘书长（前排右一）、阎立钦副秘书长（前排右二）、何深副秘书长（前排左二）、王必辉常务理事（前排左一）合影

作者系辽宁省沈阳大学教授。兼任中国高等教育学会语文教育专业委员会学术顾问，中国阅读学会学术鉴审委员，沈阳市语文教学法研究会会长、顾问。

仪型永昭典范　德泽长惠人间

——悼念朱绍禹先生

董味甘

朱绍禹先生，走好！

震灾的余痛还没有完全消除，噩耗突然传来，我们敬重的朱绍禹先生走了，永远离开我们了！好容易才渐渐平复的心潮，一下子又翻涌起来，悲情的五月，迟到的哀思，除了永恒的怀念，我还能干什么？我还能说什么？

往事并非如梦如烟。我的相册里还保存着我们的合影，我的诗集中还保留着记录我们交往的题咏，睹物思人，情何以堪！我又一次领略到了无限怅惋的个中滋味。

我和朱绍禹先生的交往，快30年了，时间并不短。他在东北，我在西南，接触的机会不多，算起来见面的次数也很有限。可是他在我的心目中，却留下了美好而深刻的印象，是我最为钦佩的人物之一，是我努力学习的光辉榜样。

1979年4月中旬，由西南师院主持，在重庆北碚举行全国十二院校语文教学法教材编写会议，我有幸参加，也有机会结识各地同行。在我的《味庐诗词选》中，有诗为证，除了南京教师进修学院的俞思义、上海师院的何以聪、上海教师进修学院的王必辉，最突出的，当然莫过于朱绍禹先生了。这首诗就是《赠吉林师大朱绍禹先生》：

妙谛初闻道，重霄竞雨花。绳规传矩范，卓识辨杯蛇。塞外明驼骏，巴东快策加。倾心聆快语，四海有方家。

言为心声，当时的我，对于朱绍禹先生这样的方家，确也是怀着深深的仰慕之情的。北有朱绍禹，南有罗大同，中学的语文教师谁不知道，就是高等师范院校的同行也无不知晓。在会议上我认识了朱绍禹先生，并逐步加深了解，而且得出了结论：名下无虚，不愧是权威。

我的“八字诀”（生和熟、难和易、虚和实、常和变），即后来的《语文教学辩证法初探》，竟也安排在会议中重点发言，得到了朱绍禹、罗大同等方家的肯定，他们鼓励我继续坚持，搞出拳头产品来。

“绳规传矩范”，一点也不错。正是朱绍禹先生在大会上发言，留给我真真切切的感受。至今我还记得他条分缕析、娓娓而谈的情景。他鼓励大家搞理论研究，鼓励大家自己动手著书立说。

遗憾的是，我校后来安排我的主项是写作教学，不再从事教学法的研究，辜负了同行的期望。开封会议时，我虽然与会，但主要的任务是把我院的杨成章老师引进学会，让他和朱绍禹先生取得联系后，我便专心致力于中国写作学会的工作了。

后来，尽管朱绍禹先生和我的名字常常同时出现在一些语文教学的组织和刊物上，但是我们很难见面。1995 年成都会议，成立中国语文学习科学研究会，即全国语文学习科学专业委员会，与会同仁一致推选朱绍禹先生作理事长，从此，学会在朱绍禹先生领导下走上了健康发展的光明大道。

感谢我们学会领导卫灿金、王光龙等同志的安排，在 1998 年临汾会议上，我和朱绍禹先生再度相逢，现场感受到朱绍禹先生对学会的奉献精神。朱绍禹先生的精神再一次感动了我。分手之前，有半天的时间，我和老伴陪朱绍禹先生一起游览临汾城内的大钟楼。这是我们一生中绝无仅有的一次，无拘无束，轻松愉快，天南海北，率意交谈。谈来谈去，仍然离不开学会的现在和将来。我曾向他实话实说：我老伴足残脑残，又时常眩晕，非得有人照顾不可，这也是我不得不尽量避免参加学会活动的重要原因。朱绍禹先生对此完全理解，也对我谈到了他的夫人，想游三峡而未能如愿，他为此感到内疚。我那首《登临汾大钟楼惜别》，留下了忠实的记录：

暂聚还将别，相携片刻游。难期广运殿，且上大钟楼。云隐长街树，城开卧地牛。行车闹市盛，连厦物华稠。吹野尧风绿，接天汾水浮。名扬君子国，誉作聚星洲。劫火何须觅，苍颜幸可留。锦囊怀抱阔，彩笔意情投。初遇青丝发，重逢白雪头。千秋存德业，四海集鸿鸥。快语驱前路，宏思献远筹。扬声惊梦梦，回响震悠悠。莫道临歧远，终期夙愿酬。叮咛三峡约，重庆有飞舟。

2002 年，学会年会在重庆师大举行，可惜我另有任务，愧为东道，会上一面，竟成永别。听到他已经走了，他的音容笑貌却宛然如在，连他在北碚吃花椒，被麻得合不拢嘴，仍然乐呵呵地甩着手掌直摇的情景，都分明再现眼前，让我不禁潸然泪下！

他为什么让我们难以忘怀？他值得仰慕和学习的地方究竟在哪里？我以为：他的学术成就当然重要，但他的敬业精神尤其值得称道。他对专业的执着追求，锲而不舍，一以贯之，到了终身不懈的地步。他平易近人，和蔼可亲。他诲人不倦，催人奋进。他就是这样：像一盆火，给人以温暖；像一盏灯，示人以方向；像冲锋号，始终催人奋进；像助推器，不断引人向上。

他为什么会这样？我感到了他眼光的远大，襟怀的广阔。他是为了语文教学法学科的建设、发展，为了全国中小学的语文教学，为了更好地服务于社会主义四个现代化的要求，才这样奋勇争先、带头冲锋的。中国这么大，单是一马当先，孤军奋战，毕竟力量有限，只有万马奔腾，蹄踏同趋，发挥团队集体的作用，才能开拓出崭新的天地！他热心组织学会，乐意为学会作贡献，就在于认定了这个大目标，决不动摇，决不后退，无怨无悔，终其一生。他为我们做出了光辉的榜样，他虽然离开了我们，他的精神却永远留在人间，鼓舞我们继续前进，永不停步！

忽然想到了我过去的诗句：蔼然仁者千秋寿，卓矣园丁百世师。用在朱绍禹先生身上，岂不是再恰当不过！

愿朱绍禹先生在天之灵好安息！

作者系重庆师范大学教授，重庆市文史馆研究员，著名诗人。全国语文学习科学专业委员会创始人，第一、二届学术委员会顾问。

永远怀念朱绍禹先生

陈永芳

2008 年 5 月 9 日，著名语文教育家朱绍禹先生与世长辞了。作为朱先生最早一期学生，而又长期追随先生左右的弟子，我深感悲痛而不能自已。半个多世纪从师受教的历历往事尽皆激活起来，先生的音容笑貌、一代导师的形象浮现于眼前，令人无比钦敬和无限怀念。

1954 年春，先生带我们东北师大中文系毕业班到长春市师范学校进行教育实习。当时，我任全班实习大组组长，由于工作关系，我较多地得到先生的教诲和指导。特别是在我被认为出色地讲完《董存瑞舍身炸碉堡》，又在清明节“祭扫烈士墓”活动中被誉为具有超常的交往应对能力，从而得到长春市模范教师申媛茹先生的褒奖以后，先生对我更加关注。教育实习结束时，我所带领的实习大组被评为全校优秀实习组，我个人被评为优秀实习生。更令人惊讶的是，当年毕业分配，我竟被中文系破格留做助教！事后得知，这全是朱先生鼎力推荐的结果。

1954 年 9 月至 1956 年 7 月，为使我更快地进步和提高，先生到学校争取名额，把我保送到北京大学“文学理论研修班”深造。在那里，我和来自全国 20 多所重点大学的学长们共同专修三位苏联专家的研究生课；我还特别选修了北京大学杨晦教授、王瑶教授、李健吾教授和北师大叶苍岑教授的课。每周六下午，还积极参加由北大团委和“五四文学社”举办的国家领导人及著名作家、艺术家的专题讲座。周日则坚持到北京图书馆看书学习，做笔记和写论文。两年里，先生始终关心我的学习、生活，指导我做人、做事，还谆谆教导我：“一定要刻苦，刻苦，再刻苦，力争学好本领，以后作出更大的贡献！”事实证明，北京大学的学习为我后来的发展奠定了坚实的基础。

从北京返回长春，我先在东北师大中文系任教，后来又曾到东北师大附中进行实践锻炼，包括“文化大革命”期间，我始终和先生保持着密切的联系，不时接受先生的亲切指导和具体帮助，从而初步掌握了中学语文教学艺术，并写出一些课改论文，在省市语文教育界开始崭露头角。

20世纪80年代初，我国教育事业蓬勃发展。朱先生联合全国高师院校语文教育专家成立“全国语文教学法研究会”，出任理事长，还被教育部聘为全国中小学教材审定委员会委员，带领广大语文教师积极进行语文教育教学改革；同时，率先招收语文教育学研究生，举办全国高师语文教育研修班，还接受日本访问学者，大大推进了语文教育事业的发展。在全国语文教改高潮中，我由于在先生身边，又是先生的学生，所以得到了先生最直接的提携，得到了比他人更加严格的锻炼，使我一步步走进语文教育科研的殿堂。

1983年暑假，烟台举办了全国语文教学法年会及语文教师培训班。该会由山东师大和烟台师院承办。为加强联系，先生派我提前到会。时当盛夏，天气燥热，人员众多，居住分散，就餐和洗澡都很成问题，会务工作十分紧张，我便立即投身其中，协助报到，安排住宿，检查饮食，尤其承包了与会专家的接送和照护工作，得到专家们的一致首肯。北京师大张鸿苓先生当众夸奖说：“真不愧为朱先生的亲传弟子！”紧接着，我又随先生经青岛转大连，参加“东北语文教学法研究会”成立大会。会上，朱先生被推荐为名誉会长，于亚中同志当选为会长，于忠孝、夏兆亿、苏林为副会长，我当选为常务理事。自此，在先生的激励下，我勇敢地参加了东北语文教学法研究会的领导工作，先后出席了辽阳、吉林、牡丹江和大庆会议，渐渐地提升了自己的水平，为学会尽了绵薄之力。

1985年秋，为推进高师语文教育事业的发展，朱先生特别报请教育部批准创办“全国语文教育高级研修班”。该班连办三届，共培养100多名高师语文教育骨干教师和新一代语文教育家。当时，先生亲自讲授语文教育哲学、语文教学法、外国语文教育等课，还特别邀请华东师大谭惟翰教授、杭州大学朱作仁教授、扬州师院顾黄初教授来校讲授语文教学论、语文教育心理学、语文教育发展史等课，还请东北师大专家讲授马列主义哲学、教育学、能力心理学和新三论等课，大大开阔了学员们的眼界，提高了思想认识，促进了专业素质的成长。今天活跃在全国语文教育界的一大批专家学者，如周庆元、王松泉、韩雪屏、王光龙、闫苹、佟士凡等都是当年研修班的成员。应当特别说明的是，我虽是该班的首任班主任，主讲过语文教学心理学和语文教育实习课，还带领学员去辽宁和黑龙江考察，但我更是该班最大的受益者——因为只有我能够最长时间、最近距离地和那么多专家学者切磋研讨，从而得到最大的实惠，促进我的教育科研水平迅速提高。

90 年代初，随着高师课程改革的深入，先生重点指导我进行语文教育专业的系统研究，既强调教育理论学习，又坚持教育实践探索，而且倡导承担教育科研课题。于是，在前后四年多时间里，我先后承担了两项省部级科研课题：一是优化农村初中语文教学内容和教学过程实验，二是高师中文专业教育理论与实践课程整合实验。在先生的直接指导下，两项课题均获得成功。前者，获教育部科研课题一等奖；后者，获国家普通高等学校优秀教学成果一等奖。同时，我还被评为省级先进教育工作者，并开始享受国务院特殊津贴。我深深知道，我所取得的各项成绩和荣誉都和先生的积极支持与指导是分不开的。

1996 年元旦开始，我参加了东北师范大学和中央教科所合作承担的“九五”国家重点科研课题“面向 21 世纪中国基础教育课程教材改革研究”。我个人进入总课题核心组，为北方组副组长，负责课题的通联、指导和运作。1997 年山西、江西、天津“两省一市”高中新教材实验开始，我又组织东北三省六所重点高中进行语文单科同步实验。为使课题顺利进行，我特请朱先生参加课题专家组把关定向。在先生的正确指导下，我们的课改实验取得了可喜的成果。据统计，仅公开出版的校本教材就有 50 多本，还编写出版了《高中多媒体作文》和《中华百年中学生作文精品读本》；尤其是东方实验中学高二实验班学生参加当年语文学科高考，成绩竟超过本校高三毕业班 2.48 分，一时传为课改佳话。

进入 21 世纪，国家“十五”课题开始，我又通过教育部课程教材研究所，申报了“高中示范校新课程教材实施拓展实验研究”课题。本课题一共有 24 个子课题单位，基本涵盖了东北三省一流高级中学。因为独立承担课题，责任重大，我仍请先生当顾问。我不仅定期登门请示汇报，还请先生参加课题重要会议，或到子课题学校作现场指导。先生还帮我制定了“积极深入，现场指导，严加管理，合作攻关”的课改方针，使我能“有理、有法、有序、有效”地进行各项改革实验，大大提高课题实验的质量。2006 年结题时，各实验学校均顺利通过结题评审，而且有三分之二学校获教育部课程教材研究所颁发的一、二等奖。在新课程改革实验进程

作者（左）与朱绍禹先生（中）、于亚中先生（右）合影

中，经反复研究实验，朱先生还帮我总结和提炼出一些“准教育理论”和“次教学原则”。如关于新课程实施的“六以教学原则”“六动课堂评价标准”“现代教育技术和学科课程整合的要求”及语文学科的“自学辅导教学模式”等，都深受一线广大师生欢迎。这些倾注先生心血的科研成果，从实践层面体现了先生对我国新课程发展的贡献。

记得早些年先生曾批评我“坐不住板凳”“缺乏理论素养”；近几年，则多次表扬我“积极深入课改实践，善于进行整合研究”，还说我“很执着，很勤奋，确实取得一些重要科研成果”。前不久，先生特意召我到他家长谈，再一次肯定我所取得的成绩。临行时，郑重其事地送我一则“老有所为”条幅和一方他多年沿用的端砚。我想，先生是在激励我要再接再厉，奋勇向前！

回想和先生半个世纪的相处，实在是师恩浩荡，受益颇深，直令学生由衷感激而愧于回报！不过，敬请先生放心，我一定永远铭记您的教导，发扬光大您的精神，不断推进您所开创的事业！

永远怀念您——朱绍禹先生！

作者系东北师范大学教授。兼任全国语文学习科学专业委员会第一届学术委员会副主任。

回忆朱绍禹先生

王　伟

我和朱绍禹先生既是志同道合的同行，又是肝胆相照的朋友，堪称莫逆之交。他大我八岁，我一直把他视为尊敬的兄长和老师。我对先生的道德文章，实在是佩服得五体投地！

作为我国当代著名语文教育家，他身正学高，为人师表，他那“捧着一颗心来，不带半根草去”的无私奉献精神，不愧为教师的楷模。作为著名学者，他学识渊博，卓越超群，他那教书育人所焕发的人格魅力和在科研领域所取得的累累硕果，令人从心底折服。作为我国当代语文教学论学科理论奠基者，他开拓创新的突出贡献，实在具有里程碑意义。

在朱绍禹先生家中，作者（左）与朱绍禹先生（中）和夫人（右）合影

下面记叙的朱绍禹先生的事迹，有些可能还是鲜为人知的，因此它显得更加弥足珍贵。

在朱绍禹先生家中，作者（右二）与朱先生（左二）、于亚中教授（右一）、陈永芳教授（左一）合影

主持语文教学法大连讲习班

全国语文教学法研究会根据 1980 年 10 月 12 日在河南省开封市召开的第一届常务理事会第一次全体会议的决议，于 1981 年 8 月 5 日—15 日在著名海滨城市大连举办了以高师院校语文教学法青年教师为主要培养对象的首次讲习班，地点在辽宁师范学院。

为了办好这次讲习班，专门成立了由朱绍禹、王兆苍、于亚中、阎立钦、缪清浴、戴文彩 6 人组成的领导小组，下设秘书组和教务组。秘书组由于亚中、王必辉担任组长，教务组由阎立钦、王伟担任组长。由于组织严密，保证了讲习班按预定计划井然有序地进行。

这次讲习班以人民教育出版社 1980 年出版的十二院校中文系编写的《中学语文教学法》的主要内容为讲课的重点课题，讲师团成员由该教材的统稿人员和部分参编人员 10 人组成，朱绍禹讲授了其中的绪论部分和中学语文科的性质、目的和内容部分。

这次讲习班得到了中共大连市委、市政府的支持。由于我亲自登门拜访、邀请，市委主管文教工作的副书记杜李，这位知识分子出身的老红军参加了8月5日的开学典礼，并发表了热情洋溢的讲话。8月7日的《大连日报》还以《国家语文教学法研究会讲习班开学》为题，对开学典礼的盛况作了简要报道。

参加这次讲习班的学员共199人，来自全国各省、市、自治区。其中171人是高师院校和教育学院的语文教学法教师，其余为中学语文教师、语文教研员和语文杂志社编辑。据统计，当时参加讲习班学习的171名语文教学法教师中，有讲师职称的仅32人，其余全是初级职称，没有一位高级职称。他们当中，大都是刚刚从别的学科改行从事语文教学法教学的。正是通过这次讲习班，他们不仅比较系统地学习了语文教学法理论，交流了各自的教学经验，而且更加坚定了终身从事语文教学法教学和科研的信心，取得了令人刮目相看的成果。

在讲习班的教学进程中，我作为教务组长，和绍禹先生接触频繁，每天都要向他汇报学员对讲师团成员讲课的真实反应和讨论情况。朱先生的教学颇受欢迎！他那演讲家的口才、论辩家的思维、诗人的激情、文学家的风采、教育家的情怀，都给学员留下了极为深刻的印象。

在讲习班即将结束之际，我在寒舍宴请了讲习班的领导和讲师团的十多位成员，并请我校中文系主任、中国古典文学教授于植元先生作陪。各位专家都以结识于植元这位著名学者、教育家、书法家而感到荣幸！于植元先生待人的真诚、高雅的谈吐给客人留下了深刻的印象。同时，大家自然地提出请赐墨宝的要求，对此先生慨然应允。这次家宴也是我第一次和全国著名的语文教学法专家以及于先生同桌共餐，畅怀共饮，因此，非常值得怀念！

这次讲习班，影响极为深远。现在，已经过去了30年。在这批学员中，已有23人晋升为教授，其余的除了部分已离开了语文教学法这一学科，多数已晋升为副教授了。

在这次讲习班的学员中，还涌现出了值得人们称道的人物和事迹。在全国语文教学法研究会的会员中，有11位教授先后荣获国务院颁发的国家级有突出贡献的政府特殊津贴，其中讲习班的学员就有 6 位。他们是：韩雪屏（1992 年），王伟（1993 年），程顺之（1993 年），郑蓉芳（1993 年），秦树基（1994 年），周庆元（1998 年）。

作为首届讲习班学员的河南师范大学曾祥芹教授、内蒙古师范学院韩雪屏教授和湖南师范大学周庆元教授，已经成为著名语文教育家。

曾祥芹教授是一位创新型的著名学者，他为我国实用文章学、汉文阅读学和语文教育学的研究作出了突出贡献。

韩雪屏教授则是我国当代语文教育界的女中豪杰，她不仅享受国务院特殊贡献津贴，而且荣获曾宪梓教育基金会高等师范院校教师奖一等奖。曾祥芹教授称"她像茅盾赞美白杨树那样神往着西北高原上顽强生长着的'胡杨树'"，"恰是这种胡杨精魂，使她战胜了边塞治学空气稀薄、学术水土贫瘠的艰难，做出了可以与重点高校著名学者媲美的骄人成绩。她的榜样给缺乏'天时、地利'的学人消了闷气，长了志气。无怪乎有后继学者把她列入'当代中国语文教育学八大家'的荣榜，立传评述"。

周庆元教授是当年讲习班的一位年轻学员，他现任湖南师大博士生导师，系中国高等教育学会语文教育专业委员会的会长。他还被国务院学位委员会与国家教育部聘为全国教育硕士学位教育指导委员会委员和该委员会文科负责人，系我国 211 工程重点学科负责人。1998 年荣获国务院特殊津贴，同年还获得湖南省优秀社会科学专家称号。

我和曾祥芹、韩雪屏、周庆元相识相交近 30 年。他们的人品和文品，确实令人钦佩；他们在教学和科研上取得的辉煌成就，也确实令我感到骄傲和自豪！

作为主持语文教学法大连讲习班的朱绍禹先生，看到他的学生们在这一领域所取得的杰出成就，也会在天堂里发出欣慰的笑声。

两次为我申报高级职称作学术鉴定

1983 年，我在申报副教授时，学校请两位专家作学术鉴定，其中一位是东北师大中文系的朱绍禹先生，一位是华东师大的谭惟翰先生。

1988 年，我在申报教授时，学校仍请这两位教授为我作学术鉴定。我当时提供的鉴定材料是：一本由东北师范大学出版社 1986 年出版的《议论文教学》专著，一篇原载《殷都学刊》1986 年第 4 期，后被中国人民大学报刊复印资料《中学语文教学》全文选录的《试评阮真〈中学国文教学法〉的科学价值及其借鉴意义》的长篇论文。绍禹先生所作学术鉴定的复印件，我一直珍藏着，现刊录于此。绍禹先生的恩情，我将永志不忘。

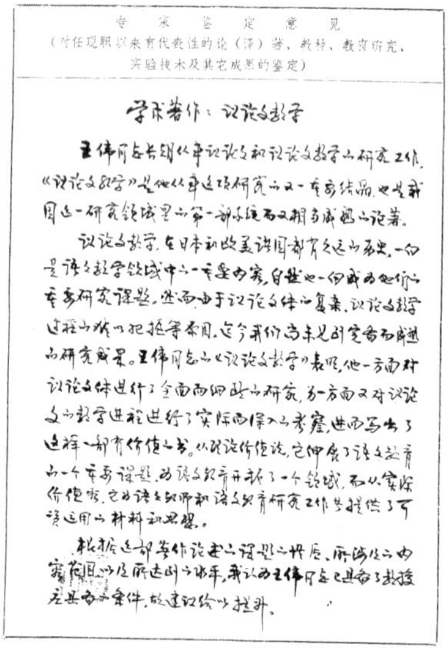

专家鉴定意见

（对任现职以来有代表性的论（译）著、教材、教育研究、实验技术及其它成果的鉴定）

学术著作：议论文教学

王伟同志长期从事议论文和议论文教学的研究工作。《议论文教学》是他从事这项研究的又一重要结晶，也是我国这一研究领域里的第一部系统而又相当成熟的论著。

议论文教学，在日本和欧美诸国都有久远的历史，一向是语文教学领域中的一个重要内容，自然也一向成为他们的重要研究课题。然而由于议论文体的复杂，议论文教学过程的难以把握等原因，迄今我们尚未见到完备而成熟的研究成果。王伟同志的《议论文教学》表明，他一方面对议论文体进行了全面而细致的研究，另一方面又对议论文的教学进程进行了实际而深入的考察，进而写出了这样一部有价值的书。从理论价值说，它伸展了语文教育的一个重要课题，为语文教育开拓了一个领域，而从实际价值说，它为语文教师和语文教育研究工作者提供了可资运用的材料和思想。

根据这部著作论述的课题的性质、所涉及的内容范围以及所达到的水平，我认为王伟同志已具备了教授应具备的条件，故建议给以提升。

鉴定人姓名 朱绍禹（签名盖章）

职务 教授

公章 1988 年 3 月 24 日

作者系辽宁省大连大学教授。兼任中国高等教育学会语文教育专业委员会学术顾问。

奠基·开拓·提携

——怀念我国语文教学论的一代宗师朱绍禹先生

董菊初

惊闻朱绍禹先生因病去世，十分悲痛。随之，他那亲切而光辉的形象，便从我脑际徐徐展现，久久难忘。

朱先生是我国语文课程与教学论的奠基人和开拓者，他的大名早有所耳闻。我藏有他主编和撰著的一系列著作，从《中学语文教学法》，到《语文教育学》，到《语文课程与教学论》，以及《美日苏语文教学》《语文教育科研导引》，等等。这些著作展示了他对该学科发展作出的实实在在的贡献，自然也成了我学习和教学的主要依据。朱先生更大的贡献还在于，他是我国语文教学论师资队伍的培养者和建设者，我国现在语文教学论的教授多出自他的门下。作为我国语文教学论的一代宗师，他是当之无愧的。

但我与朱先生真正谋面，并让我真切地感受到先生的人品与文品，只是近几年的事。我长期在中学教语文，走上“语文教学法”教学岗位比较迟，又无所建树，但竟然得到朱先生的器重。那年，他邀我参与他主编的《中学语文课程与教学论》（高教社出版）部分章节的撰写，并在我校召开审稿会议。第一次见面，他就对我校的领导说，你们这位董先生，知其名，读其书，但未见其人，从来不参加全国性的会议；你们应该让他走出去，这对你们学校有好处，对学科建设有好处。我听了十分不好意思。我深知，学校经费困难，不愿勉为其难。

此后联系就多起来，常收到他那电报式的手书信件，言简意赅，书风独特而优美，我珍藏着好多。他还常推荐我参加各种全国性的学术会议。那次语文教学国际研讨会在东北师大召开，我按通知寄去了论文。开会前夕，朱先生给我打电话说，你的论文收到了，人为什么不来？我不好意思说学校经费拮据，只能用其他理由搪塞了。以后他又多次推荐我参加全国性课题的研究。偶有稿件向他请教，他总是热情地向杂志社推荐发表，特别是他向东北师大出版社推荐我作为他主编的《语文课程与教学论》的审稿人，令我十分感动。不过我深知，这是对我的锻炼和提携。我非常珍惜这样的机会，努力完成好任务。

先生在学术上非常严谨。有一次，我们趁他到我市出席学术会议的机会，邀请他给我校学生作讲座。之后，我们把他的讲座记录整理成文，准备在我校学报发表。整理稿寄给他审阅，他用铅笔作了大量的修改，至今我一直珍藏着。每年毕业论文写作指导时，我常拿出来给学生看，让他们感受大师严谨的学术作风和负责精神。

如今，不能再聆听他的教诲，身受他的恩泽了。但我要以他为榜样，把他的高风亮节和学术成就传递给我的学生们。

作者系江苏省连云港师范高等专科学校教授。兼任全国语文学习科学专业委员会第一届学术委员会副主任、第二届学术委员会顾问。

我心中的朱绍禹大师

黄麟生

朱绍禹先生，在他晚年的岁月里，视我为忘年交，知心朋友。我与朱老先生地处神州的一南一北，相隔3000多公里，年龄相差15岁，论学识更无法与朱先生相提并论。说实在的，做他的学生还不及格，莫说高攀成忘年交了。但先生不以为然，一再说我俩就是忘年交！先生的厚爱，我只好铭记于心了。

我与朱老先生第一次谋面，是在1982年4月四川乐山的全国语文教学法专业委员会第一届理事会第二次学术年会上。在1983年全国语文教学法第二期讲习班上，朱老先生给我们讲授了《语文学科的性质与教学目的》的专题，这是我从事这门学科研究与教学后第一次听到的专题报告。当时，我被先生的学识与演讲激情所折服。坦诚地说，听了先生的报告，我明白了“语文”是什么，该怎样去教的道理。他是我走上“语文教学论”研究的引路人，是我的启蒙恩师。

在与朱老先生相识、相交、相知的26年中，尤其在1999年至2007年这9年里，我们在全国语文学习科学专业委员会这个民主和谐的大家庭里携手并肩战斗，共同承担全国教育科学“十五”“十一五”规划的两个国家级科研课题的实验研究工作。这样，朱老先生每年都亲临广西壮乡指导工作与讲学。也就是这样，我有更多的机会与时间在他身边学习工作，耳濡目染，慢慢地在我心中竖起了一块丰碑，我被他的大师风范深深地感染着、影响着。

敬业与执着

朱老先生 1948 年教了半年高中，从新中国成立不久的 1950 年直至 2008 年，59 年中一直专注于教育事业。他在《与书结伴慰生平》一文中写道：我一生都在做着“读书、教书、写书、评书”这四件事。

他说：我的一生就是教书，而且一直教的是同一专业——语文教学法。这门学科在教育界某些教师眼里，简直算不得什么学问，而在另一些教师看来，它是既费力又不讨好的学科。这样，这门学科在教育界自然没有地位，在学术界就更无从提起了。朱老先生对我说：也许是命运的安排，我偏偏与这门学科结了缘，踏上了这条船，竟然航行了五六十年，为之付出了青春，度过了壮年，直至垂垂老矣的今天。在我结识的学者中，唯有他执着于基础教育这块沃土上直至生命的最后一刻。现在，我已 76 岁了，也像朱老先生当年一样，在基础教育和高校的讲坛上默默地耕耘着，践行着朱老先生给我的题词：“讲学著述并重，作出双重贡献。”

朱老先生的敬业事迹，三天三夜也诉说不完。在此，我只讲件小事。那是在 2003 年的秋天，我在广西组织、指导七所中学开展全国教育科学“十五”规划的子课题“探究性阅读能力培养与习惯养成”的实验研究。年届八旬的朱先生亲自来到广西壮乡为武鸣高中、平果中学和百色高中三所学校挂牌、开题、讲学。在革命老区百色市百色高中那天，上午挂牌、开题、讲学，下午应百色学院之邀到该院出席接受“客座教授”聘书的仪式，晚餐后他又主动要求到百色高中民族班看望孩子们。在陆玉团校长的陪同下，朱老先生来到孩子们中间，他兴致勃勃地与孩子们亲切攀谈，幽默的话语不时引起阵阵笑声。在一个小女孩课桌旁，朱老先生俯下身子，用手轻轻抚摸着孩子的小脑袋说：“孩子，好好学呵！学成后回来建设家乡！”“谢谢爷爷，我会的！”这感人的一幕，时时浮现在我的脑海里。朱老先生关爱壮乡之情，永远在激励着我们！

豁达与反思

在我的记忆中，朱老先生每遇开心的事，总喜欢开怀大笑。其中的几次，我永难忘怀。

1988 年 8 月，全国语文教学法专业委员会在贵州安顺召开第二次会员代表大会，重要议题之一是换届改选。当时，出现一小股“倒朱”的暗流——有几个人劝朱先生“休息”！其时，朱先生才 60 出头，可谓正当年，无论从为人还是做学问等方面来说，朱老先生都是我们学会的楷模。就连我会德高望重的学术委员会主任谭惟翰教授，也认为朱先生是理事长的最佳人选。经过与会代表的充分讨论，大会以不记名投票方式选举产生了第二届理事会，朱先生众望所归再次当选为理事长。当晚，他找到我，深情地说：谢谢了，谢谢大家的信任与厚爱！说着说着，情不自禁地笑出声来！

1999 年 5 月，广西师范大学文学院 96 级“语文课程论”硕士研究生毕业论文答辩，我们盛邀朱老先生来主持，他欣然允诺。这是他第二次来桂林了。为了充分用好朱老先生这个宝贵资源，我们把他的日程安排得满满的。既请他主持研究生的毕业论文答辩，又请他给文学院的学生和广西各地的语文教师作学术报告。工作之余，我全程陪同朱老先生畅游漓江风光，他游兴大发地说：“桂林太美了！难怪陈毅元帅也说‘愿做桂林人，不愿做神仙’！”在阳朔玉龙河桥上，我与朱老先生留下一张合影，现在我把它放大挂在书房里，天天可以仰视先生的风采！游漓江回来的第二天早上，我陪同朱老先生来到我们语文课程论教研室，我邀先生给我们留下墨宝，他幽默地说：“好吧！那我就露一手！”随即卷起衣袖在宣纸上写下“神思”二字。当他写成“神”字那一竖时，突然停下笔来，哈哈大笑地说：“想不到这一竖写得那么直呀！太传神了！哈哈！”是呀，这一竖确有力透纸背之感。应我们的要求，先生签名赠予我们，这成为我与先生这对忘年交不解之缘的见证。

1999 年的深秋，全国语文学习科学专业委员会在浙江温州召开学术年会，朱老先生特地要秘书长王光龙教授邀我与会。当天，因航班晚点，我足足迟到了两个小时。到了下午 6 时，朱老先生未见我出现，仍在宾馆大堂等候，并自言自语地说："看来，麟生对我们这个会不感兴趣！"他话音未落，我已来到他老人家的身后。我说："朱老先生您好！麟生向您报到来了！"他转过身来，紧紧把我抱住，情不自禁地笑出声来，连声说："好，来了就好！"在那一瞬间，我感受到先生欣喜的心跳，更感受到先生对我的关爱之情。自此，我就成了全国语文科学专业委员会这个大家庭中的一员，与朱老先生相处的机会就更多了。这对我来说，是一种幸运，更是一个学习的良机。

朱老先生开朗豁达的个性，也常常表现在他待人接物的谦恭与反思上。我记得，他晚年常说自己一生中有三件特别遗憾的事：一是对儿女的关照太少；二是脾气不好，有时很急，无意中伤害过一些人；三是前期的研究联系一线教学实际不够。

听了朱老先生说的这三件憾事，我倍感先生"心底无私天地宽"，我们晚辈要努力效法。

关爱与提携

说到朱老先生的关爱之心，前面我已叙说了他晚年关心我们广西教育的动人事迹。现在，我想说一件与我直接有关之事。那是 2006 年秋天，在我 70 岁生日前夕，我意外地收到朱老先生从长春寄来的邮件。打开一看，原来是朱老先生为我书写了一幅书法作品：福如独秀峰永存，寿比漓江水长流——祝麟生七十大寿贺　朱绍禹丙戌年秋。读着读着，我情不自禁流下了感激的热泪。感激他用心记住了我的生日，感激他用心记住了我们桂林的山水，感激他用长辈慈善之心关照着晚辈的生活。这不正是忘年交的见证吗？

正如原中央教科所所长、原全国语文教学法专业委员会理事长阎立钦先生在朱老先生从教五十周年时举办的朱绍禹语文教育思想研讨会上所说的那样：朱绍禹先生是当代著名的语文教育家，是我国现代语文教育理论的奠基人之一，也是全国语文教学法专业委员会的创始人之一，多年来一直受到广大语文教育工作者和中小学语文教师的尊敬和爱戴。这句话真是说出了我们同仁的心声。

从 1995 年开始，朱老先生与一批志同道合的同仁为了适应当代教育发展的新形势，从原来单一的“语文教学法研究”转移到“语文学习研究”方面来，加入了全国语文学习科学专业委员会这个大家庭。这本来是件天大的好事，但被一些人误解了，说朱老先生“另立山头”！朱老先生听后感到十分不爽，曾多次在公开场合向我们诉说:“原来的语文教学法研究会（现改为语文教育专业委员会），后来的语文学习科学专业委员会，如果硬要把两个研究会说成两个山头，那么这两个山头都不是我朱某人立的，我从来没有能力也没有心思去立什么山头。只不过是有了山头，我去投靠罢了。怎么能说我‘另立山头’呢！”我认为朱老先生说得很在理呀！

在与朱老先生 26 年来的相识、相交、相知的过程中，我对朱老先生的印象是：他是大师却没有大师的架子；他对自己选定的事业十分敬重而且执着，却没有私欲；他被大家推举为研究会领头羊并在位多年，却不愿张扬，做人很低调。这就是我心中的朱绍禹大师。2007 年 11 月全国语文

朱绍禹先生（左）为作者题字

学习科学专业委员会在杭州召开换届改选大会，他力荐为人忠厚、年富力强的王光龙教授接班。如愿之后，他动情地说："事业总是属于年轻人的！"接着朗朗大笑起来！

正如语文教学论著名学者韩雪屏先生说的："朱绍禹先生是一位甘为人梯，奖掖后学的良师。"她的话说出了我的心声。这就是我心中的朱绍禹大师。

作者系广西师范大学教授。兼任全国语文学习科学专业委员会学术委员会副主任、主任。

沉痛悼念朱绍禹先生

于亚中

朱绍禹先生走了，留给我们的是无限的悲痛和无穷的思念。

我是朱先生最早的一批学生，朱先生 1951 年留校任教，我 1954 年入学。刚刚走上讲台的年轻人成了我们语文教学法课的老师。当时教学法这门学科在高师院校属于新建学科，从教学内容到课程体系都处于探索阶段，没有现成的路可走。朱先生成了最早的探索者之一。他当时讲了些什么现在无从记忆了，但他激情澎湃、声音洪亮的讲课风格，给我们留下了不可磨灭的印象。

我 1958 年毕业以后，先后在哈尔滨、长春两地任教，供职于中等专业学校、全日制普通中学、成人业余高校。由于整风反右的影响和“文革”的教训，这段时间，人们很少有联系。同学之间、师生之间，少通音问。唯有朱先生时不时地将他编著的教材之类寄给我，使我对他油然而生一层敬意和亲切感。老师常常系念学生，学生是感激不尽的。

1978 年，在离开母校整整 20 年的时候，我获得了重回母校工作的机会。在选择专业的时候，我毫不犹豫地选择了教学法，一是由于朱先生的器重，一是由于我有了一些在各级各类学校教学的经验，这是教好这门课的不可或缺的基础。朱先生热情地欢迎我，昔日的师生，瞬间又成了同事。这一年我 40 岁，朱先生 56 岁。在朱先生带领下，为了这门学科的建设和发展，我们共同奋斗了 11 年，直到 1991 年我离开母校为止。

“文革”浩劫结束后，百废待兴，语文教学法学科也亟待拨乱反正。朱先生敏锐地认识到学科建设的重任仅靠几个人、几所学校的力量是无法办到的，必须联合全国同行才有希望。于是，他借参加教育部组织的编写全国统编教材之机，倡议成立全国性学会，这一动议很快得到了全国同行们的赞同并得到了教育学会的认可和民政部门的首肯。

1980 年，全国语文教学法研究会应运而生了。朱先生实至名归地作了学会的主要领导人，我作为秘书长，协助朱先生处理日常工作。学会开始运作的时候，筚路蓝缕、举步维艰。缺少经费，无现代化通信手段，与各地联系全靠信函。先生与我及家人一起上阵，跑印刷、装信封、上邮局、复函电，全是义务服务。这些事情耽误了他很多宝贵时间，但他甘之如饴，视学会之事甚于家事。研究会以只争朝夕的精神，在几年之内，开展了一系列活动。通过这些活动集聚了队伍，加强了合作，促进了交流，发展了学术。

朱先生为研究会的成立运筹帷幄、八方奔走；为研究会的发展殚精竭虑，事必躬亲。先生之功至伟至巨。今天，回忆起这段往事，不由得想起了当年一起创业、一起拼搏，为学会作出卓越贡献的已逝和仍健在的各位先生，谨向他们致以由衷的敬意！

朱先生作为良师、巨擘、强人的一生，可圈可点，令人钦敬不已。

从 1951 年走上讲台，到 2008 年逝世，50 多年时间，他一直活跃在讲台上。在校内，几乎每年都给本科生、研究生讲课，辅导进修教师。即使在退休之后，他还给学生开专题讲座，参与硕士生的论文指导和答辩。最值得一提的是，受国家教委委托，由他牵头的语文教学论课程研讨班的举办。这个班培养了许多精英，这些人如今都已经成了各校的中流砥柱，活跃在学科建设的前沿。在校外，他的足迹几乎遍及全国，每年都外出讲学多次，亲聆他讲课的教师、教育研究工作者不计其数。从他身上我理解了“得天下英才而教育之乃人生一乐也”是什么含义。朱先生把良师的角色演绎得有声有色。

学科名称从语文教学法到语文教材教法，到语文教学论，到语文教育学，反映了人们对学科认识的深化和拓展。在这一演化过程中，朱先生始终处于领跑者的地位。他对这一学科做了纵的即史的研究，也做了横的即国别的研究；既做了综合的研究，也做了分解的研究；既做了理论研究，也做了实验研究。他是在不断反思、否定、假设、求证过程中发展学科的基本理论和课程的基本框架的。这有他的等身著作可以证明。他还善于从相关学科的发展中汲取营养、发展自己，他涉猎的范围之广，鲜有人能够企及。朱先生徜徉在他所钟爱的学术领域，心无旁骛，“咬定青山不放松”，做出了令人瞩目的成就，给后学做出了学习的榜样。朱先生把巨擘的角色诠释得淋漓尽致。

朱先生从语文教学法研究会领导岗位上退下来时，已经年逾七旬。但他不思退休安享晚年，立即参与组建语文学习科学专业委员会，并担任理事长。到了 80 多岁高龄还到处讲演、作学术报告，直到生命的最后一息，这是常人无法做到的。把“生命不息，奋斗不止”用在朱先生身上似不为过。朱先生身体虽然一直硬朗，步履轻健，但多年的腰部疾患始终困扰着他。写东西不能久坐，他就站着写、趴着写、用硬物顶着患部写，硬是把一部部大作呈现在读者面前。朱先生与疾病抗争的精神让我们感动不已。朱先生把强人的角色扮演得令人叹为观止。

朱先生的学生很多，但像我这样，既是学生又是同事的，却没有几

作者（右）与朱绍禹先生（中）、陈永芳教授（左）在研讨问题

人。得天独厚，我受到了比别人更多的教诲和帮助。无论教学科研，还是为人处世，他都以身示范，使我受益良多。他的逝世让我感伤不已，我将永远怀念他，怀念和他在一起的那些艰辛而又幸福的日子！

朱先生可以安息了，由他开创的事业后继有人，他奖掖扶植的年轻一代正在向前疾行，他们不会辜负先生厚望的。朱先生千古！

作者系政协长春市委原副秘书长，东北师范大学教授。兼任中国教育学会语文教学法研究会第一届理事会常务理事及秘书长、第二届理事会常务副理事长及秘书长。

一代宗师誉宇寰

——朱绍禹先生逝世四周年祭

于亚中

一

细雨清明净月峰，心香一瓣祭先生。
无知少立程门雪，有幸常熏马帐风。
已杳音容飞宇外，犹新教训驻心旌。
从师虽早识师晚，闻道良多恨未精。

二

又绿清明草木葱，捧笺洒泪诔朱公。
专攻语教追真谛，领踏荒原摒旧踪。
涵古茹今通大吕，研中探外著黄钟。
鸿篇等身多佳构，世赞雕龙不世功。

三

料峭清明伊水滨，茔前酹酒奠师尊。
亦师亦友一生谊，同道同袍半纪春。
栽松植柏倾碧血，设坛立会掖贤昆。
春城黄埔成佳话，梁栋参天代代新。

四

薄雾清明笼故园，时馐鲜卉缅灵前。
少逢国难命多蹇，后遇时隆运转圜。
耻居人后无早晚，敢为世先忘盈残。
终成巨擘名千里，一代宗师耀九寰。

2012 年清明于长春

铭心交情永难忘

曾祥芹

朱绍禹先生辞世1500天了，自命其私淑弟子的我，在思考语文教育问题时，总离不了要承继他的学术思想和仰慕他的人格风范。从文章学角度看“回忆录”，最重要的是保存历史的真实，因为所有评价都从客观事实中引发出来。

我是1980年10月上旬在河南大学参加“全国语文教学法研究会成立大会”时认识朱先生的。首届年会云集163人，分成13个组讨论，我作为安阳师专的代表，编在第5组。记得该组有朱绍禹（东北师大）、史长贵（上海师院）、郑会为（华南师院）、陈炳文（新疆教院）、董味甘（重庆师院）、顾黄初（扬州师院）等13人。主持讨论的朱先生饶有风趣地说：“我们这些师大、师院、师专和中师从事语文教学法教学的同行，刚刚摘掉‘臭老九’的帽子，现在不分高低，都可以尊称为‘法师’了。”第一届理事会，朱先生被选为第一副理事长。1982年他接替武汉师院的范德藻继任学会理事长，连任两届，直到1993年才退居第二线，荣任学术委员会主任。

在朱先生领导下的14年学会活动中，1981年辽宁大连讲习班，1982年四川乐山第二次年会，1983年山东烟台讲习班，1984年云南昆明第三次年会，1988年贵州安顺第四次年会，1991年山东泰安讲习班，1992年陕西西安讲习班，我都参加了学习、培训并提交论文，聆听朱会长的精彩报告，论文受到他的奖掖，论著得到他的扶植，组织任用得到他的提携。印象最深刻的是下面两件事。

对《语文教学能力论》和《国外阅读研究》的扶植

1984 年昆明年会，我提交了论文提纲《关于建立“语文教学能力训练体系”的设想》，朱先生在会后《通报》表扬了这个“崭新的语文教师智能修养的‘十能’体系”；接着，他在被誉为“黄埔一期”的全国语文教学法师资进修班上郑重推介了这个纵横交错的立向结构；1986 年 5 月他又欣然为《语文教学能力论》一书（主编曾祥芹、副主编萧士栋）作《序》：“教师怎样才能教得好？合格的语文教师应该具备什么能力？是始终没有详尽科学论述的一个大问题，致使教师培养和进修迄今带有某些盲目性。应该说，这本书填补了这个空白，这是迄今没有的详细论述语文教师能力的一本书。”该书由河南大学出版社 1987 年 7 月出版，1990 年获中国教育学会语文教学法研究会著作十年（1980—1990 年）展评一等奖。还有，我和韩雪屏共同主编的中国第一套“阅读学丛书”第 5 本《国外阅读研究》，朱先生也于 1992 年 4 月为之作《序》，评为“展现当代多国阅读研究之结晶的著作”。没有朱先生的辛勤栽培，这些拓荒之作是难以鸣世的。

对《文章学与语文教育》的包容和“学术委员会副主任”的举荐

1992 年 8 月，我在《文章学与语文教育·导论》里曾经对朱先生关于“语文教育学的理论根系”（见《语文教育学》第 8、9 页，中央广播电视大学出版社 1987 年 10 月出版）做过扬弃：

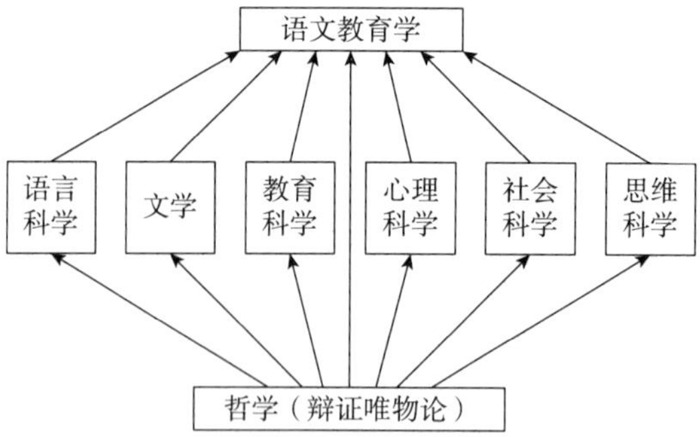

这是1980年以来出版的80多种语文教育理论著作中对语文教育学的理论根系表述得最丰富、最宽广的一种。从展开的七大领域52门学科中，我们看到，建立和发展语文教育学，需要吸收多少思想养料啊！

然而，在这个庞大的理论根系中，竟忽略了与语言、文学鼎立的文章领域——文章原理、文章学史、中国文章史、外国文章史、文章阅读学、文章写作学、文章思维学、文章评改学、文章传播学、文章创造学、文章教育学等。虽然，其中曾提到了“文体论”和“文章心理学”，但只触及文章学学科群中的一小部分，还没有把“文章学”作为“语文学”的有机组成部分看待。这说明，要冲破“语文即语言文学”的传统观念是多么不容易！

《导论》直接点名与朱会长商榷，希望补苴罅漏，确立“‘文章学’也是‘语文教育学’的理论根系之一”。为慎重起见，文稿写成后，交上海教育出版社之前，我打印后寄送东北师大，恳求指教。没想到，朱先生对批评自己的不同见解并不恼怒、拒斥，或置之不理，而是采取冷静的包容态度，在我电话询问时给了明确的回答：“叶圣陶的《国文百八课》建立了文章学系统，张志公的《传统语文教育初探》肯定了‘文章之学的教学体系’。我是支持文章学研究的，只因其成果尚欠丰厚，未予重视。当狭义文章学从广义文章学中分化出来独立成学的时候，我们会跟上来，在语言学、文学之间再填补文章学这个新的根系。”此言不虚，他晚年在《语文学习》杂志发表《学会多角度思考》的文章里果然提倡“文章学范畴的多角度”思考。又没想到，1993年8月19日，朱先生在南京年会上改选学会第二届学术委员会的时候，竟在我缺席的情况下提名推荐我由原来的“学术委员”升任为“学术委员会副主任”。并非纯粹“感恩”我才难忘此事，在同仁争鸣中曾听到“他有点学阀气”的微词，我的经历却雄辩地证明了朱先生的虚怀、宽宏、开放和举才不排异。一个学会的兴旺，一门学科的繁荣，多么需要这种海纳百川的开拓型学术领袖！

更没想到，已入耄耋之年仍笔耕不辍、四处讲学的朱老，突然于2008年4月患重病住院。当接到病危通知的紧急关头，我匆忙发去了《致朱绍禹先生的慰问信》：

尊敬的朱绍禹先生：

从韩雪屏的电子邮件中，惊悉您患重病住院治疗。作为同行晚辈学者，本应亲赴长春去看望您，无奈我也有病缠身，难以像王松泉、王相文、王光龙那样前往探视，谨表歉意。请允许我代表中国阅读学研究会、中国文章学研究会，并以我个人的名义向您致以高度的关切和诚挚的慰问！因为我也得过您同样的病，所以相信您也能乐观挺住，战胜病魔，早日康复！

先生是中国语文教育的一面旗帜。特别是20世纪80年代以来，您一面去粗取精，继承本国语文教育优良传统，一面广收博览，借鉴九国语文教育经验，为新时期语文教育研究开辟了新的领域，拓宽了巨大的空间，成为继往开来的领军学者。

先生在东北师范大学长期执教，桃李满天下。先生几十年如一日，笔耕不辍，著作等身，读者遍中华。您以海纳百川的胸怀，高瞻远瞩的视野，对语文学的新学科——文章学、阅读学、写作学、演讲学等，给予热情有力的扶植和坚定不移的支持，给我们以巨大的鼓舞。先生在学术研究中，解放思想，实事求是，不唯书，不唯上，不泥古，不崇洋，立足解决中国当代语文教育的实际问题。先生的学术风范，为一代学人树立了高标。

在中国现当代语文教育理论战线上，您是继叶圣陶、吕叔湘、张志公“三老”之后的第四位德高望重的语文教育学专家。中国高等教育学会语文教育专业委员会的新老会员们，凡受您亲自教诲、思想滋养和组织提携的一代代语文教育工作者，正沿着您指引的科学化、民族化、现代化的语文教育复兴之路阔步前进！这该是您莫大的欣慰和抗病的力量。

但愿您能亲自阅读我们的这封短信！如不方便，请佟士凡挚友向您宣读。

曾祥芹

2008年5月5日于新乡市牧野村河南师大拓荒斋

一致同意我发去此信的有：

中国阅读学研究会副会长　韩雪屏（包头师范学院教授）
甘其勋（河南省教育厅研究员）
王继坤（山东德州学院教授）
王余光（北京大学教授）
徐　雁（南京大学教授）
王云峰（北京市教研中心主任、教授）
刘真福（人民教育出版社编审）
伍新春（北京师范大学教授）

中国文章学研究会副会长　丁晓昌（南京师范大学教授）
张会恩（湖南师范大学教授）
刘绍本（河北师范大学教授）
袁昌文（贵州教育学院教授）
陈亚丽（首都师范大学教授）
魏　超（北京印刷学院教授）
黄湖滨（湖南民族职业学院教授）
杨道麟（华中师范大学教授）
郭　奇（河南大学教授）

万万没有想到，四天之后，惊闻朱老于 5 月 9 日仙逝的噩耗！我不知道先生看到了我们的慰问信没有？那是先生事业的后继者虔诚的心意。好在人的寿命不是以生理年龄为限的，朱先生的语文教育思想精华必将与常青的语文教育同在！朱先生的人格风范必将永远活在后继者的心上！

作者系河南师范大学教授。兼任中国阅读学会会长、顾问，中国文章学会会长、顾问，中国高等教育学会语文教育专业委员会学术顾问。

业绩与风范的表率

——朱绍禹先生辞世百日祭

韩雪屏　王相文

从语文课程与教学研究的视角回眸刚刚过去的20世纪，我们不能不首先想到刚刚辞世不久的朱绍禹先生。因为他在将近六十年的教育人生中，为这个领域的学科建设、学会组织、人才培养倾尽了满腔心血，为这个领域优良学风的传承开创了精神先河。

先生业绩　彪炳史册

先生是我国高等师范院校“语文课程与教学论”学科建设的先驱。

十年动乱之后，我国高等师范院校有关专业课程教学论学科状况是满目疮痍、荒芜凋敝；这门课程的教学人员大量流失、研究队伍大都解体。面对如此艰难的局面，为了尽快恢复和振兴我国高等师范教育，先生于20世纪70年代末即着手组织和编著十二院校《中学语文教学法》统编教材，以应课程与教学之急需。之后，又相继出版了《中学语文教育概说》《中学语文教学法》等专著，对学科教育研究复苏时期已有的研究成果做了比较全面的概括与辨析。他的这些著作都成为新时期以来较早出版的高等师范院校语文教学法课程的教材。晚近时期，他主编出版的《语文课程与教学论》，标志着先生又从传统教学论向国内刚刚兴起的课程论的大幅度跨越。

他主编《语文教育辞典》，为日渐振兴起来的语文课程与教学研究，梳理了繁杂的概念，界定了术语的内涵，廓清了阐释的边界，成为当时语文学科教育专业的重要典籍之一。而《语文学科动向》一书则又从另一个方向上拓宽了学科研究的领域，扩展了本门学科与相关学科的联系，为语文课程与教学研究的改革与更新、发展与繁荣做了必要的学术准备。他的《语文教育科研导引》更是填补了教师继续教育和语文教育科研方面的空白。

在教育“要面向世界”的方针指引下，先生又较早地把眼光投注到世界母语教育的历史和现状。先生精通日语。他先从集辑《国外语文教育资料》等入手，进而又分国别主持研究出版《美日苏语文教学》；直至参与国家教育“九五”“十五”规划的重点课题“中外母语教育比较和创新研究”，审定十卷本国家大型重点图书《母语教材研究》。改革开放新时代以来，先生在中外母语教育比较研究的道路上留下了鲜明的足迹，付出了辛勤的劳动。

先生还是著名的中小学语文教材编审专家。他在担任教育部中小学教材审定委员十余年间，为全国中小学教材改革付出了智慧与辛劳。他注重研究教材理论，出版了《初中语文教科书指要》和《中学语文教材概观》两部专著，还亲自主编了一套语体和文言分编的语文实验教材。

综上所述，先生亲历了新中国将近 60 年间语文课程教育的发展历史，见证了它所经过的初创、凋零、复苏、重振和繁荣的全过程；特别是在改革开放 30 年来，先生为语文教育学科理论体系的形成和发展，倾注了满腔心血，在语文教育的总论、课程论、教学论、教材论、学习论、教师论、语文教育史论、语文比较教育等领域，都有重要的建树。在这个学术领域中，先生从事研究的时间之长，涉及范围之广，研究程度之深、出版著述之多、学术影响之深远，大概是难有人与之比肩的。先生始终走在语文教育学科建设的前列，成为创建我国当代语文教育理论体系的先驱和奠基人。

先生是我国语文教育专业委员会的创始人和领袖。

为了适应“语文课程与教学论”这门课程的教学与科学研究的需要，把被“文化大革命”打散的语文教学法教师队伍逐步组织起来，先生义不容辞地担当起筹办和组织我国有史以来的第一个全国语文教学法学术团体的重任。他领衔率队到教育部拜访苏灵扬同志，汇报教材编写情况以及研究会筹备经过；随后又去中央教科所和中国教育学会等处聘请叶圣陶、辛安亭、刘佛年、叶苍岑、郭林、张志公、刘国正等老一辈专家出任名誉会长或者顾问；还亲自出任我会第一期会刊的编辑组组长。先生积极促成了全国语文教学法研究会 1980 年 10 月在开封的成立。此后，作为学会的主要缔造者，先生为每一届学术年会的主题研究、论文评审、队伍建设、信息交流、内外联系等辛勤劳作，真是夙兴夜寐，殚精竭虑。在先生任职理事长期间，研究会在学术水平、组织规模等方面都得到了稳定的发展和明显的提高。毋庸讳言，学术组织的发展也并不是一帆风顺的。在攸关学会存亡的关键时刻，先生不顾年事已高，不辞舟车劳顿，千里奔波，率团晋京陈情，多方奔走呼号，确保了学会的生存与发展。

从学会筹建到先生辞世，历经 30 年，其间先后担任了学会的两届理事长、学术委员会主任、学术顾问、首席学术顾问。先生为我国语文教学法学会的缔造、建设与发展作出了不可磨灭的贡献。

先生是我国语文课程与教学论领域里众多学人的导师。

先生深知，学术事业的发展需要一代一代学人的接力，因此，从一开始就十分注重语文教育领域学术梯队的建设。1981 年 8 月，先生就在大连主持开办了首次讲习班，培训全国语文教学法教师；此后，连续在烟台、桂林、泰安等地办班培训，有力地促进了全国语文教学法教师队伍的迅速成长，有效地缓解了当时语文教学法界人才断层、青黄不接的师资困境，先生不愧是我国新一代语文教育研究队伍的领路人。先生是新中国最早的语文教学法硕士生导师，先后招收过 5 届研究生，直接指导培养了 20 多名语文教学法硕士，他们中有的已经成长为教授。他还奉命举办多期学科研究生课程班，培养了数十名学科骨干。特别是 1986 年 3 月，受国家教委之托，作为导师，他在东北师大领衔举办全国第一期语文教学法研讨班，使来自全国 19 个省、市、自治区的 27 名语文教学法教师得到长足的进步和全面的提高，迅速成长为各地高校的学术带头人。他们后来大都晋升为教授、副教授，多数成为硕士生乃至博士生导师，有的还成了全国知名学者。此外，先生还热情地接待来自全国各地的中青年学者，为他们的学术成长与发展解疑释惑，献言建议。因此，有人自豪地称自己是先生的私淑弟子。

先生以其饱满的学术热情和冷静的学术智慧，成为我国目前语文课程与教学论领域众多学人的导师。他为我国语文教育研究培育出一支连绵不断的、日渐壮大的学术队伍，其价值是难以用数字计算的，其功德是怎样估量都不过分的！

先生之风　山高水长

彪炳史册的业绩，只能从一个侧面说明先生在执教六十年间做了些什么事；而先生做事的实践却在向我们不断地彰显他的治学与做人精神。他留给我们的这一笔更为丰富与深沉的精神财富，却又是我们一时难以盘点清楚的。

至爱与坚守　不能否认的是在高等师范院校，“学科课程与教学论”这门最具有师范特色的课程并没有真正得到重视。形成这种状况的原因是多方面的，其中本门学科正处于形成和发展之中也是一个重要原因。凡是献身于这门课程与教学研究的人，都不难想象出先生当年力排众议，高举“中学语文教学法”“语文课程与教学论”这面大旗时所经历过的艰难、所承受过的压力、所体验过的孤独。但是，先生出于对事业的敬畏、至爱和信心，不怨天，不尤人。他坚守在这一方学术的边缘地带埋头拓荒，坚守在这块无人或少人的学术区域辛勤耕耘。于是，人们终于理解了这门学科所具有的独特体系和教育价值；人们终于看到了这门课程与教学发展的层次与水平，终于看到了这门课程与教学领域中结出的累累硕果。先生以他在这个领域中独立傲岸的身影说明了：坚守是一种品质，是一种为了理想的执着追求，是一种源于科学的强势自信。先生以他一生的研究与实践说明了：至爱与坚守是一个人成就事业的前提条件。

继承借鉴与创新　先生广博的学术视野，使他既关注本学科与其相关学科的联系和关系，还关注梳理继承我国语文课程与教学的历史传统，又关注总结借鉴世界母语课程与教学的有益经验。先生鉴史而知今、研外而用中，目的却在与时俱进，不断改革和创新我国当代语文教育的理论与实践。于是，先生又以他不断变化和发展着的学术思想告诉我们："国际视野与本土行动""历史眼光与当代求索""以我为主与多维旁及"，是每一个献身语文教育学研究学人必须具备的哲学观点与学术修养。

躬亲实践 我国语文教育的百年历史，清楚地描绘出有志于语文课程与教学研究的前辈学者，是怎样以"理论跋涉"和"科学实验"这两股强大的动力为核心、为经纬，掀起了经久不衰的改革汉语文教育与教材的波澜壮阔的大潮的。先生成功地继承了这一优秀传统，他一生在教学与科研道路上既注重理论探索，又注重实践。他不仅注意研究学科课程的学理，而且注重研究把学理变成高等院校的教材和基础教育阶段的语文课本；特别是在他出任语文学习科学研究会理事长之后，又相继担任了关于语文学习科学研究的两项全国教育科学规划课题的顾问，为此，他先后深入到黑龙江、吉林、辽宁、河北、山西、河南、重庆、广东、广西、福建、浙江等10多个省、市、自治区的数十所实验学校。先生在耄耋之年足迹遍及大江南北。这样，先生的治学道路就显示出一条"学理→学本→学生"的鲜明轨迹。于是，先生又以他的学术实践告诉我们：学科和科学发展的历史必将公正地证明，实践应用与理论研究是同样重要的；献身于教育科学事业的人们，决不应鄙薄教育实践，特别是不应鄙薄基础教育实践；相反，基础教育实践是高等师范教育的生命线。有出息的语文教育理论研究工作者，应该积极开展基础教育阶段语文课程与教育的实验研究。

奖掖后学 先生擎起"全国语文教学法研究会"这面帅旗的时候已经年届花甲。他深知学科的建设发展、科学研究的繁荣，归根结底在于培育后继学人，因此，先生很早就注重提携、奖掖后学。如同所有学术大家一样，先生首先注意从论文、发言、谈话等中识别中青年学人。诚然，真正的学问家不可能精通各门学问，但是，他们的学术思维方向却可能与相关研究投合相符，他们的学术思维频率却可能与之产生共振。因此，学术前辈往往能从纷繁的现象中敏感地辨识他人研究的价值，准确地选拔后学新秀。先生一旦发觉了后学新秀，就会为他们提供多种机会，让他们在各种

作者韩雪屏（左一）与朱绍禹先生（中）、潘纪平教授（右一）合影

场合经受必需的学术锻炼——如虽是学员却兼任某一专题的教员，或在学术年会上被指定发言，或在学术组织担任一定的职务等；更多的则是表扬和激励他们。对于初涉学术领域的年轻人，他说："你为年会写了一篇有价值的论文！"对于刚刚离开工作岗位，还不习惯退休生活的人，他说："你还可以再干 20 年！"先生从不吝惜对后学的表扬与激励，单是他亲自给晚辈后学的著述赐序已经数以百计了。就这一繁重的工作而言，它对我国语文教育的理论建设与实践指导，又将会产生何等广泛而又深远的影响啊！先生提携年轻学人、奖掖后学的精神是一贯的，真可谓春催桃李，恩泽

普惠!

胸怀坦荡 先生秉性爽朗，胸怀坦荡。性格决定了先生具有明快尖锐的言语风格和概括凝练的语言修养。他自陈己见时，往往毫不隐晦，直截了当；他有所批评时，往往直言相告，一语中的，绝不含糊推诿、言不及义。他又从不以“学术权威”自居；与先生相处，我们无须忐忑忧戚，无须转弯抹角；相反，我们会时常从他豪爽的笑声、诙谐的言辞、风趣的谈吐中获取启示与力量。先生一生乐善好施，时常出资捐助处于困境中的人们，而决不斤斤计较、蝇营狗苟于一己私利。更为难能可贵的是先生严格

在朱绍禹先生80寿辰宴会上，作者王相文（右一）与朱绍禹先生（中）、王松泉教授（左一）合影

要求自己，决不文过饰非。当他发现自己在某些现象和人事上判断有误时，他就毫不掩饰自己的失察与误解，而真诚地向他人检讨，其中包括向自己的学生做诚挚的道歉。先生在年龄上是我们的长辈，在学问上是我们的导师，在事业上堪称一代宗师，他尚能如此虚怀若谷，严以律己，那么，还有什么能比如此博大的胸襟更能包容浩渺的人心，如此透明的心境更能激荡起人的情感波澜，如此可贵的高风亮节更使人们永识难忘？

先生清癯的面容、挺拔的脊梁、轻快的步履仍然历历在目；先生讲学时简练的语言、高昂的声调，谈话时亲切的语气仍然言犹在耳。但是，严酷的事实告诉我们：先生毕竟是永远离开了我们！先生一生业绩彪炳史册，先生一生风范山高水长！我们深为语文教育事业有过这样一位先驱而庆幸，深为自己一生有过这样一位导师而骄傲！随着时光的推移，先生的辞世给我们事业带来的空缺必将更为分明；先生的业绩与风范在我们心中更会彰显出它长久的光彩与辉煌！

朱绍禹先生的英名与事业永垂不朽！

（原载《中学语文教学》2008 年第 12 期）

作者韩雪屏系内蒙古自治区包头师范学院教授。兼任中国高等教育学会语文教育专业委员会学术委员会主任、顾问。王相文系河北省唐山师范学院教授。兼任中国高等教育学会语文教育专业委员会常务理事。

缅怀朱绍禹先生

曹洪顺

2008 年 5 月 9 日，著名语文教育家朱绍禹先生与世长辞，噩耗传来，我悲痛万分。26 年来与先生相识、相处的情景，时时浮现在我的脑海之中，其音容笑貌，历历在目，难以忘怀。

1982 年 4 月，我与先生相识于四川乐山召开的全国语文教学法研究会的第二次学术年会上。此时，他担任学会的副理事长（理事长是范德藻先生；这年 11 月，朱先生继任理事长），是大家公认的国内少数几位语文学科教学论的学术权威之一。在这次会议上，研究会决定于 1983 年暑期在烟台举办第二期语文教学法讲习班（第一期是 1981 年在大连举办的），由我负责操持会务。因此，我和先生便经常有书信往来，会面的机会也多了。在他的正确领导和精心组织下，烟台讲习班按时、按计划举办，历时近半个月。参加学习的有来自全国各地的学员近 400 人，授课的专家学者 16 位，称得上是本学科的一次盛大的学术活动，大大地提高了我国高师院校刚刚起步不久的“中学语文教学法”学科师资队伍的业务水平。讲习班的成功举办，充分地表现了先生高超的组织能力和深厚的学术功底。那年，朱先生 61 岁，已经是年过花甲之人了。而先生渊博的学识，宽阔的胸怀和视野，科学的思维方式，还有高度的责任感和使命感，平易近人的态度，幽默风趣的性格，都给我留下了极为深刻的印象，使我产生了直接拜他为师的念头。

机会终于来了。1986 年上半年，受当时国家教委的委托，先生主持东北师大主办的语文教学法研讨班，我报名参加了。到这个班学习的，是来自全国各地包括北师大、南京师大等名牌高师院校在内的学员 27 人。其中有几位，如浙江的王松泉、湖南的周庆元、内蒙古的韩雪屏等，虽“出身”非名牌，但在当时语文教育领域里也已经算是小有名气的教师了。整个办班过程，先生精力充沛，似乎有使不完的劲儿，特别是讲起课来，神采飞扬，底气十足，旁征博引，侃侃而论，谈笑风生，一点也不像 64 岁的老人。由于他的严密组织和精心安排，这个班在短短一个学期（实际上只有 4 个月）的时间内，居然开设了语文学科教学论硕士研究生三年应该完成的所有学位课程：语文教育原理课，先生自己亲自讲授；语文教学心理学课，是邀请著名心理学家朱作仁先生讲授的；中国语文教育发展史课，是邀请著名语文教育家顾黄初先生讲授的；中外语文教育的比较研究课，设“中日语文教育比较研究”和“中欧、中美语文教育比较研究”两个专题，是由沈阳教育学院的赵北柯教授和本班学员韩雪屏同志分别讲授的。此外，在这个班上，学员们还听到了语文教育美学、系统论、信息论、控制论、能力心理学等非常出色的专题讲座，都是由东北师大、华东师大的著名学者讲的。在这期间，先生为了训练学员们的科研能力，组织大家，同时也约请了国内许多语文教师，共同编写了语文教育中急需的工具书——《语文教育辞典》（延边人民出版社 1991 年出版）。这个班虽然时间很短，信息量却大得惊人，办得非常出色，又一次充分表现了先生非凡的组织能力和深邃的学术眼光。

顺便说一下，在这期间，先生还同时带着三届 4 名硕士研究生。其中第一名研究生，是 1983 年招收的新中国成立以来第一名语文学科教学论的硕士研究生严正，就在我们这个班快要结业时，举行了他的毕业论文答辩，全体学员都参加了答辩会——这是我有生以来第一次参加硕士学位论文答辩会。因此，就我来说，实际上是只用了 4 个月的时间，基本上是以不同的角色，参与了语文教学论硕士研究生培养的全过程。

我有幸参加了这个班的学习，的确开阔了眼界，增长了见识，连我的思维方式和生活态度都发生了很大的变化。从此以后，我就积极地参与到全国语文教学法研究会的活动中去了。当时研究会几乎每年都有活动，所以我差不多每年都能和先生见面。事后我才发现，先生主持的一系列活动，特别是他办的这个研讨班，对我的影响是巨大而深远的，可以说是改变了我后半生的工作和生活；而且，随着时间的推移，这种影响越来越明显。

首先，先生把我带进了语文学科教学论的领域。参加这个研讨班之前，我也曾经给高师中文系专科学生开过中学语文教学法课，但主要的教学内容是各类文体的教学，经验性的东西多，理论性的东西少。实在说来，连我自己也没有真正弄明白语文教学论究竟是怎么一回事。后来的情况就大不一样了，我明白了语文教学论的理论基础，弄清了它的纵向延伸和横向开拓。这个学科的教学应该怎么搞，科研又是怎么一回事，我心中有数了。

其次，先生给我指出了奋斗的方向，并做出了榜样。我进入到了语文教学论这个领域里，算是找到了值得我终身为之奋斗的事业，也就有了精神寄托。这时，我不但教学方向明确了，科研水平也大大提高了。上个世纪末，当我们学校有资格上硕士点的时候，我们也积极申报硕士学位授予权。2000 年，我们的“课程与教学论”语文学科教学论专业，获得了培养硕士研究生的资格——那时我们全校只有 6 个硕士点。朱先生这个榜样的力量，对我来说是无穷的。2002 年，当我们招收的第一届硕士研究生进校时，我已经 62 岁，办理退休手续 2 年多了，但我还是决定退而不休，满怀信心、义无反顾地担任了硕士研究生导师。而我们给研究生所开的课程，还有带研究生所运用的方式方法，正是从朱先生那里学来的。同时我也知道，先生招收第一届研究生的时候，已经 61 岁了；到他 76 岁高龄的时候，虽然离他 1990 年办理离休手续已经过了 8 年，但由于工作需要，他还是重返导师岗位，继续带研究生。现在，我自己也已经是 68 岁的老人了，仍然在参与培养硕士研究生的工作——先生的榜样，就是我最强大的精神支柱。

多年来，先生对我的帮助，是全方位、多方面的。我的第一本论文集（《语文教学法漫论》辽宁大学出版社 1992 年出版）是他作的序。他生前到我校来过五六次，给我们作学术报告，当面给了我很多指导。先生最后一次到我校是在 1998 年，来为我主持的一个研究课题作鉴定，给了我很多鼓励。我与先生最后一次见面，是 2003 年在桂林。先生不顾 81 岁高龄，去主持他担任理事长的全国语文学习科学专业委员会的一次学术会议，我带 2 名研究生前往参会。那次我们住隔壁，一有空就在一起聊，还一同游览了漓江。

2008 年 4 月下旬，听说先生病重，我很焦急，很想去见他一面。但因为腿疾没能成行，结果留下了终身遗憾。

在我心目中，先生精神不死，师魂常在，将永远激励我继续做好工作，争取做出更大的成绩，以告慰先生的在天之灵！

在朱绍禹先生第二次语文教育思想研讨会上，作者（左一）与佟士凡教授（右一）一起为朱先生（中）敬献纪念瓷盘

作者系山东省鲁东大学教授。兼任中国高等教育学会语文教育专业委员会学术顾问、全国语文学习科学专业委员会第一届学术委员会副主任。

朱绍禹先生60岁以后做的事

曹洪顺

我与先生相识时，他刚满60岁。对他60岁以前的事情，我不太了解；而对他60岁以后做的许多事情，却了如指掌。举其要者，略述如下：

—— 领导了两个全国性的学术团体。

一个是中国教育学会语文教学法研究会。1980年10月这个学会成立时，朱先生担任了副理事长，1982年11月继任理事长，1993年8月改任学术委员会主任。在先生担任学会主要领导期间，除了按时举行学术年会、学术研讨会以交流语文教学法的教学经验、展示学术研究成果之外，还根据当时学科师资队伍发展的需要，先后在大连、烟台、桂林等地举办了七期语文教学法讲习班，参加学习的学员近3000人，为提高我国语文教育工作者的理论水平发挥了重要的作用。

另一个是中国高等教育学会语文学习科学专业委员会。这个学术团体成立于1995年，大家一致推举在语文教育界有着崇高声望的朱先生为理事长。在他的领导下，从1997年开始，学会在全国范围内开展了教育科学“九五”规划课题“语文学习方法的理论研究与实践指导”的实验和研究工作，有100多所中小学参加实验，取得了许多有相当影响的成果。这个课题还作为全国教育科学“十五”规划课题，继续进行了更高层次的后续研究工作。

一个人先后领导了两个全国性的学术团体，这在学术界是罕见的。

—— 培养了20多名语文学科教学论的硕士研究生。

从1983年即先生61岁那年开始，他率先招收了新中国的第一名语文学科教学论的硕士研究生。此后，他先后培养了5届14名研究生，充实到了高师语文学科教学论的教师队伍中，提高了这个学科师资队伍的学术层次。1990年，他办理了离休手续，8年之后，先生不顾76岁高龄，因工作需要重返导师岗位，继续为培养这个学科的新人而殚精竭虑，操心劳力，从而使他直接培养的研究生超过了20名。

—— 举办语文教学法课程研讨班。

为了提高在我国高师相对薄弱的语文教学法教师队伍的理论素养，从1986年即先生64岁那年开始，他先后主持了3期语文教学法课程研讨班。1986年上半年，受当时国家教委的委托，先生主持了东北师大主办的第一期语文教学法课程研讨班。参加这个班学习的，是来自全国各地包括北师大、南京师大等名牌高师院校在内的学员27人。整个办班过程，先生精力充沛，干劲十足，一点也不像是一个64岁的老人，充分地表现出了他非凡的组织能力和深厚的学术功底。此后，在先生的主持下，1987年下半年和1990年下半年，又举办了两期这样的研讨班，参加学习的学员有46人。

—— 取得了一系列的学术成果。

首先，他编写或主编了几部语文学科教学论的教材：《中学语文教育概说》（专著，内蒙古人民出版社，1983年）、《语文教育学》（编著，中央广播电视大学出版社，1987年）、《中学语文教学法》（编著，高等教育出版社，1988年）、《中学语文课程与教学论》（主编，高等教育出版社，2005年）、《语文课程与教学论》（主编，东北师大出版社，2005年）、《语文课程与教学论》（主编，中国社会科学出版社，2007年）。

其次，深入研究了中学语文教材的问题，先后出版过多种著述，如：《中学语文教材概观》（主编，人民教育出版社，1994年）、《初中语文教科书指要》（与张文颖合作编著，高等教育出版社，1997年）。20世纪90年代，他还主编了一套初中语文实验教材，由东北师大出版社出版。

再次，他还编写出版过其他一些著作，如《语文教育辞典》（主编，延边人民出版社，1991年）、《语文教育序文集》（北京师范大学出版社，

1993 年)、《语文教育科研导引》(专著，东北师范大学出版社，2001 年)、《语文学科研究动向》(主编，东北师范大学出版社，2001 年)、《教育实习全程解说》(主编，山西教育出版社，2005 年)

此外，他还主持翻译、编辑了多种国外语文教育方面的资料，也与人合作出版过这方面的专著。

一个人，60 岁以后还能做多少事情？朱绍禹先生做出了很好的回答。

最后一面

程顺之

我和朱先生最后一次见面是在2008年4月30日。

之前，光龙、相文、士凡多次告诉我朱先生的病况，焦急之状，可以想见。好不容易抽出身来，于4月29日晚赶赴长春，士凡到车站接我，安排了食宿。士凡告诉我，学会的光龙、相文、松泉、安琳，以及北京、哈尔滨的9位同志已先我看望过朱先生；朱先生仍念念不忘学会工作，时

作者（左）与朱绍禹先生合影

时挂怀同志和朋友的近况。听士凡说后，对朱老又增加了一份敬意。

30日上午，士凡陪我去探视朱先生。一进病房，看到病榻上朱先生的面孔已露出脏腑本色，不由得心头一颤。朱先生睁开眼看到我，嘴角上浮起了淡淡笑纹，瞅着我，像有很多话要说。旋即转过头去，拉着士凡的手动情地说："士凡，太辛苦了，几天来人都是你们几个接送，谢谢你们。你一定要把顺之的食宿安排好……"说着说着，声音慢下去，闭上了眼睛。

我一边听朱先生和士凡的对话，一边切脉。朱先生的脉象洪大。《濒湖脉学》"形瘦脉大多气者死"的一句话忽冲脑际，我的心不由得一紧。我久久地凝视着朱先生的面孔，一时竟无语凝噎。

朱先生，人间自有真情在，患难时节见相知。在长春的弟子士凡、明笠、宋祥等为我们接来送往，安排食宿，尽心尽力；远在外地的弟子光龙、相文等两次专程来长春看您、送您；因事脱不开身的亲朋好友也以各种方式向您表示了慰问。先生可以知足了！

朱先生，您的未竟事业自有后来人完成，您可以含笑于九泉了！

5月9日，士凡告我朱老仙逝的消息，悲痛的眼泪和着记忆的碎片，遂成上面一段文字。先生生为人杰，死列仙班；学棣作歌当哭，填词以祭。

江城子

——揣其意记之

驾鹤西归念故乡，不思量，自难忘。万里烟波，何处诉衷肠？见召总应心事了，文曲旺，国乃昌。

争胜一纸奏玉皇，阴阳隔，又何妨！如椽之笔，照样写华章。料得年年花开日，温啤酒，独做庄。

作者系黑龙江省黑河学院教授。兼任全国语文学习科学专业委员会第一届理事会副理事长，第二届理事会副理事长、学术委员会主任，第二届学术委员会顾问。

梦里依稀朱公面，城头不变学术旗

——永远地怀念朱绍禹先生

程顺之

2008 年 5 月 9 日，朱老仙逝。至今，已五年有余，然思念之情不减，继承遗愿之志不改。正是：梦里依稀朱公面，城头不变学术旗。

早在 1981 年，在大连中学语文教学法论坛上，我第一次聆听朱先生的学术报告。他解读十二院校合编的《中学语文教学法》的绪论部分。学员席中的我，远远注视着朱先生：他深邃的目光透露出智慧，清癯的面孔充满着期盼。思辨敏捷，论证严谨，谈锋犀利，妙语连珠，给我第一印象是一个博学多才、勇于创新、卓力不群之人。

之后，多有通信联系，每问必答。对拙作《试谈点线法》(《语文天地》1982 年第 3 期）赞赏有加（《祝福》点线法教学设计，曾获全国“新课型”优秀设计征文二等奖,《语文教学通讯》1984 年第 1 期)。我始终以他编著的《中学语文教学法》为我校中文系学科教材。

和朱先生近距离接触是在 1984 年冬的昆明会议上。朱先生时任全国语文教学法研究会理事长。当时他看了我提交学会的论文《教学法的贫困和贫困的教学法》后，马上决定让我大会发言。这是一篇唱反调的另类文章，没想到朱先生叫我在大会上发言，我当时真有受宠若惊的感觉。朱先生已是学术泰斗，还肯听取小人物的反面意见，这是何等的境界！学术就是在批判中、在争鸣中发展起来的。朱先生营造的学术民主、学术自由的风气，至今仍因袭相传。

1998 年 8 月 6 日在临汾会议上，朱先生拖着病体作了两个小时的学术报告，风采不减当年，听者无不动容。我也抑制不住内心的感动，即兴赋诗：学运当随国运兴，朱老胸藏百万兵。公推语文教育首，志夺宇内北斗星。一举临汾群英聚，三才陋室画丹青。部颁教材钟灵秀，曲高鹰飞传仙经。

在庆祝大会成功的晚宴上，我和士凡等组成五人“东北虎”，与光龙、灿金为代表的五人“山西豹”对酒助兴。朱先生温酒作裁（朱先生因胃病只能喝一瓶温啤酒）。结果山西豹以山西陈醋对东北虎的汾酒，尚且败北。席中，朱先生时出妙语，“黄埔”弟子频表敬意。我这来自边疆小镇的一介草民备受感染，冒昧地向朱先生自请关门弟子，以期忝列门墙之许。

朱先生对我情有独钟，是他提议我为全国语文学习科学专业委员会的副理事长，也是他提议我兼任学术委员会主任；是他屈尊降贵，甘为人梯，和我合出《语文教育文存》。也是他亲笔书写一幅字“语文教育学者，文艺评论行家”送我。此种高风亮节，期盼来者，提携后人，谋划学会发展的精神和智慧，令我感怀不已。

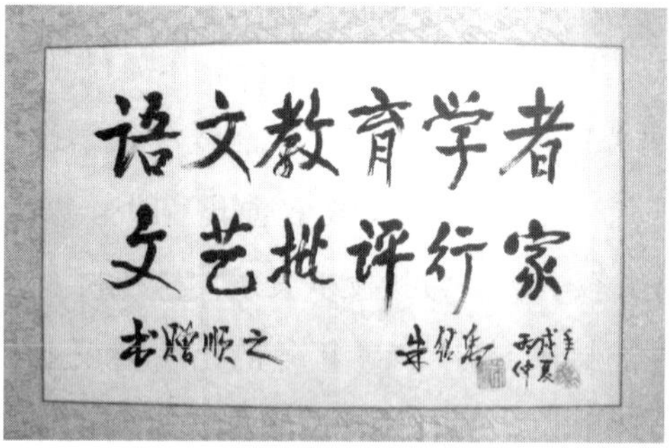

我自知才疏学浅，难当学会大任。好在有朱先生的耳提面命，有干练的王光龙、含蓄的卫灿金、质朴的佟士凡、豪放的黄沧海、谦恭的黄麟生、深沉的江敬润、坦诚的张德斌、进取的王相文等诸多先生和许多同仁的帮助、鼓励和支持，提升了我的勇气和信心，做了一些诸如论文评选、结题鉴定、指导实验、评议示范课、推荐会员、沟通信息、交流经验、扩大学会影响等力所能及的工作。

朱先生事必躬亲，不假于人。我在黑河组织了两次学术会议，朱先生都亲临指导。他还亲授黑河二小实验奖牌，亲自召开师生座谈会。为了给黑河嘉翰学校作报告，他连夜起草发言稿，因为一个用词和吴老师争论得面红耳赤。看见老两口各持己见、互不相让的场面，我不禁哑然失笑。朱先生做事认真、一丝不苟、治学严谨、躬身垂范，可见一斑。

朱先生两次黑河之行，对黑河师专的升格（2004 年晋升为黑河学院），对中小学语文教育的发展，对中俄文化交流，对提升学会的国际地位，都作了重要贡献。

在和朱先生十余年交往中，他总是戴着一顶礼帽，穿着褪了色的休闲服，衣着十分朴素。待人接物不乏幽默，言谈举止时彰睿智，宅心仁厚，行善济人。虽生活清贫，而育人之志不改；虽疾病缠身，而治学之志弥坚。我曾两诣其舍，恰逢朱先生蜷着身子，跪案疾书。他谈笑风生，不知疲倦。我国语文教学论专业首位硕士研究生导师、语文教育学的奠基者、教育部中小学语文教材审定委员会委员，竟住在建筑面积不足 60 平方米的简陋寒舍内，以惊人的毅力写出数十卷具有划时代意义的学术论著。此景此情，花为溅泪，鸟为惊心，人吞五味，百感莫名。一箪食，一瓢饮，在陋巷，人不堪其忧，朱公不改其乐，贤哉，朱公！朱公等身的学术著作，既是学术心灵与人格的展示，又是学术追求与价值的体现，更是生命的和谐、道德的光芒、情感的味道集大成者，为学者树立了一世楷模，为学术树立了一面光辉的旗帜！

朱老对学会的发展和建设，可以说呕心沥血，殚精竭虑，居功至伟。但他最担心的还是学会接班人的问题，他不无忧虑地和我透露过他的想法。无欲则刚，有容乃大，选择一个能干事、干实事，识大局、顾大体，严于律己、宽以待人，有胆识、有领导能力的人来接班，是他辞职前时刻思索的问题。

2007 年 11 月，在杭州终于完成了交接班任务。2008 年 5 月 1 日，我到朱先生病榻前看望他时，他还叮嘱我要支持学会的工作。

朱老，我可以负责任地告诉您：您选对了接班人，您所缔造的语文学习科学专业委员会，正沿着您指引的学术大道扬帆远航。以王光龙为首的新的理事会，小心谨慎，与时俱进，聚精会神搞学术，一心一意谋发展，牢记您的教诲：学术水平是学会的生命，始终坚持不懈地把壮大学术队伍，整合学术资源，提升学术水平，践行语文学习的科学发展观为第一要务来抓。“十一五”国家课题“新课程改革中转变学生学习方式的研究”即将结题，由王光龙策划和主编的“21世纪语文课程学习指导丛书”已定稿付梓。中国教育科学研究院副院长、全国教育科学规划教育理论学科组成员、博士生导师田慧生研究员在序言中说：“本丛书设计比较合理，系统比较科学，内容比较全面，展示了当代语文学习研究的新成果，初步构建了我国当代语文课程学习理论体系的基本框架，对探索和构建我国当代语文课程学习理论体系具有现实意义。”“十二五”期间的科研规划也正在实施当中。您留下的宝贵的精神财富彪炳千秋，薪火长传。

城头不变学术旗，这是您的遗愿，也是我们后学者的永远的纪念！

2012年5月9日于北京

活在我心中的朱绍禹先生

黄沧海

十多年来，每逢全国语文学习科学专业委员会重要的学术会议和学会活动，朱先生从不缺席，到会必讲，讲则神采飞扬，声情并茂。人们心中长存着一位智慧、严谨、善良、幽默、健康的长者形象，以致我常常忘记了他八十多岁的年龄。他的突然离去，不免让我惊愕，让我一时难以接受。

原来他的病变已有时日，这位老人是以怎样惊人的镇定和毅力走过人生的最后时刻，并向人们展现晚霞的多彩绚丽，让人们感受到丰富的生命启示和温暖啊!

我是在一个特殊的时刻认识朱先生的。

1995 年，全国语文学习科学专业委员会在成都成立。学会一批有识之士在捍卫学术纯洁、排除商业操控的旗帜下凝聚起来，决心创办一个服务于中小学语文教育教学实践的学会。大家一致恳请朱先生为学会掌舵。众望所归的朱先生虽年逾七旬，且正肩负着许多繁重的教学与科研任务，却义不容辞地挑起了重担，举起了“语文学习科学”这面旗帜，领导着我们学会艰难奠基、奋发创业、锐意发展，出色地完成了国家“九五”“十五”两项规模宏大的全国语文学习科学研究课题，为新世纪语文新课程标准的实施起到了一定的推动作用。学会走在语文学习科学研究的路上，每前进一步都体现着朱先生的语文教育思想，每摘下一个果实，人们都不会忘记朱先生为培育这个果实所贡献的智慧，所洒下的汗水和心血。我想这份事业是朱先生在耄耋之年所耕耘的田地，如果今天朱先生在天堂深情回眸，一定会自豪地微笑并坦然无憾吧！

十多年来与朱先生相聚相会的情景，此刻在我心海一一重现，他的许多话语、细节也常常被我引用并不时拿来与教育界的同行们分享。

至少有三次以上的年会报告，他重复一个非常形象而幽默的比喻，他说："一个教师如果不开展教学研究，那只会重复他的教学内容，教了多年也不会有进步。这好比在磨坊里推磨子，在磨道里转了无数圈子，自己还没有走出磨坊。唯有开展教育教学研究，才不致无目标地在狭隘的视野中转圈子。"推磨子的故事在许多无意开展研究的教师中发生着，所以朱先生以强烈的责任感作多次呼吁和警示，这不仅是对我们学会的学术生命的真情眷顾，更是对教师们的最根本的期望与关怀。与此同时，他以自身八十高龄仍孜孜不倦地研究实践为我们树起了榜样。

在《朱绍禹语文教育思想研究论集·与书结伴慰平生》一文中，他以读书、教书、写书、评书概括自己一生的经历。在平凡的教书生涯中，朱先生的一生却是不平凡的、闪光的。他读书是有选择的，在日寇占领时期逼人读奴役国人的书，他就取应付态度而选读自己想读的书。在长年的读书中采用过多种方式，一切都服务于阅读的目的。在教书时他既研究了作为科学的教育，又探索了作为艺术的教育。教然后知困，知困而研究哲学、思维学、语言学、文学、教育学、心理学、社会学、文化学、生理学，因而成为既专又博的学者。他写书是研究教学的过程，更是研究成果的结晶，成为一种人生的大使命、大快乐、大造就。他写道："同是高校教师，同样负有科研任务，有人一旦提升高级职称，科研的生命也就结束了，而有些人即使是退休了却仍然锲而不舍，一部部地写下去，这中间的区别，就在于自身有无坚持研究的意志。"朱先生的许多重要著作都是退休后，有些还是年近八十之后完成的，这种愈老弥坚的研究意志，来自献身教育的伟大情怀。朱先生评书的序文已专门出版了一部《语文教育序文集》，他为120多位作者的新著所写的序言，每篇都精心构思，确当评价，慧眼识珠，真心推广。这正是他以无私的大爱培养新秀，奖掖后学，繁荣学术，推进教育之举。朱先生桃李天下，著作等身，行为世范，令人感动，令人景仰。

朱先生是全国著名的学者，担任我们学会的理事长应是一件“烹小鲜”的事，但他从来不独断独决，总是很虚心地听取各方面的意见，然后尊重多数的意见，慎重作出决定。2000 年 12 月，在温州召开三所实验学校课题成果鉴定会时，我和几位校长与朱先生在要不要对每所实验学校听一堂汇报课的问题上发生了争论，谁也说服不了对方。朱先生发表了自己的见解后，以极冷静的态度倾听大家的意见，表现出他对学术讨论的宽容态度和接纳胸怀。事后我深感态度和言辞有点过激，向朱先生表示歉意，朱先生却没有计较这些，安慰我说：“大家对事情都认真负责，这是很好的学风。”学者之风、长者之范至今留在我的记忆深处，并潜移默化着我的心灵，我常常有意地学习朱先生宽容、客观、冷静、平和、淡定的待人处世态度。

2003 年 10 月，在广西桂林召开的“语文学习素质培养与人的发展研究”课题研讨会期间，有一项优秀课例评审。一位评委向朱先生反映该组给一位作者评得不公正。朱先生出于强烈的责任感在总结大会上不指名地批评了此事。但事后审阅各评委的打分和评审记录，发现不公正的不是他人，正是这位告状者。过了些天，朱先生给我寄来了一封信，很诚恳地检讨自己没有充分调查，发生了错误的责备。其实当时会议程序安排得很紧，无法在会期中作详细调查，既然有人反映，原则上说说也不算什么大事。然而朱先生却极认真地对待此事，错了就敢于修正，勇于自责。这种精神正是当前许许多多权威人士身上极其缺乏的。看过朱老先生这封专作修正和表示自责的简短信函时，我的双眼噙着激动的泪水，并警策自己，一旦有错就要勇于承认，他人的信任和信服才与你有缘！

世上可敬的人很多，可敬可亲又可爱的权威学者却甚少，而朱先生就是既可敬又可亲可爱的学者、教育家。搞学问搞教育，他孜孜不倦，严谨严肃；在生活上，他平易近人，看不出半点专家权威的架子。他是一个慈祥、快乐、质朴的老人，和他拉家常讲到好笑的事，他会忘情地开怀大笑，像个活泼的孩子，展现出非常坦荡的真性情，那种返璞归真、返老还童的活泼和乐观，那种心理的切近和亲密，叫人无拘无束，很快达到心灵沟通，和谐相融。他关爱着大家的关爱，他快乐着大家的快乐！

我想，朱先生在天堂里一定能感受到我们对他的感激和怀念，我们也仿佛听到了朱先生在天国发出的自豪的朗朗笑声。他永远活在我们的心里，因为他卓越的贡献和无愧的一生！

2001年8月沈阳年会上，作者（左二）与朱绍禹教授（中）、王光龙教授（右二）、佟士凡教授（左一）、王安琳教授（右一）在主席台上

作者系广东省汕尾师范学校原校长、汕尾市关心下一代工作委员会常务副主任。兼任全国语文学习科学专业委员会第一、二届理事会副理事长，第二届学术委员会顾问。

亦师亦友朱先生

阎立钦

我与朱先生相识在20世纪70年代。粉碎“四人帮”之后，教育界出现了百废待兴、欣欣向荣的气象。教育部于1978年6月在武汉召开文科教学座谈会，确定由武汉师范学院、西南师范学院、吉林师范大学等九院校合作编写高师汉语言文学专业《中学语文教学法》教材。后来编写院校扩大为十二院校，我当时作为北京师范学院的代表参加了此书的编写工作，从此与朱先生相识相知，建立了深厚的友谊。

众所周知，在高师中文系（科）专业中，教学法历来是被人瞧不起的二、三流学科。长期以来，由于不受重视，甚至被取消，该学科存在着学科水平起点低、理论薄弱、脱离一线实际等缺陷。这种状况亟需改变，否则很难适应教育改革和发展的需要。记得在武汉昙花林召开的第一次编写工作会议上，与会的编写人员都带着几分悲壮和哀兵必胜的决心翘盼着本学科春天的到来，盼望这本新中国建立以来第一部部编中学语文教学法教材早日问世，大家殷切希望能有德高望众的权威学者带领这个团队挑起这个重任。在这样的关键时刻，朱绍禹先生以他几十年从事这门学科教学与研究的丰富经历、深厚的学术功底和远见卓识，折服了所有与会人员，成为这项事业的领军人物。

朱先生长我19岁，是老师辈的学者。我从他身上不仅学习到了许多本专业的理论和研究方法，而且深深敬佩他的为人。在他身上，有着中国优秀知识分子专心学术、淡泊名利、善恶分明、正直耿介的凛然正气。他有时虽然会对某些不良现象眼光锐利，不留情面，让人感受到他的威严，但更多的时候，他又是一位提携关怀后进、与人为善、循循善诱的宽厚长者。《中学语文教学法》由于是十二院校老师集体分工编写，故统稿任务相当繁重。我有幸成为四位统稿人之一，也是其中最年轻的一位。在繁重的统稿过程中，朱先生一直给我以鼓励和信任，以至将定稿交由人民教育出版社付梓出版一系列工作，都交予我完成。

这部教材出版后，极大激发了全国同行继续推进本学科发展的积极性。于是，我们应大家的要求发起成立全国语文教学法研究会，以集合全国的力量，为建立我国现代的科学的语文教育体系共同奋斗。在筹备过程中并非一帆风顺，来自多方面的阻力不小。为了能获得认可，朱先生多次往返于长春、北京，与我们商讨解决办法，争取领导和上级学会的理解支持。老天不负有心人，几经周折，全国语文教学法研究会终于成立，朱先生被大家选为第一届、第二届理事长。由于会章规定理事长只许连任两届，故朱先生随后担任了第三届理事会学术委员会主任，仍然是这个全国性学术团体的核心领导人之一。事实已经证明，《中学语文教学法》一书的问世和全国语文教学法研究会的成立，是我国语文教育史上的两件大事，是新时期我国语文教育继往开来的标志性事件。朱绍禹先生为此作出了突出的贡献。

对我来说，我虽然没有直接受教于他的门下，但我认为他是我的老师，给了我许多教益和学术支持。他的一些大部头的重要著作，如《语文教育辞典》《国际中小学课程教材比较研究丛书·本国语文卷》等都不忘邀我参与。我后来主编的由高等教育出版社多次印行的《语文教育学引论》，朱先生是审定者之一。这些都是我念念不忘的。遗憾的是，由于后来工作调动，忙于行政领导事务，我与朱先生直接联系渐少，但朱先生的学识品德、音容笑貌，尤其是他每见到我的喜悦眼神，至今深深留在我的脑海之中，每每让我感动不已。

朱先生离我们远去了，我也已经进入老年。我为自己在有生之年认识这位亦师亦友的宽厚仁慈的长者感到荣幸，也为语文教育界失去了这位难得的学识人品俱佳的大师感到痛惜，真可谓是逝者长已矣，来者不可追！

2013年2月元宵节夜

作者系中央教育科学研究所原所长、首都师范大学教授。兼任中国教育学会语文教学法研究会理事长。

后来者一定超过先行者

——缅怀我的学术引路人朱绍禹教授

李杏保

1982 年 4 月，我赴四川乐山参加全国语文教学法研究会第二届学术年会时，还不是会员，而且因为路上延搁还迟到了。审读过会议论文的朱绍禹老师主持会议，听说我到了会场，很快就安排我在大会上发言。我没有照本宣读原先准备好的论文《刍议“中学语文教学概论”课程建设》，临场发挥，不知轻重地批评了当时被普遍使用的十二院校合编的《中学语文教学法》，尖锐地指出它的毛病就是“陈”“窄”“浅”，还不无感慨地说：“我们十二院校这么多专家合编的教材，还抵不过几十年前王森然先生在极其困难的环境下独自编出的《中学国文教学概要》，值得深思啊！”

毋庸讳言，会场当即激起了截然不同的反响。有些年轻同志戏称我是峨眉山麓升起的一颗新星；有几位长者对我的口无遮拦、狂言无忌，显然不悦而反感。朱老师在总结时，却两次提到我，对我予以明确肯定的表态。他还委婉地提请与会者能在会后读一读我的论文，体察我迫切呼吁大家一起来构建课程理论体系的初衷。

朱老师不仅在大会上为我打了圆场，还在理事会上为我与几位长者做了沟通。甚至，后来又提议我在次年于烟台举办的全国语文教育讲习班上作学术研究报告。

我为自己的冒失而羞愧，又深为朱老师对我的提携之举而感激。于是，我拿了一页信笺恳请他给我题词以作勉励。

他的题词一语双关：

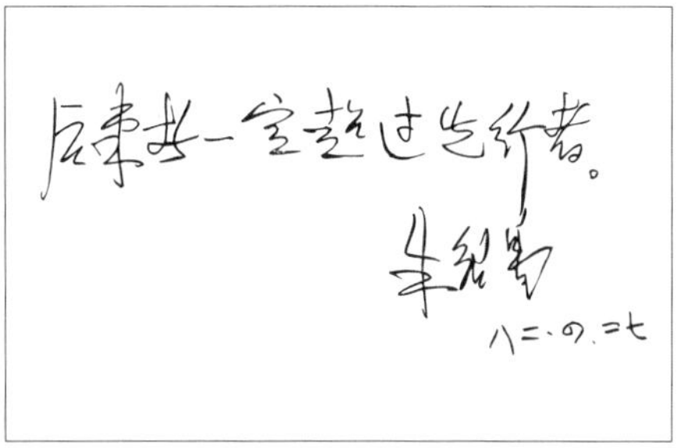

对前人而言，他自认是一名后来者。这句题词，抒写了他的历史天职感，表达了他勇于超越前辈、攻难克坚、率领全体会员去努力完善课程体系建设的决心；对于我们这些后生小辈而言，他又萌生了一名先行者的时代使命感，表达了他乐于引导、鼓励、帮助年轻的学术接班人，在学科的科学发展道路上日新月异，高歌猛进。

这一页珍贵题词，30 年来一直策励着我。不知不觉，我已步入老者行列，也兼有了“后来者”与“先行者”的双重角色。我年复一年地加深了对老师题词内涵的体验和沉思。

老师的题词是预言，学会的成长过程为之作了证实。学会成立伊始，只有一名正教授，副教授也仅寥寥数名。而今，教授过百，副教授上千，朱老师当年主办的两期“黄埔”培训，大部分学员都成了当下语文教育界知名专家，其间，许多人成了博士生或硕士生导师，正在不断培养着数以百千计的本学科的研究生。

老师的题词又是方向与目标明确的持续进军动员令。后来者绵绵不断，对于后来的后来者，我们也会成为先行者。因此，人们一旦走上学术道路，就注定要入列“超人帮”或成为“帮超人”。一个“超”字，务必成为贯串我们一生“学术话语”的行为动词。学术道路是靠大家一起走出来的，正像鲁迅先生所说的：“地上本来没有路，走的人多了，也就成了路。”然而，“超”字当头，就应该自觉地督促自己开拓前人尚未走过或尚未完全走通的具有发展价值的通道。

多年来，我常常接受朱老师给我精选的一些难题。他主编《语文教育辞典》时，偏偏不让我从已收藏的现成史料中去轻松完成一般词目的辑录工作，而是开列了有相当难度的一系列相关学科与语文教育关系的阐述性词条，让我当作一个个需要深入思考的课题，潜心研究，用心撰写。后来，我终于体会到，朱老师对我从难从严要求，其实也是对我寄予厚爱与期望。而后，在他的策励下，我又先后撰写了一些较为深入研究的宏观思考论文，如《试探语文教学控制论》《中国语文教育理论之建立》《语文教育的科学性与艺术性》《论“中学语文教育”课程体系之建构》《马克思主义与教育基本理论》《职业教育课程“非学科化”的辩证思考》等。

1987 年我被学校选定为全校第一名出国人员，将于次年受国家教委派遣，去朝鲜访问研修。为了让我这名“朝盲”做好必要的语言交流准备，学校安排我去延边接受朝语实地培训。说实话，当时我有不少疑虑，就特地取道长春向朱老师请教。朱老师正在主办“黄埔二期”，百忙中拨冗设家宴热情款待。他坦言自己原来是学经济专业的，并非中文科班出身。他有相当扎实的日文根底，能流畅地阅读和翻译日文学术著作。“博学”是“精研”的基础，这些都对他数十年的语文教育研究起到了开阔视野、提升境界的作用。他对我尤其强调了“朝语是古汉语的活化石”的观点，叮嘱我一定要珍惜这次研修机会，为以后研究我国的语文教育多增添观察和思考的视角与侧面。我严遵师训，在一年的访问研修期间，也算挤出一点时间，完成了一篇关于朝文阅读教学和一篇关于朝文写作教学的考察研究性论文，后来两篇论文分别收入到曾祥芹主编的《国外阅读研究》和刘锡庆主编的《外国写作教学理论辑评》中。

2000 年元旦，学会在海南岛假学术年会之便，于南海之滨迎接新世纪的第一轮朝阳。朱老师在会上作了《语文教师与科学研究》的学术报告，他的宽广思路与具体指导，获得与会一线教师的一致好评。会后，他兴致勃勃地找我交谈。他说，他多年来阅读了大量语文教学的论文，遗憾的是几乎没有读到有质量的“语文教学与音乐”的论文。他希望语文课堂洋溢着合宜的音乐氛围，他期待音乐回归诗词情境与意境。我说，“不仅是诗词，文章教学也可以做这方面的尝试。法国大作家福楼拜就说过，读他的散文时可以用钢琴伴奏的！”朱老师笑了笑说：“那么，你就去尝试吧！”

没想到，这次轻松的谈话，竟然是朱老师给我布置的最后一道“作业”。这道作业中有“学”，也有“术”；而我既乏音乐理论素养，也未经音乐专业训练，岂不有辱师命？既允之，则为之。为了完成这道作业，我决心转益多师，从头学起。我静下心来重温王力《汉语诗律学》，自学多本《作曲法》。我找机会向望门后裔、家学渊源的曹聚仁外孙学习吴方言吟唱；向杏坛耆宿、语文泰斗刘衍文、沈蘅仲先生讨教古诗文吟诵；我把自己为白居易《卖炭翁》谱写的曲谱，送请上海音乐学院作曲系主任邓尔敬教授当面批评修正；我还先后同上海昆剧院的一位国家一级编剧、上海越剧院的两位国家一级演员交流了戏曲音乐与吟诵关系的表现方法。

经过多年努力，多少也有了些实践成果和心得体会。在八路军总部纪念馆之侧的山西武乡一中，我曾向该校师生用原有旧谱教唱了《苏武牧羊》和《过零丁洋》。当我在大会场指挥近千人合唱这两首洋溢民族精神、充满浩然正气的歌曲时，似乎古代的壮烈志士、现代的英雄战士们，就巍然屹立于我们眼前。老师们说：这样的场面已经久违了。学生们说：这样的磅礴气势令人耳目一新，精神为之震撼！我与该校音乐教师合作灌制了由我谱曲并吟唱的《诗经·伐檀》和《天净沙·秋思》光盘，也受到了大家的好评与欢迎。

在浙江艺术职业学院，我和王世堪教授曾开设了一场艺术文化讲座。在台上台下热烈互动的氛围中，世堪兄用京韵昆腔清唱了陆游的《钗头凤》；我则用越剧念白方式吟诵了李清照的《声声慢》，用京剧念白的声腔诵读了韩愈的《师说》。我们还对古诗文吟唱艺术处理的依据作了简要说明，从而让同学们加深了对所吟诵作品的情境感受和内涵理解。小百花越剧团的小学员们兴奋地说：“我们当演员吃的是青春饭，时下也不可能人人都成为名演员。我们要加强文化学习，在吟唱艺术上多下点功夫，说不定我们以后也有可能成为一名光荣的语文教师呢！”

痛惜的是朱老师驾鹤西去多年，不能亲睹我微薄的作业成果；世堪兄作为朱老师早年的得意门生，一曲《钗头凤》竟也成了我所能听到的他的生命绝唱了！

我没想到，我如今也居然成了学会的学术顾问了！当我有时一瞥自己老态萌生时，不免心头会掠过一阵颓然。然而，朱老师的题词，却不时地唤醒我的使命意识。我将与所有同行的志士仁人一起，责无旁贷地把学术接力棒稳健地传承下去。我们坚信：后来者一定超过先行者！

2012年清明前三日

作者系上海师范大学教授。兼任中国高等教育学会语文教育专业委员会常务理事、学术顾问。

杏坛永忆长春藤

——迟到的倾诉，献给恩师朱绍禹教授

李杏保

几年前，曾拜谒过曲阜的杏坛。相传那是孔子当年讲学的场所。孔圣人手植之古桧，二千多年来多次奇迹般地枯而复活；如今，其第五代再生桧依然挺立于斯，绿荫如盖。所谓“此桧日茂则孔氏日兴”，先圣宗师的历史影响，是任何自然的与人为的力量都无法摧毁的。身临其境，宁无感怀？

东北师大的朱绍禹教授，长期主持全国语文教学法研究会和全国语文学习科学专业委员会的领导工作；年逾八旬后仍活跃在全国各地的语文教育杏坛传道讲学，其影响所及也必将代有传焉。惊悉朱老驾鹤归西，遥望东北长空，追溯朱老一生稳健却又终究匆匆离去的履痕，我们依稀却又分明地在缭绕云雾的上端望见了——那片摇曳多姿的杏坛语苑长春藤。

我是朱老的私淑弟子

孔子的亲炙授教，素有“三千弟子，七十二贤”之盛赞；其实，朱老门生何止三千，其英才杰出者又岂下于七十有二？20世纪80年代，我国高等师范院校的语文教育学科地位不尽如人意，朱老作为改革开放后本学科第一位教授，毅然在东北师大先后举办了三期相当规模的语文学科教育研究班，虽然没有什么博士、硕士之类的学位授予权，却是扎扎实实地研究了当时一系列前沿课题，培养了本学科在各地各校乃至全国的一大批学术带头人。韩雪屏、周庆元、王松泉、曹洪顺、佟士凡、王光龙等入室弟

子，都在薪火相传的漫长岁月中，为语文教育园圃不断撒播长春藤种子，努力营造语文教育研究春色。

当时，我因受国家教委派遣赴朝鲜访问研修，无法参加第一期研究班；就趁去延边学习朝语的间隙，专程去东北师大向朱老致歉。朱老不仅设家宴接待，还热情地指导我赴朝学习的许多注意事项，介绍我可以日后访问的一些朝语专家，并嘱我以此为契机，以汉字文化圈的新角度去探讨、开拓一个语文教育研究新领域。一席促膝长谈，加深了我对朱老的敬重和爱戴。

我们同行常常羡称朱老办的那次研究班为本学科的“黄埔一期”。我固然因未能成为其中的入室弟子而抱憾，但我却从心底自认是朱老的私淑弟子而兴奋、欢愉。

长沐朱老春风，守护杏坛常青

我是 1981 年才加入全国语文教学法研究会的。此前，我仅在研究会于大连举办的 1980 年第一期讲习班上听过朱老的学术报告。朱老在报告中表达了一个十分重要的观点：一个学科能否卓然特立，就必须考察它有无特定的研究范畴与概念。朱老断言语文教学法的上位学科是教育学，但语文教学法的学科概念决不可简单地搬用教育学的现成概念。回眸本学科改革走过的四分之一世纪历程，朱老的这个论断，显然是引领我等学科“前沿部队”向科学进军的一股春风。

为此，我的入会论文便是《刍议语文教学概论建设》。我在乐山会议的第一次“亮相”，就引用周恩来的《雨中岚山》，呼吁我们的学科也应该“一线阳光穿云出，愈见姣妍”。当时，学会有些同志对我个性张扬的言行不甚认可，而朱老却在会议的主持发言与后来的大会总结上，明确表态予以支持；甚至在次年于烟台举办全国语文教学法讲习班，点名让我作了《语文教学控制论初探》的报告。事后我知道，朱老为我初出茅庐便搭建这个全国学术平台是顶住了不小压力的。从而，我更明白，我只有加倍努力地去开拓学科建设的新领域，才能不辜负恩师对我的期望与培植。

朱老提携年轻学者、奖掖后学的精神是一贯的。据我所知，朱老给晚辈的著述赐序已是数以百计了。就这项繁重的工作而言，对我国语文教育的理论建设与实践指导，又将会产生何等广泛而又深远的影响啊！

朱老出差途经上海时，会光临我住处过访；平时也会惠寄书函以作鼓励。我工作顺利之际，朱老会同我共享欢乐，认同我在工作与学术研究中取得的点滴进步；我受挫折而心情沮丧的日子里，朱老又会及时地写下长篇书信，给我以亲切的劝慰和有针对性的疏导。这一封封信函，透过类似瘦金体般筋骨挺拔而呈韵律起舞的字迹，我领悟到朱老于笔端渗入的认真、达观与关爱。这些长春藤式线条艺术的珍品，必将伴我长沐朱老春风，守护杏坛常青。

永不言退，永葆长春藤的柔韧精神

我与朱老的最后一次见面是新千禧年在海南岛的研究会年会上。那时，我刚办了退休，需要自筹差旅费与会，一种莫名言状的失落感，让我笼罩在压抑、郁闷、退却的情绪之中。然而，久违的朱老容光焕发地在我们面前出现了。他谈笑风生地介绍了新结伴的师母，雅趣盎然地讲述着丰富多彩的新家庭生活与未曾息肩的种种社会工作。他在那次全国讲习班上向与会的一千多语文教师畅谈语文教育研究的一系列新视点、新方法、新理念，赢得了一阵阵热烈的掌声。

长春藤依然给我们轻拂春风，我心底的退堂鼓顿时闷哑了！

我们在海南岛的此岸，目睹千禧年第一轮红日于天水之际喷薄而出；我们在海南岛全国语文教育研究讲习班上，谛听一位长者对语文教育独立设科近一百年的春风化雨似的总结。

朱老晚年的家庭生活是美满幸福的，但他更为关怀的是，亿万莘莘学子应该有着丰富人文营养的生活语文和语文生活。他不顾八旬高龄，辛苦辗转于全国各地，与成千上万的一线语文教育工作者，为改变千百年来保守的语文学习方式，为切实提高学生的语文学习素质，频频播送春风。后学如我辈，岂敢言退？

差可告慰恩师的是，已逾七旬的我，每年还在给研究生上课，主持研究生答辩活动。我没能成为一棵大树，也成不了一条长春藤，但我愿在恩师长春藤的庇荫下，成为本学科一小片绿茵草地，有一点柔韧精神，依然在默默地传递一点春风消息。

祈祷长春藤轻扬，直上重霄九！朱老师，您安息吧！

朱绍禹先生二三事

韦志成

朱绍禹先生生活在东北，我在江南，我对朱先生的认识，是从神交开始的。先生著作等身，其学术影响，早有耳闻。我读过他在语文期刊上发表的一些文章，特别是读到他的著作《中学语文教学概说》，甚是钦佩。心想，这厚厚的一本著作，体大虑周，是怎么写出来的？启迪了我的智慧和学术勇气，什么时候我要能写本书就好了。

1983 年，我调到武汉教育学院当中学语文教学法教师，与朱先生同一个专业，其仰慕之心就更迫切了。1986 年，我经过五易其稿的《中学语文美育》出版了，中央电视台新闻联播节目对我作了专题报道，《语文教学通讯》以《语文美育的开拓者》为题把我作为“封面人物”，介绍了我对语文美育的基本方法。那年冬天，朱先生创造性地在全国开办语文教学法研究生班，来信邀我赴长春讲《中学语文美育》专题。除了感激之外，便是惴惴不安。我才疏学浅，怎能登学术的大雅之堂？后虽种种原因，没能成行，但朱先生的知遇之恩却化作了激励我前进的力量。

1988 年，我第一次参加全国语文教学法研究会的学术会议，感到天好蓝，天外有天；山好高，山外有山。会议在安顺召开，我第一次见到了朱先生。开幕式后，他作为学会的主要负责人报告学会的工作，重点显豁，清晰明了。讲述当前的语文教改现状，剀切入理，逻辑严密；提出语文教育发展走向，由语文教材教法——语文教学法——语文学科教育学——语文教育学，深入浅出，令人耳目一新。听他讲着，其声音，一口东北式的普通话，抑扬顿挫，豪气磅礴；其内容，要言不烦，切中肯綮；其形象，诚实谦逊，精神矍铄。我抬头看他，朱先生满头银丝，和蔼的笑容中谦逊地蕴藏着学问的博大精深，仰之弥高，钻之弥坚。这次学术会上，在朱先生的提携下，我作为湖北代表当上了学会的理事，继而常务理事，进而学术委员，学术顾问。先生对我的擢拔，终生难忘。

在先生报告的昭示下，为了提升语文教育的理论层次，我斗胆写作了《语文教育原理》一书。鉴于先生遒劲的书法，我恳请先生给我的书名题签，先生二话不说应允了。这部书后来被评为“全国语文教学法研究会优秀学术著作一等奖”。学术委员会主任谭惟翰先生撰文，开宗明义地写道：“韦志成副教授的一本崭新的语文教育学科体系的学术专著——《语文教育原理》今年问世了，它正如同行家们所赞誉的那样，是一部具有新体系、新内容，理论性和实用性兼具，划时代的独创性的巨著！”然后，我主编了国家“九五”重点图书出版规划项目《学科现代教育理论书系·语文》一套9本书，我独著了《语文教学艺术论》《现代阅读教学论》等5本书；新世纪课程改革，出版了《语文课程教育学》；研究国学，出版了《〈论语〉原解典藏》……没有先生的赏识，哪有我写作的动力？

随后，在与先生交往中，经常书信往来，先生给我甚多。先生是我国开设语文教育学硕士点较早的导师，他的研究生阎海江临近毕业时，游学到我处，由我指导他的硕士论文。千里迢迢，大雪纷飞，阎海江带着朱先生的信找到我家，见到我，二话不说，首先深深地给我鞠了一躬，千言万语在一躬呀！我热泪盈眶，非常感动。这是朱先生教的好学生，如此尊敬老师！武汉教育学院并非名校，我何德何能，朱先生对我却如此器重。怀着感恩的心情，我为阎海江一个人，从早到晚讲了3天，把我对语文美育研究的发现与体会，竹筒倒豆子，全部倒了出来，否则有愧于重托。欣闻阎海江的论文答辩评为优等，我心上的石头才算落了地。

朱先生主编九年义务教育六·三学制初级中学实验课本，约我参加编写。朱先生不避年高，多次往返武汉、南昌、北京等地召开编辑会议，讨论、商量、研究、定夺，然后推倒重来，再推倒，直到我们的认识能到达最佳的境界。那种认真负责几乎到了苛求的地步。最后定稿，朱先生竟一字一句用毛笔重抄重写！先生的严格、严谨给我竖起了做学问的标杆。

朱先生离开我们四年了，他的忠诚于我国语文教育事业的精神鼓舞着我，催我奋进，生命不息，探求不止。

作者系湖北省江汉大学人文学院教授。兼任中国高等教育学会语文教育专业委员会学术顾问。

师魂永在　风范长存

——怀念朱绍禹老师

袁修钧

朱绍禹老师离开我们已经四年了，他那健朗劲挺的身影与和蔼可亲的音容笑貌，依然宛若在眼前；他那铿锵有力的话语和谆谆教诲依稀回荡在耳旁。在我的求学生涯和人生旅途中，朱老师是我最亲密最敬仰的一位恩师。我常为自己能拜识这位老师而感到自豪，感到幸福。

26年前，我有幸成为朱老师的学生，在以他为导师的全国第一期语文教学论硕士研究生课程研讨班学习。我清晰地记得同朱老师初次见面的情景：时值3月中旬，我到东北师大的第二天去拜访他。朱老师在他的书房里热情地接待了我，只见室内宽敞明亮，井然有序，沿墙一排高柜和写字台上，都整整齐齐放满了书。朱老师瘦高个儿，却精神矍铄。当我叫他一声朱老师话音未落时，他笑着竟一下叫出了我的名字，并同我紧紧握手。这使我甚感惊讶，也许是他看过我报名的照片资料而一眼就认出我的缘故吧！我真佩服他的好眼力好记性。朱老师请我坐下后，转身给我泡了一杯热茶，又打开一大盒糖果请我吃，还说我路上辛苦了。我说从武汉上的火车，没买到座票，车上人太多，站了好几个小时。他要我先好好休息。我说因为我工作的学校开学有些事要我安排好，所以我迟到了，真不好意思。他说："没关系，我想你不会不来，肯定会来的。"话语里充满了亲切和信任。我喝着热茶，听他介绍班上的一些情况，仿佛一股暖流在周身涌动，旅途的疲劳和东北早春的寒意全被驱走了。

来到东北师大，同来自全国各地的二十多位同行相聚在朱老师身边，我仿佛又回到了大学学生时代。虽然同学们年龄层次不一，老、中、青都有，但学习没有年龄界限，大家都十分珍惜这次进修的机会，如饥似渴地汲取知识，专心致志地听课、读书、研究、讨论、写作、交流。朱老师非常看重这个班，他简直忙得不亦乐乎。他一人就主讲好几门课程。他的教案和讲义每一个章节都写得很详细。他讲课就和他写文章、同人谈话一样风格鲜明：无不见解中肯、阐述精辟、富含哲理；且语言准确清晰、晓畅明快，还常带几分诙谐。听朱老师讲课，如坐春风，乐同享受，同学们无不聚精会神，详细记录，唯恐漏记了什么。听他的课，读他的书，深感他视野开阔、视角新颖、思维活跃、逻辑严密、治学严谨，其诸多方面，远非一般人所能及。为办好班，朱老师还特地聘请了朱作仁、顾黄初、谭惟翰、赵北柯等十多位全国知名的教授、专家、学者为我们讲课。在他的精心安排下，我们一共学习了十多门相关课程，内容十分丰富，不仅学到了宝贵的知识，而且受到了极好的学养熏陶。

全国第一期语文教学论硕士研究生课程研修班师生合影。中排左四为朱绍禹先生，左三为作者

朱老师除了忙于繁重的教学工作外，还带领全班同学开展科研活动。在他的主持和指导下，大家同心协力，投入到我国第一部《语文教育辞

典》的编撰工作中。为帮助解决资料问题，他组织班上成立资料小组，设立资料室，并把他书房里可供查阅的书刊和资料挑选出来，整整装满一台手推车，由我和王松泉等几位同学运到我们住的房间，放在壁柜里。朱老师指定我担任资料小组组长，并由我负责管理和借阅事宜。我深感这是老师对我的器重和信任。我当然不能辜负老师的重托和期望，很快利用课余时间将所有书刊资料逐一登记在册，并在课余进行借阅服务。这无疑对大家的学习、研讨和写作起了帮助作用。

在朱老师身边，大家相处十分融洽，十分团结，十分友好，互相关心，互相帮助，互相学习。从开学到结业，大家的思想表现和学习成绩都很优秀。不难看出，东北师大和朱老师没有辜负国家教委的重托，同学们没有辜负东北师大领导和朱老师的期望。我们这个班有人誉之为“黄埔一期”，我想不无道理。因为它的成功开办和胜利结业，就它对当代中国语文教育理论研究及其人才培养领域来讲，无疑具有开创性乃至划时代的意义，无论怎么肯定，都不为过。创办这个班，本身就标志着党和政府对语文教育理论研究及其人才培养的重视已进到改革开放时代的新起点。其中朱老师等一批先驱，自然功不可没。

我从研讨班结业回黄冈以后，一直和朱老师保持着联系，或书信，或电话，至少每半年都要向他汇报我的工作和生活情况。每逢春节和重阳节临近，我都不会忘记给老师拜年和祝福。我深知他虽然年高，而工作、会议却有增无减，不忍多打扰他。但每与他联系，他都很高兴很热情很亲切地给我回信或通电话。我每求于他帮助、支持的事，他从不拒绝，总是尽心竭力去做。有一次，我告诉他：我和几位同行合编了一本《语文教学艺术》，我将书的纲目和部分样稿寄给他，请他审阅和写序言。没多久，他就把亲笔写好的序言稿寄给了我，我和朋友们真可谓如获至宝，欣喜若狂。由此可见，他给学生和后学的鼓舞力量该有多大。我曾告诉他：我除了执教古今汉语和语文教学法课程外，还执教中华诗词和书法艺术等选修课，直到 2000 年退休后的三年，我还没有离开讲台。他知道了，总少不了赞许和鼓励。后来我又告诉他：从 2003 年起，我在《东坡赤壁诗词》

杂志社先任编委、副主编，后任常务副主编。每出一期刊物我都要给他寄一本去，凡载有我写的诗文，他都会看的，而且在电话或回信里往往赞赏有加。他对我们杂志所设的“诗教天地”和“校园新苗”这两个栏目也多有肯定和赞许。

2007 年 7 月，湖北武穴市实验小学荣获中华诗词学会授予的“全国诗教先进单位”光荣称号。我把这件事告诉了朱老师，并把该校写的诗教文章《赋校园以诗情 给童年以诗意》寄给他，想请他就此写篇短评。他很快给我回信说，因为忙，文章没写成，但写了一帧题词寄来了。那题词是这样写的：

一所小学却能“赋校园以诗情，给童年以诗意”，实属少见，惟其少见而又极富意义，就很值得宣扬、效法。

为武穴市实验小学贺

东北师范大学　朱绍禹

丁亥年冬初

朱老师的题词语重心长，书法笔力苍劲。这对武穴市实验小学的领导和师生来说，无疑是莫大的鼓舞。我们将朱老师的题词手迹和武穴市实验小学的文章，一并刊发在《东坡赤壁诗词》2008 年第 1 期“诗教天地”栏目之首。我特地加了编者按：“东北师大文学院朱绍禹教授是我国当代著名的语文教育家。他虽已 86 岁高龄，但当他得知武穴市实验小学荣获全国诗教先进单位的称号后，欣然挥笔题词，给予高度评价和赞扬，对诗教工作寄予厚望。”这期杂志印出来正值元旦，我与他通了电话，先向老师祝贺新年，接着说：“朱老师，我们杂志社与武穴市实验小学都非常感谢您，大家对您深表敬意！您的题词是对我们的极大鼓舞和鞭策，必将有力地推进诗教事业的发展。”朱老师谦逊地笑了，并说：“请帮我转致对大家的问候，因太忙，没满足你要我写文章的期待，盼多谅解。”我说：“朱老师，学生不好意思，太难为您了。您能在百忙之中寄来题词，这就非常宝贵，非常难得了。”我当时听朱老师讲话，感觉他听力挺好，精神挺好。直到春节我打电话给他拜年时，依然如此。记得他还高兴地告诉我一件事，说他给即将出版的关于王松泉语文教育思想研究一书写了篇文章，其中还特地提到我的名字，这真使我太感动了：老师心中总念着学生啊！

我万万没有想到，好好的朱老师不久竟被病魔缠身，更没想到他那么快就离开了人世。噩耗传来，我悲痛无比，我当时因苦于不能去为朱老师送行，只电汇了点钱给我在长春的好友佟士凡先生，拜托他为我给朱老师买花圈和请人帮我把给朱老师的挽联“师魂永在，风范长存”写成条幅一并送到灵堂。感谢佟士凡先生，他都帮我办了。更令我感动和要感谢的是，朱老师治丧委员会把我送的挽联贴在灵堂台柱上，满足了我的心愿。

20 多年来，我时常怀念 1986 年我和同学们到东北师大进修，在朱老师身边相聚的日子。朱老师逝世后，这种怀念更日增无减。

2003 年我出版过一本诗集，其中有三首小作是写给朱老师的：

敬呈朱绍禹老师

一

迢迢求学到长春，久仰先生造诣深。
立雪尤钦功底厚，交谈日久更知心。

二

风霜雨雪任劳辛，教学科研会议频。
道德文章垂典范，和风细雨倍温馨。

三

每当学子呈新作，乐写书名或序文。
更有信函常往返，良多指点石成金。

还有两首拙作，是回忆当年在朱老师身边进修和参与科研的感受的：

学海求珠万里行

1986 年年初，我与全国高师 20 多位同行到长春，在东北师大进修语文教学论硕士研究生课程。其间有幸参加了由导师朱绍禹教授主持的中国第一部《语文教育辞典》的编纂工作，且结识了诸多学有建树的师友。

一

正是江南柳拂烟，长春依旧雪花天。
书山探宝何辞远，学海扬帆岂畏艰？
难得程门传技艺，欣甘杏苑播芳妍。
韶华几度伤流失，且把中年当少年。

二

学海求珠万里行，八方贤士汇春城。
名师指点开茅塞，学子研修奋笔耕。
常赞文坛多俊秀，何忧教苑乏精英！
辞书早载丰收果，更喜华章与岁增。

朱老师与世长辞，我流着泪水，写了一首悼诗：

沉痛悼念朱绍禹恩师

噩耗惊闻泪湿衫，月沉星落夜难眠。
先师地府堪安息，驽马桑榆当奋鞭。
教诲如钟萦耳畔，慈容若镜映眸前。
师魂永与国魂在，风范长留天地间。

我之所以将以上几首小诗录在这里，是想借此表达我对朱老师的无比崇敬与无限怀念之情。

我曾对我的学生和我的同行讲过：我做学生时感受到一种幸福，那就是遇上了好老师；我当老师时感受到一种幸福，那就是遇上了好学生。无疑我和同学们是幸福的，因为我们有这样好的朱老师；当然朱老师也是幸福的，因为他有那么多好学生。单从我们这27人的一个班，就出了如王松泉、韩雪屏、周庆元、佟士凡、曹洪顺等十多位卓有建树的知名专家。其中，王松泉、佟士凡、曹洪顺等多位先生至今一直同我保持着联系。在我近十年的编刊工作中，他们或赐稿或组稿，给我不少帮助和支持。我想这一切都缘于我们在朱老师身边相聚所结下的深厚情谊。

师魂永在，风范长存。我永远怀念朱绍禹老师，朱绍禹老师永远活在学生心中。

作者系湖北省黄冈师范学院副教授。兼任湖北省东坡赤壁诗社副社长及《东坡赤壁诗词》常务副主编，黄冈市诗词学会、东坡书画艺术协会副会长，中华诗词学会会员。

点滴的回忆　永远的怀念

谷千帆

朱老师走了，我非常悲痛！

认识朱老师是在1986年国家教委委托东北师大举办的第一期语文教学论研讨班上。当来自全国各地的20多位同学基本到齐后，朱老师就和陈永芳、于亚中老师来到学生宿舍四舍来看我们。从此，他就与后来被人们戏称为“黄埔一期”的我们结下了如他所说的“情同父子”的深深情谊，成了我们尊敬的师长、和善友好的忘年交。他就像一块磁铁，把我们吸引并紧紧团结在他的身边。在他的指导下，我们顺利完成了学习和科研任务。

他对全班的学习和科研可谓殚精竭虑，倾注了全部心血，对我则是关爱有加，令我没齿难忘。

当时，我在湖南益阳教育学院担任写作和当代文学课的教学。到研讨班后，我想利用空隙时间听听当代文学课。当我把这个想法告诉朱老师时，他马上与张隆华老师打了招呼，让我聆听了张老师的教诲。

朱老师有腰痛之疾，时常带着形如小提琴的远红外理疗仪给我们讲课。后来有几位同学也想买，朱老师便详细地将医疗器械门市部的地址、如何乘车等详详细细地告诉了我。

我们是1986年2月底抵长春的，当时长春的“君子兰热”尚在尾声中。朱老师看到我们对他家的花繁叶茂、雍容华贵的几盆君子兰赞不绝口时，脸上绽出欣喜之情。当我结业即将离开长春时，他便到宿舍来叫我们上他家取君子兰——原来他早就为我们繁殖了许多小苗苗，并一再嘱我：

“你多拿一些，你多拿一些！”我狠心拿了八株，并特地去花木商店买了三大包君子兰肥料。

有一次我对他说，湖南的方言有时很传神，比如将白、红、黄、绿、黑的颜色说成煞白（bó）的、通（tèng）红的、楞黄（wáng）的、净绿（lòu）的，墨（miàn）黑（hē）的……他听着，笑了。后来，他对我们说：长春的方言中有一句也很“土”：不说“干啥”，而说“干哈（há）”。他这么一说，我们（特别是南方的同学）觉得很新奇，从此，“干哈”便成了我们之间的问候语。离开长春后，在电话里，我也总是用“干哈呢”作为和朱老师进行思想交流的“导语”。

我们师生一场，至今22年了。自1986年长春一别，我和朱老师只见过四次面。

第一次是1993年在南京师范大学。这一年语文学科单独设科90周年了。我带着13岁的小女儿兴冲冲地去参加学术活动，在上海站却碰上了“旅托”。这个人把我带进了一家小旅店，并要我交了款代购去南京的火车票，可一住就是三天。当我们像乌龙山下来的土匪一样，脏兮兮地抵达南京时，会议即将结束，让我深感遗憾！朱老师见了我第一句话就是：“你来了就好了！”并像亲自己的孙女一样亲了我的小女儿。从此，朱爷爷在我小女儿心中也留下了难忘的印象。

第二次是1997年在厦门。他为我的到来高兴。这次我给他拍了许多照片和一张标准像，并放大12寸寄上，不久便收到他非常满意的来信。

第三次是2002年，学会举行盛大活动，庆祝朱老师从教55周年和80华诞（12月13日）。我虽然早已退休，但还是专程前往庆祝。我送给他一副极为普通，但精心刻制的竹寿联，上面是于右任老先生的笔迹：“德无量寿无量；日长明月长明。”他非常高兴地接受了，并夸奖我的劳作有特色，有寓意。

散会前一天的晚餐后，中原和三好两位同学将饭厅变成了娱乐场所，大家唱歌、跳舞，为朱老师庆寿。我不会跳舞，中原“逼”我唱了《挑担茶叶上北京》，朱老师非常高兴，即兴用日语朗诵了《出师表》片段。当我用“中国式”的日语向他致谢、鞠躬时，他竟向我鞠起躬还礼了！

第四次是2004年夏天，小女儿要去北大查阅资料，我和老伴陪她上京并作长白山之游。抵达长春的当晚，由士凡同学驱车带我们去拜望了朱老师。见到我们他异常高兴，特别是得知九年前在南京见到的小女孩已是研二硕士生了时，他更是跷起大拇指表扬了她。当晚我们谈了许多，他再次表示了想来“心向往之”的“放大的盆景、缩小的仙境、立体的画、无声的诗”的张家界看看的意向，我当即表示到时一定全程陪他旅游，只是“要加倍收取导游费”。他开怀大笑连说：“好！好！”

为了不影响他休息，我们告辞了，想不到这一次竟成了永诀！

每当我给他去电话时，只要说：“朱老师您好，干哈呢？”他便知是我去的电话，在那头他必定开怀大笑好一阵子才和我说话。这时，师生相距千里却似在咫尺间。

今年三月中旬我去电话问候，朱老师声音洪亮，乐呵呵地告诉我刚从北京开会回来不久，身体很好。我真为他庆幸。

四月中下旬，我至少五次挂电话至他家，却无人接听。我以为他又外出讲学了，但总有些惴惴不安。4月26日晚，唐山王相文同学电话告诉我：朱老师因肾癌手术住院，并已全面扩散。当时我有如惊雷轰顶，怎么也不敢但又不得不相信这一残酷现实！

4月27日，松泉同学从绍兴飞抵长春，和士凡、相文同学来到朱老师病榻前。士凡拨通了我的手机，朱老师以极其疲惫之躯，用微弱但是清晰的声音对我说：“千帆……我现在……在医院……我相信……会好起来……我们还可以团聚的……”听到他的声音，我潸然泪下，只好强抑悲伤，哽咽着安慰他。

我未能去长春看望他，便每天发短信去问候他。据小鸽说，自4月27日以后，朱老师身体更加虚弱，更无气力说话了，但我给他发的短信念给他听时他都听得很认真，可是再也笑不起来了！

5月7日上午，我拟了一副对联发过去：“承前启后堪称先哲；亮节高风可式后人。”小鸽来短信说：“我爸说，你的对联他‘完全同意，过奖了’！真难得他不仅听明白了，而且回答得那么清楚，跟我们都没有这样清楚地说过话呢。”看来，他是以最大的努力向他的弟子表达最后的深情了！当天下午他就进入昏迷状态了。

5月9日下午二时，朱老永远告别了他终生眷恋的事业、亲人、同事和深深惦念着他的学生，驾鹤西去了！噩耗传来，我在阳台上朝着东北方向久久默哀伫立，深深地悼念我敬爱的情同父子的恩师、忘年交的挚友。

朱老师走了，他走得那么匆促，令我们无比悲伤！

作为学者，他是继叶圣陶、吕叔湘、张志公先生之后，我国又一位语文教育理论家，是我国当代语文教育理论研究的一代宗师和旗帜。他笔耕不辍，著作等身，在语文教育理论界，是一座高耸的丰碑！从这点论，先生之死可谓死得其所，重于泰山了。

作为老师，他治学严谨、虚怀若谷、谦逊平和、豁达风趣的人格，对他的学子产生了巨大的影响。为了语文教育思想的传播，他足迹遍及大江

作者（左）与朱绍禹先生合影

南北，即使在弥留之际，还在关心着语文教育事业。“春蚕到死丝方尽”，他尽到应尽的职责，从这点说，先生之死，应是死而无憾了！

作为病人，肾癌是最容易转移至骨髓的，如果这样，那将是无法形容的要命的疼痛。可朱老师直至临终都未用过止痛药，这是他不幸中的万幸，是他的福气。我们虽然未能为他祝 90 大寿，但他活到了 86 岁，毕竟算是高寿了。从这点说，先生之死，可谓寿终正寝，福寿齐天了。

作为他的学生，我为我有这样一位德高望重的老师，受到他的教诲而无比骄傲；我也为我们师生深深的情谊而无比自豪。我们见面次数不多，但我每次都为他拍了一些照片，他总是怀着深情给我回信。2003 年 4 月 18 日他在来信中写道“记得在厦门和南京师大，你都为我摄取过许多身影，每次翻阅影集，都会激起美好的回忆，这次你来长春竟拍下了这么

2002 年 12 月作者（中）在朱绍禹先生 80 寿辰宴会上与朱先生、吴老师合影

多，这很出我的意外，自然产生了一种感动，一种忆念。”我的举手之劳能让朱老师在世时满意，身后又能成为珍贵的纪念，我想，朱老师会含笑九泉的。特别是他弥留之际的最后一句话是通过他的女儿对我说的，令我感到荣幸，也给了我最大的安慰。然而，为他再去长春祝 90 大寿，和陪他去“心向往之”的张家界旅游的承诺却再也无法实现了，这将成为我心中永远永远的遗憾。

朱老师走了，我很悲痛。我已退休多年，不能再为传播他的教育思想作出贡献了，但我将永远牢记他对我的恩德。现在我正在整理多年来他给我的来信、题字和我给他拍的许多照片，汇总后将永久珍藏。我将以这种最朴实的方式永远纪念我敬爱的恩师。

2008 年 7 月 14 日午夜

作者系湖南省益阳教育学院副教授。

泰斗永耀　风范长存

——怀念恩师朱绍禹先生

王松泉

2008 年 4 月，一个乍暖还寒、令人惆怅的春日，正当我与王柏勋、李乾明、王静义、曹颖群等一起商议再次接待朱绍禹先生讲学事宜之际，忽然得知他病重的消息！我惊愕得说不出话来，回想数月前先生来绍兴时，虽已 86 岁高龄，但座谈、讲学、游访……兴致勃勃，声如洪钟，神采奕

张文颖等与东北师大党委商议朱绍禹先生医疗事宜。上图左起王确、张文颖、盛连喜；下图左一盛连喜，右一王光龙，右二王松泉

奕，怎么一下就一病不起了呢？

我马上从杭州飞往长春，到医院探望病榻上的先生，代表中国高等教育学会语文教育专业委员会及学术委员会、全国教学艺术研究中心、浙江省高师语文教育研究会、绍兴文理学院人文学院和语文教学论学科点，以及许多关心他的领导与朋友表示了慰问。同时还与张文颖、王光龙、佟士凡、王相文、王安琳、毓明笠一起跟东北师大党委书记、全国政协委员盛连喜以及东北师大文学院院长王确等商讨了朱先生的医疗事项，大家一心祈求并期盼着奇迹的出现，岂料没几天，5 月 9 日，先生竟驾鹤西去！

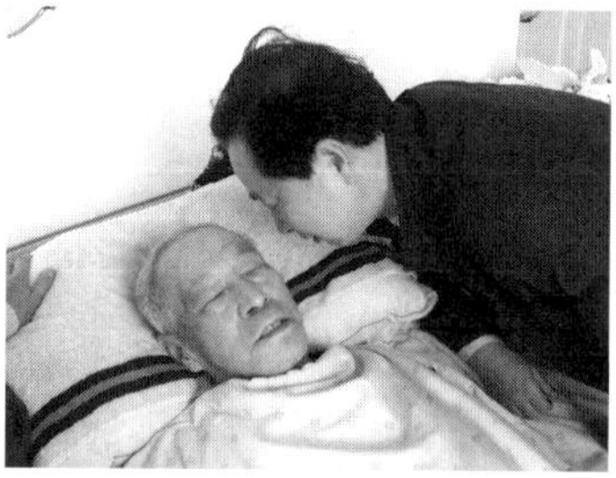

作者慰问病中的朱绍禹先生

先生走了，走得那样匆忙，令人扼腕，很难抚平心中的伤痛！他曾说这年春暖花开时节还要再来绍兴和杭州，他曾说这年还要完成几家刊物和出版社的约稿，他曾说 90 岁以后还将整理为人撰写的序文……及至身在病床，他还满怀信心地说，手术动得很好，他会慢慢恢复健康，继续余下的工作。可是，残忍的病魔却耗尽了他的心力，先生走得好不甘心！

朱绍禹先生（前排左四）等与第一期语文教学论硕士课程研讨班学员在一起

记得那几天去看他，他虽疲惫，但很高兴。我劝慰他说，在病中要多想想开心的事。您是我们的恩师，我们永远不忘您的恩情，永远不忘您的功勋，永远不忘您的期望。您创立了学说，创建了学会，培育了精英，推动了教改，为教育事业奉献了毕生精力，是我国语文教育界名副其实的泰斗。加上有这么多学生从天南海北赶来看望您，有这么多领导时刻关心着您，应当感到欣慰。这正如东北师大党委书记盛连喜所说的：当教师到这样的份上，真可令人知足了。

是的，先生的一生是辉煌的。但我在高等教育出版社出版的全国高校通用教材《语文课程教学概论》中介绍得太简略了：

朱绍禹，1922 年生，吉林省人。1949 年毕业于东北大学人文学院国文系，1950 年起在东北师范大学中文系执教，担任教授、硕士研究生导师。历任国家教育部中小学教材审定委员会委员，中国教育学会语文教学法专业委员会理事长、学术委员会主任，中国高等教育学会语文教育专业委员会首席学术顾问等。主要论著有：《朱绍禹文存》《中学语文教育概说》《中学语文教学法》《语文教学法》《中学语文课程与教学论》《语文教育序文集》等。

1999 年 7 月朱绍禹语文教育思想首届研讨会在长春举行

显然，这样介绍很不全面。我真不知道怎样才能概括先生的一生。先生虽年近九旬，却从未停止过对语文教育的实践和研究，读书、教书、著书、评书是他一生的写照，使他成为我国语文教育理论研究界继叶圣陶、吕叔湘、张志公“三老”之后的最著名的语文教育家。他学贯中外、立德立言，使他成为我国高师语文教育学科领域的杰出领袖。他德高望重，宛若泰山北斗，是我国改革开放以来语文教育战线的一面鲜艳旗帜。他从教60年，以重才、育才、惜才、举才为己任，以其通古达今的学识，求实求真的态度，培养了大量人才，乃至他当年主持的国家教委委托东北师大举办的第一期语文教学论硕士课程研讨班，被比作“黄埔一期”，传为美谈，在学科建设史上树起了一座里程碑。为此。我曾为他撰写了一副联语：

人生八七未一憩读书教书著书评书学贯中外立德立言声望煌煌若泰斗永耀

杏坛半纪逾十载重才育才惜才举才识通古今求实求真英豪莘莘乃黄埔何堪

应当说，在先生一生辉煌成果的宝库中，他那与众不同的学术风范是分外珍贵的财富。先生强烈的创造意识、辩证的哲学思维、开放的学术观点、严谨的结构思路、练达的语言风格、谦和的治学态度，正是当代科学研究所崇尚的风范，皆可成为当代学人学术研究的楷模。

先生有着强烈的创造意识。每当读到他的新著，一股新意就扑面而来。他的学科基础观、学科结构观和学科发展观都在前人的基础上有了明

王松泉赠联（王柏勋书）

显的拓展。先生的这种学术理念和风范源于他的学科革新观，他说：“凡是优秀的教师，是必定具有符合社会发展趋势和时代前进步伐的先进思想的。他们是现实和未来的挑战者。……他们能够怀着强烈的创新意识，有效地进行发展性教育。”先生这种强烈而卓特的改革精神和一以贯之的创新意识，正是他建立丰碑的原动，它将永载我国语文教育学学科建设的史册！

2002 年 12 月朱绍禹从教 55 周年暨第二届语文教育思想研讨会在长春举行

先生富于辩证的哲学思维。他认为：“社会科学研究领域一刻也离不开哲学方法，它要受哲学方法的指导。”他的《中学语文教育概说》一出版，就被《新华文摘》誉为“一部体现马克思主义认识论的语文教学法专著”。其实，先生辩证的哲学思维渗透在语文教育研究的各个领域。他对于语文与语文学科相区别的论述，对于语文学科性质与语文教学质量相互关系的论述，对于语言教学与文学教育关系的论述，对于语言与思维辩证关系的论述，对于社会生活与课堂学习关系的论述等，都充分体现了辩证的观点。

先生具有开放的学术观点。他的学科研究领域极其宽广，学术视野十分开阔，因而他的学术观点就从来不是封闭的。这种开放不光面向中外，而且不限古今。面向中外是先生的强项。在我国语文教育学研究领域，很少有人像先生那样对数十个国家的母语教育进行不懈探究。这一方面固然由于他有着精通外语的优势，更重要的是，他对国际教育理论和教学经验的重视。他编辑出版了一系列介绍外国语文教育的论著，如《国外语文教育资料》《九国语文教育资料》《美日苏语文教育》《中外母语课程教材比较研究》等，在各种刊物上发表了外国语文教育理论和经验的评介文章。可以说，自改革开放以来，我国语文教育在借鉴国外母语教育理论和经验的进程中，先生功不可没。与此同时，先生还在继承优良传统的基础上，不断进行语文教育理论的开拓，从而取得了丰硕的成果。

先生讲究严谨的结构思路。从一篇篇论文的逻辑结构中，可以窥见先生严谨治学的学术风范。可以说，先生的每一论证都极其严密。纵然年逾八旬，他的报告也仍然思维敏捷，思路清晰，推理严密，环环紧扣，无不扣人心弦，从而获得强烈的共鸣和热烈的掌声！

先生崇尚练达的语言风格。他应邀为大量语文教育论著撰写序言，每篇都十分精练，往往一语中的，显示出不凡的睿智和犀利的目光。在探视论著特点的同时，又恰到好处地揭示出论著的理论价值和现实意义，而且往往入木三分，给读者以极深刻的启示。平时我们纠缠不清的一些问题，往往被先生以寥寥数语点化得明明白白。他指出：“说语文科是基础学科，这定义太宽泛，没有表达出它的特定性质；说语文科是工具学科，这定义又太单纯，没有表达出它的复杂性质”；语文学科“兼有工具性和人文性两个方面，并不是两者择一的单纯学科”；“语文教学是科学和艺术的双重研究领域”；“任何有效的学习都主要是依靠学习者自学”；“教学是研究的开始，研究是教学的继续”……这些论述何等发人深省，何等精当而简练！它不仅使我们看到了先进的教育思想和现代的教育理念，也充分展示了先生堪为经典的语言风范。

先生提倡谦和的治学态度。学高为师，身正为范。先生治学严谨，德高望重，正气凛然，在一般人心目中，也许因其学高和身正望而生畏。其实不然，凡是了解先生为人的，都深感他是一位谦逊平实、和蔼可亲的师长。当有人将他列为语文教育研究界继叶圣陶、吕叔湘、张志公“三老”之后的“三公”之一时，他竭力反对，同时举出许多学者的名字，历陈他们的成就和影响，力图证明这些学者和特级教师为自己所不及。这样一位语文教育界的泰斗，却如此自感不足，这是何等谦逊的态度！先生对广大教师和后学充满着真挚的感情，他满腔热情地扶植和提携年轻一代，为培养我国语文教育研究界的学术骨干和教学专家倾注了毕生精力。举凡先生培育的“栋梁之材”，无不把他认作永生的导师。

现在，先生虽离我们而去，但泰斗永耀，他的学术风范将长存人间。作为学生，我们在永远怀念恩师的同时，应当继承他的遗志，为我国语文教育研究事业作出更多贡献，以慰恩师在天之灵。对于“朱绍禹语文教育思想”这一重大财富，更应当继续深入发掘探究，认真学习，努力发扬光大。

作者系浙江省绍兴文理学院教授。兼任中国高等教育学会语文教育专业委员会学术委员会主任。

献于朱先生灵前

卫灿金

我第一次认识先生是在1982年的春天，即在四川乐山召开的全国语文教学法学会的年会上。会的议题是关于语文学科性质的讨论，大会发言规定每人只有5分钟。在诸位的发言中，印象最深的一个是叶苍岑先生，一个便是您。叶先生发言是文质彬彬，慢条斯理，一句一顿，干干净净。而您则迥然不同，讲起来是情绪激昂，神采飞扬，连珠炮似的，语速特快，而逻辑性极强。两人风格虽异，但5分钟一到，两人都恰好讲完，将自己的观点都阐述得十分清晰，让在座的每一个人都赞叹不已。这是我第一次领略两位大师演讲的风采。

新时期以来，您对语文教育事业作出的贡献是无以言表的。是您在“文革”刚结束之后，便匆匆奔走好些高师院校，找中文系主任，找教学法老师，呼吁尽快开设教学法课程；是您70年代末各院校刚恢复教学法课程而大家又苦于没有教材之时，又赶忙编写了讲义印发给大家，以解燃眉之急；是您在1980年和其他几位学术前辈共同发起成立了全国语文教学法研究会，通过一次次的专题研讨，使教学法的体系得以逐步建立和完善；是您在80年代中期受教育部委托在东北师大开办4期语文教学法研讨班，为高师院校培养了一批急需的教学法年轻学者和学术骨干；是您1995年虽已退休，又与董味甘先生、我、王光龙、黄沧海、马文光、江敬润、林惠生诸位共同创办了全国语文学习科学专业委员会，您任理事长，直到2007年理事会换届，一干又是12年，把整个精力都放在了学会的建设与发展上……正因为如此，您成为全国语文教学论学术界的领军人物，成为全国无数受益于您的教诲的年轻人最尊敬的导师和衷心的拥戴者！

学术成就上，在我的眼里，您不愧为“三老”之后我国又一位语文教育家。从课程、教材到教学方法，从阅读、写作到听说教学，从学生备课、教学到教育实习，从语文教育史到当代课程与教学改革，从青年教师的培养到教师的专业发展，从美、英、日、俄等国到我国港台地区的语文教育……您的思维触角所伸之处，无不闪耀着智慧的光芒。每读您的著作，犹如深山探宝，总会使我的眼睛不时地一亮又一亮，以往许许多多的困惑与不解，犹如柳暗花明，茅塞顿开，内心的体验如同痛饮了一杯美酒那样沁人心脾，清爽至极。您的 20 多部著作，200 多篇论文，是您一生为语文教育长年累月、潜心劳作结出的丰硕果实，是您智慧的大脑不断发现、不断开拓、不断创造的结晶，是留给后人最具价值、最为珍贵的精神财富！

在我 20 多年的学术生涯中，在语文学科思维培育研究的领域里，在语文教育家中，我受影响最大的莫过于“三老”和您了。您的学术嗅觉是极其敏锐的，见解是极其超前的，论断又是极其精辟的。姑且让我再次引录您的一段使我永远铭记在心的话吧：

语文科是语文学科，同时也是思维学科。同对语文科是工具性学科和思想性学科等的认识一样，这样的认识也是语文科的一种本质观。在语文教学中，对语言和思维同等重视，是众多国家的现状，也是世界性的趋势。而在我们，过去有文道关系之争、讲练比重之争、语言因素和文学因素之争，唯独很少涉及语言和思维的各自地位和相互关系的讨论，这足见我们对这一关系语文科根本性质问题认识的不足。（1988 年）

正是您的这些见解启发了我，促使我走上了语文思维培育研究之路。其间，我认真研读了“三老”和您几乎全部有关思维教育问题的论述，深切的体会是：即使在这一独特的研究领域，您深邃的思想，卓越的见解，起码在今天，还没有人能够超越。在我出版的《语文思维培育学》《语文教育家思维教育思想与研究》两本书中，虽然都对您和“三老”的思维教育思想做了一些探讨，也写出了自己的一些体会，但我深知认识是肤浅的。2008 年，我和武永明合写了《语文课程与教学论研究》，出版之后我当即给您寄去，同时附了一封较长的信。信中谈道：在这本书中，我们对您的思想由过去的思维教育思想研究拓展到了语言教育思想和人文教育思想研究。面对您浩瀚的文献著述，面对您博大精深的思想，我们越研究，越发感到我们的能力是那么的有限，因而呼吁我们语文教育界的年轻人，尤其是您亲手缔造的语文学习科学学会的年轻人，能有更多的学者、教师参与到对您的思想研究的行列中来。我觉得这是一种历史的责任！

尊敬的朱先生，您永远地离开了我们！我们为您悲痛，我们为您哭泣！但您留给我们的精神财富永存，您的教育思想将随着时间的推移愈发显现出它的永恒价值。我们相信，您的英名将永远载入当代语文教育史中，您的思想也必将影响一代又一代年轻人，这将是对先生在天之灵最大的告慰！

安息吧，尊敬的朱先生！

在 2002 年 12 月朱绍禹先生 80 寿辰宴会上，作者（左）与朱先生合影

作者系山西师范大学教授。兼任全国语文学习科学专业委员会第一届理事会副理事长及秘书长，第二届理事会副理事长、第二届学术委员会顾问。

忆恩师朱绍禹先生

佟士凡

朱绍禹先生离开我们已经有四个年头了，然而先生对我的影响，对语文教育理论研究界的影响，不但没有淡漠，而且是越来越明显了。

我是先生的学生，是所谓“黄埔一期”的学员。先生给我上课的时间并不长，但却是对我最有影响的一位恩师。

我是东北师大中文系 1966 届毕业生，读本科时朱先生并没给我上过课。最初聆听先生讲课是 1980 年中国教育学会语文教学法研究会（后称专业委员会，是中国高等教育学会语文教育专业委员会前身）在大连举办的全国语文教学法讲习班上。先生主讲绪论部分，他对教学法这门课程的性质、任务、内涵等从理论上作了十分清晰的阐述，还介绍了当时的研究状况，给我留下了深刻印象。1983 年在烟台又一次参加语文教学法讲习班，再次听到了先生的课，虽然讲的还是绪论部分，但内容又有了新的补充，增加了国外的资料和教学实例，听来仍然感到新鲜。也正是从这升

作者（左）与朱绍禹先生在一起

始，我走上了语文教育理论和语文教学研究的道路。真正跟朱先生系统学习语文教育理论，是在 1986 年参加教育部委托东北师大举办的语文教学法研究生课程研修班（即“黄埔一期”）上。当时有包括北师大、华南师大、南京师大等全国各高师院校从事语文教学法教学的教师前来进修。朱先生是研修班的主持者，不但亲自授课，而且还要安排研修班的全部活动，聘请有关专家讲课。因此大家都很自豪地称自己是先生的嫡传弟子。

朱先生当时已年过花甲，并且由于早年落下的腰痛毛病，不能久坐，每天三四个小时的课全是站着讲。教学法学科是在“文革”的废墟上需要重新建设的一门学科，全国高师院校联合编写的第一部教材尚在出版之中。因此，研修班办得是比较艰难的。这次进修时间虽然不足半年，但内容却十分丰富，不但把当时语文教学法研究生的全部课程和当时语文教育的前沿理论都学了，而且还学了当时比较热门的一些基础理论学科，像系统论、信息论、控制论等，开拓了学员的视野，为以后的工作和研究奠定了很好的基础。从参加这次研修班开始，我便在朱先生的指导和带领下，正式踏上了语文教育教学和研究的道路。

在研修班上，除了学习外，朱先生还指导大家开展语文教育科研，最主要的活动就是编撰《语文教育辞典》。这本来是朱先生早就着手的一项研究课题，他把它拿出来交给我们大家去完成。由于我被先生安排作辞典的主编助理，有幸在先生的直接指导下工作，更多地感受到了先生那种严谨认真的治学态度、勤奋忘我的工作精神，使我受到了深刻的教育。《语文教育辞典》是先生最先提出的选题，在全国属于首创。参加辞典编写的，除了我们研修班的学员外，还汇集了全国语文教育界的知名人士，阵容是很强大的，人们都以为辞典很快就可以完成，所以消息传出后，语文教育界都期盼着这一巨著的问世。但是从 1986 年开始着手编写，直到 1991 年才出版，整整用了五年的时间，并且出版时已经不是第一部了，已有同类著作在此前问世。朱先生不急于出版的原因，就是十分强调辞典编写的质量。虽然所有的词条都经过反复多次修改，但先生还要精益求精，不但对内容的解释要准确，而且语言也要尽量通俗，明了简练。一百多万字的稿件，他都逐一审阅修改，哪怕是一个字、一个标点，都不放过。由于他腰痛不能久坐，经常是跪着伏在床边进行审订和修改。在编写过程中有些小插曲给我留下了很深的印象。先生那种认真的态度有时甚至让人很难理解，比如他对顾黄初先生的态度就是这样。顾先生也是语文教育研究的老前辈，被朱先生请到进修班给我们上课，并请他担任《语文教育辞典》的副主编。辞典的初稿完成后，先由负责各部分的编委统稿，然后汇集到顾先生处由他进行二审，顾先生审完后，他又召集全体编委到扬州开了一周的统稿会。大家都觉得顾先生对辞典的工作是很热心、很负责的。然而朱先生却显得不太满意，特别是把稿子带回长春以后。我作为主编助理协助先生进行最后审定，发现他对稿子特别不满意，甚至后来都发火了。他说，稿子问题这么多，顾黄初是怎么审的？因为在扬州时我曾与顾先生交流过对稿子的修改意见，便向先生解释说："顾先生对稿子修改的原则是多就少改，因为他觉得这些撰稿人都是国内的语文教育名家，应尊重他们的意见，在知识性和科学性上没有问题就可以了。"先生却说，这是工具书，不光是知识和科学的问题，对每个词条都要解释得明白易懂，要对读者负责才行。特别是一百多人参加编写，语言风格都不统一，怎么能像一个整体呢？他说，我和顾老师虽然是好朋友，但是在这件事上我不能原谅他。他甚至将顾先生的副主编也撤了，变成了助理。先生对整部书稿

朱绍禹先生（前排左二）主持硕士生论文答辩会。前排左一为作者

又从头到尾都重新修改了一遍，所付出的艰辛是可想而知的。其实，他与顾先生的分歧只在于对书稿修改的意见不完全一致，并没有大的矛盾。先生的认真精神和严谨的治学态度，从中可见一斑。

先生对年轻后学的培养十分重视，一直是热情关怀，倾力帮助的。凡是对语文教育理论和语文教学研究有兴趣的青年教师，不管是不是认识，不管是什么学校，也不管是什么地方的人，只要与他接触或向他求教，他都会热情接待并一再鼓励。对青年教师的研究成果，他都尽量给予肯定，光是给他们编写的资料和著作所写的序言，就有几十篇，后来竟结集成了一部书。我与先生虽不在一个学校，但都住在长春，因此也是近水楼台，得到先生的关怀和帮助是最多的一个，在这方面的感受也是最深切的。1980 年我还在延边教育学院时，办中学语文教师培训班，教学法课没有教材，回到母校去求援，见到了先生。听说我是师大毕业的，先生就显得格外亲切，介绍了当时全国都没有教材的现状，把他自己编写的学校内部使用的尚未出全的材料悉数提供给我，帮我解了燃眉之急。我调到吉林省教育学院后，受学院领导委托，主持编写全省教师进修教材《中学语文教学概论》，得到了先生的大力支持，不但为我们担任顾问，对编写提出指导意见，成书后还为我们写了序言，对于这部并不成熟的教材给了很高的评价，使我们受到了极大鼓舞。我在教育学院举办的各种骨干教师培训、教材培训、教学研讨等活动，凡是请到先生时，他不管多忙，都设法安排参加，不仅是支持了我的工作，而且也是对我省的教师培训和提高给予了直接的帮助。我在专业上的发展和提高，一直受到先生的关照和帮助。参加辞典的编写之后，有关的专业活动，凡是有机会先生都让我跟随他一道参加。像他的研究生的论文答辩，学会举办的讲习班、学术年会、研讨会的筹备和组织等，甚至有些地方请先生去讲学和指导，先生也让我陪同他一道前往，先后去了唐山、石家庄等地。经过先生的耳提面命，使我在专业发展上有了很大提高，特别是先生那种待人热情、治学严谨、思想敏锐、开拓创新的精神和作风都对我产生了很大的影响。

为了奖掖后学，督促年轻一代的成长，先生还亲自为一些弟子书写条幅题词。在给王松泉、王相文等题词勉励的同时，也给我题了“办事稳健，学风踏实”，从中深切地感受到了先生对我的鼓励和鞭策。

朱先生对学问的执着精神也深深地影响和感动着与他接触的每一个人。语文教学法在当时是最薄弱、最不受重视，然而又是培养中学语文教师不可缺少的一门基础课，当时的高校教师一般都不愿意从事这门课的教学。朱先生却看到了这门课的重要性，从 20 世纪 50 年代从事这门课程的教学开始，坚持不懈，50 多年如一日，对语文教育教学理论进行深入研究和探索，不但建立了他自己的语文学科教学论体系，出版了多部教材和专著，而且对语文学科的教材论、教师论、教育教学研究、国外语文教育等分支学科都有很深入的研究，并取得了丰硕的成果。就是在退休后，先生也一直没有停止语文教育的研究和对基层学校的指导。除了继续担任一些讲课任务和对研究生的辅导外，他还先后担任中国教育学会语文教学法专业委员会和全国语文学习科学专业委员会的理事长、学术委员会主任，担任教育部中小学教材审定委员会审定委员等职务，承担全国教育科学“九五”“十五”规划课题的研究指导工作，不断深入到全国各地的实验学校指导课题实验，并不断有论文和新著问世。特别令人感动的是，在指导课题实验研究的过程中，先生在进行理论研究的同时，还特别重视对语文教学实践的指导。先生已是 80 多岁高龄的老人，仍然不顾旅途劳顿，奔

朱绍禹先生（左）为先进指导站授牌。右为作者

波于广西、贵州、浙江、福建、山西、河北、吉林等省的基层学校，足迹遍布大江南北，为中小学第一线的教师们讲课，作指导，使所到学校的领导和教师深受感动。

先生在为人上谦逊谨慎，他告诉弟子们，真正做学问就要沉下心来，脚踏实地，埋头钻研，不图虚名，不搞花架子。由中国教育学会语文教学法专业委员会、全国语文学习科学专业委员会、人民教育出版社、高等教育出版社等单位牵头，于1999年和2002年举办了两届“朱绍禹语文教育思想研讨会”，我受学会委托一直负责研讨会的筹备工作，先生在一些细节上表现出来的谦虚谨慎的态度，十分令人敬佩。最初先生对举办这样的活动并不赞成，他认为自己还没有真正形成完整的语文教育思想理论体系，这样搞不合适。后来在大家的坚持下才勉强同意了，但他一再强调，会议一定要着眼于促进语文教育理论研究的深入和发展，不要突出个人的作用。会后大会委托我把会议有关的论文结集出版，在编辑整理的过程中，先生把所有的文章审阅了一遍，把一些文章中对他的溢美之词都删掉了。他说，我哪能承受这样的评价呢？让大家看了也不好。我只好按照他的意见去做。后来由东北师大出版社出版了《朱绍禹语文教育思想研究论集》。先生这种谦虚谨慎的态度给我留下了深刻的印象。

先生对我国语文学科教学论的建设和发展所作的贡献是有目共睹的，先生被大家称作我国语文教育理论研究的奠基人，是“中国语文教育的一面旗帜”（中国阅读学研究会会长、河南大学曾祥芹教授语），是继叶圣陶、吕叔湘、张志公“三老”之后，中国语文教育学研究的第四位领军人物，他创建的语文教育理论体系是留给人们的宝贵的理论财富。同时我觉得，先生唯实践为基础，唯科学为权威，严谨务实，勤奋执着的治学态度，更是留给我们的一份宝贵的精神财富，先生将永远是我们学习的楷模。

2012年3月7日于长春

作者系吉林省教育学院教授。兼任全国语文学习科学专业委员会第一、二届理事会副理事长，第二届学术委员会顾问；中国高等教育学会语文教育专业委员会学术顾问。

回忆朱绍禹先生

何芝铭

得到朱先生逝世的消息，心情十分沉痛：我们失去了一位慈祥的长者，教育界失去了一位精英。我未能见到朱先生最后一面，朱先生，您泉下有知，请原谅我吧。

我是 1987 年 8 月，提前去东北师大语文教材教法研讨班报到的，当时因走得匆忙，未带被子等物。东北的天气比南方冷多了，十月间就下大雪，我冷得受不了。朱先生像慈父般的关爱，使我至今难忘。他到宿舍告知我，让我到管理人员那里租借。那时研究生比较多，没有特殊原因，是租借不到被子等物的，朱先生告知宿管员“她是湖北来的，生活不习惯，以后多关照”。短短几句话，暖人心田，从小失去了父爱的我，顿时热泪盈眶。我下定决心，克服不适应气候的困难，一定在这里认真学习下去。

朱先生学识渊博，给我们授课，一丝不苟。特别对美国、日本的教学方法了如指掌，我们听后，大开眼界。

不仅如此，朱先生待人诚恳，态度和蔼可亲。同我们交谈，总是用商量的口吻，如：听课后，有什么想法，可以约他面谈。

朱先生的高贵品德，还表现在对祖国的热爱，对侵略者的切齿痛恨。他讲到日本帝国主义强占东三省后，在沦陷区不准中国人讲汉语，他和一些朋友总是悄悄用中国话交谈，他始终不愿当亡国奴。先生高尚的民族气节，是我们的楷模。

先生还是个优秀的共产党员，他对党对人民无比热爱，用自己的行动来表达他对党的忠诚。我们在学习班有个临时党小组，他经常过问我们的组织生活。

朱先生，您虽然走了，但您的思想，您的人格，将永远活在我们心中！

教育部委托东北师大文学院主办的第二期语文教学法研究生课程班师生合影。前排右二为作者

2012 年 4 月 10 日 写于湖北民族学院

作者系湖北民族学院高级讲师。

有感于朱绍禹先生的绝笔

刘永康

大约在2008年1月的一天，我收到朱绍禹先生寄来的评我主编的《西方方法论与现代中国语文教育改革》的文章打印稿，标题是《语文教学研究的多学科视域拓展》。我很感动，当即打电话向朱先生致谢！万没想到，朱先生竟然在同年5月不幸因病逝世，料想这篇短评也许就是朱先生的绝笔了。但我获悉先生逝世的噩耗已经很迟很迟了，“念与君生别，各在天一方。良会未有期，中心摧且伤”。

悲痛之余，我一直想写一篇寄托哀思的文章，于是就想起先生为我写的短评来。我托一位朋友把这篇短评投递到了山西《语文教学通讯》杂志，但直到2011年春，才从该杂志编委会主任桑建中先生那儿得到朱先生正式发表的评论文章。同年12月，在江西赣州召开的全国语文学习科学专业委员会学术年会上，我见到了朱先生的女儿朱大雁，方知那篇短评果然是先生的绝笔。据朱大姐说，这篇文章是先生重病缠身，有尿血情况下挣扎着跪在地垫上写出来的，我听后为之震惊。又听王光龙先生说，朱先生在生命的晚期，几乎都是跪着写作。听到这些，我心里一阵酸楚，眼睛也湿润了。此后，朱先生跪着写文章的身影就不断地在我脑子里翻腾，怎么也挥之不去……

我和朱先生只有一面之交，那是在2007年初夏，在江苏南通召开的一个语文学术会上。我面前的这位朱先生：头发花白、面庞清瘦、眼睛炯炯有神，说话声如洪钟，有震撼力，思想深邃，充满大智慧。于是就想到，继叶圣陶、吕叔湘先生之后，在中国的语文学界，还有朱先生这样的掌舵人，真是语文学界的一大幸事。休会时，我拜会了仰慕已久的朱先生，并向他献上我主编的一本书《西方方法论与现代中国语文教育改革》。我说："朱先生，我是您未曾谋面的编外学生。1985 年，我从中学调入高等师范院校从事语文教学法的教学工作，完全是干中学，学中干，热炒热卖。我自学的教材是您编著的《中学语文教学法》，我教学生使用的教材还是您编著的《中学语文教学法》。今天献上的这本书，就算是我在认真学习先生语文教育思想之后，向先生交的一份答卷……"先生慈祥地笑着，双手接过书，连声说："好！好！好！"没想到在第二天的会上，朱先生居然就评论起这本书来。他说："在语文教育领域，有关语文课程论、语文教材论、语文教学论乃至语文教师论的书已经多得不可胜数，并且在不断扩展研究领域，诸如语文教育心理学、语文教育文化学、语文课程读解学、语文教育评价学等著作也相继问世，唯独未见系统而完整的语文教育哲学包括语文教学哲学方法论的书出现。这部《西方方法论与中国现代语文教育改革》的编写出版，无疑扩大了语文教育研究领域，填补了这一领域的空白。本书的最为显著之处，在于它的博、大、精、深……"先生还在会上明确表示要把他讲的这些意思写成文章发表。后来，他果然写成了评论文章，会上讲的那些话便成了评论文章的基调。

得到朱先生这样的首肯，真是始料未及的。得到这样的评价，就意味着我向朱先生交了一份令他满意的答卷。于是，我不由得回忆起我刻苦自学先生《中学语文教学法》的情景。我从中学调到大学，为的是要给我面对的大学生教朱先生编的这部教材。任务使然，我必须吃透这部教材。我攻读的态度是虔诚的，用字斟句酌、反复推敲、如痴如醉来形容，一点也不夸张。我认定先生这部教材是在实践和理论双重基础上建立起来的。它的的确确是利用了诸多学科的研究成果来认识和回答中学语文教学实践的种种问题，使我第一次明白了从事语文教学工作的意义、性质、目标、内容、任务、原理、过程和方法。凭着我的大彻大悟，我让我的学生也从中领会了"为什么教语文、教什么样的语文、怎样教语文、靠什么来教语文、什么样的人才配教语文"的道理。先生著作等身，可以无愧地说，先生这部教材以及他后来出版的《中学语文教材概观》等专著，不仅孕育了中国好几代中小学语文教师，也滋润了成千上万的语文教育研究工作者，催生了无数个当今时代从事语文教学研究的专家教授，先生堪称语文教学法之父啊！

解释学的目的就是比作者自己更好地理解作者，超越作者已成为普遍存在。作者用一致之思，读者各以其情而自得。先生深知解释学的真谛，他在编著《中学语文教学法》后记中指出："基于语文教学中可争论的问题多而结论少，同时由于创造性思考比接受现成结论更重要，我们希望本书最好只起一种辅助工具作用，或者说，只起一种激发和导引作用，真正的发现和创造是来自实践的学员自己。"多么虚怀若谷的朱先生，他不愿意用自己的著作去框定当今和后来语文人的思想。从这段语重心长的话中，我们看到了一位学界泰斗的宽广胸怀，看到了一位德高望重语文研究前辈对后来者的殷切期待。"俏也不争春，只把春来报，待到山花烂漫时，她在丛中笑。"先生就是那在丛中笑而不争春的红梅。如今，语文学界的研究成果层出不穷，这些成果不就是朱先生这朵俏丽的红梅唤醒的烂漫山花吗？而我献给先生的那本书，只能算得上是烂漫山花中的一朵小花，甚至只能算得上是扶花的一片绿叶或一棵小草。可是，先生也不轻视它，还在全国语文学术会议上评价它，更没想到朱先生会后一病不起，还强忍着剧痛跪在地上写完这篇评论……

2007 年 7 月作者（右）与朱绍禹先生在南通合影

朱先生对中国语文教育事业的热爱与追求，真到了“纠缠如毒蛇，执着若鬼神”的程度，他终身与语文研究结下不解之缘，倘若一息尚存，绝不离开语文研究。生命不息，奋斗不止。

朱先生作为一位中国著名的语文学大家，就这样以比天更大的胸怀、胜火一般的热情、博大精深的思想来扶掖晚辈，让他们在语文学界茁壮成长为参天大树。唐朝诗人刘禹锡有两句诗：“芳林新叶催陈叶，长江前波让后波。”先生就这样甘作陈叶而让新叶去芳林，甘当前波而让后波奔流不息！

如今，我也是年过66岁的老人，工作需要，尚未退休。高血压、冠心病折磨着我，超负荷的工作缠绕着我。当我想懈怠下来，朱先生尿血还跪着写文章的身影，又闪现在我的眼前，我真的欲罢不能了。

有感于朱先生做人做学问的崇高精神，有感于朱先生对中国语文教育事业的巨大贡献，我写了下面几句小诗，以此来缅怀和告慰朱先生在天之灵：

灌园躬耕何惧霜，栉风沐雨为谁忙？
荣育奇葩艳山河，耻让莠草败春光。
借得东风送暖意，输来玉液润诸芳。
百花亦解浇灌苦，各展姿容竞喷香。

写于2011年初冬

作者系四川师范大学教授。兼任全国语文学习科学专业委员会学术委员会副主任、主任。

永远怀念敬爱的朱绍禹先生

周庆元

又是一个烟雨朦胧的五月！2008 年的 5 月 9 日，我们敬爱的朱绍禹先生乘着五月的烟雨，驾鹤西行。烟雨朦胧，转眼就是四度春秋。先生音容宛在，笑貌长存，永远活在我们的心中。我们永远怀念敬爱的朱先生。

我们永远怀念先生对学科的拓建

朱绍禹先生是新中国第一代语文教学法专家，是全国高等师范院校语文教学法界的泰山北斗，是当代中国语文教育理论研究的一面旗帜。他早在 1955 年就发表语文教学研究方面的学术论文；1978 年秋，先生从东北师范大学（时名吉林师范大学）出发，孤身只影，一路南下，从长春，到北京，过武汉，上南京，经长沙，抵广州，访友论学，为学科重建做了必要的学术联络与思想沟通的基础性工作；接着，就组织编著十二院校《中学语文教学法》统编教材；之后，相继出版《中学语文教育概说》《中学

作者（右）与朱绍禹先生在西安合影

语文教学法》等专著，主编《语文教育辞典》《语文学科动向》《国际中小学课程教材比较研究丛书·语文卷》《美日苏语文教育》《九国语文教育资料》《国外语文教育资料》等，审定“中外母语教育比较研究丛书”，在语文教育学的总论、课程论、教学论、教材论、学习论、教师论、语文教育史论等领域都有重要的建树，推动了新中国语文教育学科理论体系的开拓与构建，不愧为我国现代语文教育理论体系的奠基人。

朱先生在语文教学的实践与研究方面作出了重要贡献。一方面，他是一位著名的教材编审专家。他担任教育部中小学教材审定委员十余年，为全国中小学教材改革付出了智慧与辛劳。他既研究教材理论，又躬行教材编写实践，不但在教学法课程中对中小学教材进行了系统的理论阐述，并出版了《初中语文教科书指要》和《中学语文教材概观》两部专著，而且还亲自主编了一套语体和文言分编的语文实验教材。另一方面，他又是一位教改实验指导专家，相继担任有关语文学习科学研究的两项全国教育科学规划课题的顾问，走遍全国各地的实验学校，指导语文教改实践，进行语文教育实验的理论探索。

朱先生著述等身，其学术成果极具权威性，生动地反映了朱绍禹语文教育思想的丰富性、深刻性和前卫性。

这种丰富性，主要在于它涵盖了语文教育的方方面面，既有对科学理论体系的研究，也有对教学实践的指导，还有对语文学科与其他学科关系的探讨；既有对现实语文教育的研究，也有对历史语文教育的回顾，还有对未来语文教育的展望；既有对传统语文教育理论的继承，也有对民族语文教育特点的探索，还有对域外先进语文教育理论和经验的借鉴。因此可以说，朱绍禹先生的语文教育思想已经形成了一个比较完整的理论体系，并且长期以来一直对全国高等师范院校语文教学法课程和中小学语文教学产生重要的影响。

谈到深刻性，主要是因为它超越了对教学现象的单纯描述，克服了对教育的主观经验的局限，它是站在哲学的高度对语文教育所作的一种带有规律性的总结和概括，是一种科学的、理性的认识，可以作为语文教育实践活动和教学研究活动的指南。

前卫性，主要体现在它始终瞄准学科发展的前沿，吸纳语文教育的新成果，借鉴国际教育的新理念，与时俱进，开拓进取，促进理论创新和体系创新。先生的许多成果都是具有开创性的，他的中学语文教学法著作是国内最早出版的高等师范院校语文教学法教材，他主编的《语文教育辞典》也是语文学科教育专业典籍，他的《语文教育科研导引》更是填补了教师继续教育和语文教育科研方面的空白。因此，朱先生作为老一辈语文教育家，不但创造了辉煌的业绩，而且一直站在教育改革大潮的前沿，引领着语文教育改革与发展的方向。

我们永远怀念先生对学会的缔创

改革开放之初，朱先生就在组织十二所高师院校统编《中学语文教学法》教材的同时，把被“文化大革命”打散的语文教学法教师队伍逐步组织起来，并着手筹建我国有史以来的第一个全国语文教学法学术团体。作为研究会筹委会的主要负责人和第一期会刊编辑组组长，他领衔率队到教育部拜访苏灵扬同志，汇报教材编写情况以及研究会筹备经过，随后又去中央教科所和中国教育学会等处聘请叶圣陶、辛安亭、刘佛年、叶苍

作者（右）与朱绍禹先生在陕西师大交谈工作

岑、郭林、张志公、刘国正等先生出任名誉会长或者顾问，促成了语文教学法研究会的顺利成立。他高瞻远瞩地指出：“研究会的产生，是适应教学和科学研究的需要，研究会的成长和发展仍然是教学和科学研究的需要。”1980年10月，研究会在开封宣告成立。朱绍禹先生是学会的主要缔创者。先生为了学会的事业奔走呼号，殚精竭虑，特别是在几个关键时刻，先生不辞舟车劳顿，风尘仆仆，千里奔驰，率团晋京陈情，确保了学会的生存与发展。从学会筹建到先生辞世，历经30个年头，朱先生先后担任学会的理事长（2届）、学术委员会主任、学术顾问、首席学术顾问，为我国语文教学法学会的缔创、建设与发展作出了不可磨灭的贡献。

我们永远怀念先生对学生的培育

先生对后学晚辈的关爱培育、奖掖提携有口皆碑。远在1981年8月，先生就在大连主持开办了首次语文教学法讲习班，培训全国语文教学法教师，参加者将近200人。此后，连续在烟台、桂林、泰安等地办班培训，有力地促进了全国语文教学法教师队伍的迅速成长，有效地缓解了当时语文教学法界人才断层、青黄不接的师资困境，先生不愧是我国新一代语文教育研究队伍的领路人。先生是新中国最早的语文教学法硕士生导师之一，从1983年起先后招收过5届研究生，直接指导培养了20多名语文教学论硕士，他们中有的现在已经成长为教授。他还奉命举办多期学科研究生课程班，培养了数十名学科骨干。特别是1986年3月，受国家教委之托，作为导师，他在东北师大领衔举办全国第一期语文教学法研讨班，使来自全国19个省、市、自治区的27名语文教学法教师得到长足的进步和全面的提高，他们迅速成长为各地高校的学术带头人，后来大都晋升为教授、副教授，多数成为硕士生乃至博士生导师，有的还成了全国知名学者。而朱绍禹教授正是这一代学术精英公认的最尊敬的导师。

我是直接受惠于先生的众多弟子之一。自从1981年暑期在大连拜会先生，我就成了先生的私淑弟子，先生一直在心里头记挂着我要报考他的研究生的事，书信往还，时常念及。1982年4月，我会在乐山召开第二次

作者（右）与朱绍禹先生在大雁塔前合影

学术年会，我有幸跟随张隆华先生参会。会上发展一批新会员，条件要求具有讲师以上职称，当时我还是助教（1983 年定的讲师），朱先生明确表态破格吸纳我为会员，使我成为我会最早的会员之一（属于第二批，第一批是 1980 年 10 月参加开封成立大会的代表）。1986 年初春，我来到长春，参加全国首期语文教学法研讨班（实质上就是研究生课程班），先生委任我为学习班长，升堂入室，正式成为先生的学生。几十年来，朱先生关注我，关爱我，关照我，使我终生难忘。他在 1986 年吸纳我参与他主编的《语文教育辞典》的撰写，让我经受科研的历练。后来他还邀我参与他主编的那套语体和文言分编的语文实验教材的编写，遗憾的是我当时忙于琐事而失去这个机会。先生每有新作出版总不忘赐赠于我，而且极为慎重地签字并钤印，我至今珍藏着先生惠赠的许多本著作。朱先生时刻关心着我的学习与生活，成长与进步，经常通过面谈、书信、电话乃至电报给我以指导。记得1998年抗洪紧急关头，朱先生从长春家中打电话给我，询问长沙大水情况，急切之心不言自明，关切之情溢于言表。在我担任全国教育硕士专业学位教育指导委员会委员之际，先生反复叮嘱我：这是一个重要职务，一定要认真做好！每当有机会面谒先生，总会得到先生许多有益的指教。先生知我人到中年，琐事缠身，不仅本职工作繁重，而且社会兼职与活动也不少，他语重心长地告诫我正确处理好各种关系，首先要扎根基层，切实做好本职工作、本单位的工作，只有夯实基础，才能获得发展与提升的广阔空间，先生的话真是金玉良言。聆听先生肺腑之语，胜我十年萤雪功啊！可以毫不夸张地说，先生深情地关注与关怀着我的每一点成长与进步，我的每一步成长离不开先生的指教，我的每一个进步折射着先生的关爱！

朱绍禹先生对学生的关心、爱护、栽培、提携，岂止是我辈一人、两人、十人、百人，先生以他的大爱普施天下，惠及几代学人，真正是桃李遍天下，教泽被后昆！朱先生播撒的学术种子已经在神州大地开花结果，朱先生点燃的学术火种已经在五湖四海熊熊燃烧，朱先生开创的学术事业必将代代相传。

记得4年前，我曾经写过一首悼念先生的小诗：

暮春烟雨送先贤，一代宗师万古传。种得椒兰桃李在，杏坛璀璨艳阳天。

四度春秋过去，又逢雾幔迷茫的五月烟雨，我愿仍以小诗一首作结，表达我心灵深处的缅怀之情：

五月人间烟雨天，溯源务本忆前贤。耳提面命声犹在，起舞闻鸡挥祖鞭。

敬爱的朱先生，我们永远怀念您！

作者系湖南师范大学教授、博士生导师。兼任中国高等教育学会理事、中国高等教育学会语文教育专业委员会理事长、全国高等学校教学研究会理事。

我们心中的朱绍禹先生

倪文锦　严　正

几十年前，在科学的春天里，在桃花盛开的地方，在鬓发黑亮的时候，我们两人相约，要合写一篇语文教育的研究文章。但是，一别30年，天海相隔，一直无法如愿。不久前，王光龙老师寄来一封《回忆语文教育家朱绍禹先生》征稿函。我们感到，现在或许是我们实现多年前的愿望合写一篇东西的最好机会，而纪念仙逝四年的朱绍禹先生或许是我们回顾关于语文教育研究的最好方式。

倪文锦：严谨的学者，宽厚的长者

朱绍禹先生是我国语文教学法（现称语文课程与教学论）界的老前辈，曾任教育部中小学教材审定委员会委员、全国语文教学法研究会（即现在中国高等教育学会语文教育专业委员会的前身）理事长。在我们的心目中，朱先生是一位严谨的学者，宽厚的长者。

我与朱先生相识，缘于他的弟子严正。在语文教学法界，我与严正都有一个“全国第一”（实际上是内地第一）的称号。我们都是1983级攻读硕士学位的研究生。当时全国能招语文教学法硕士研究生的高校只有华东师范大学和东北师范大学，录取的也仅2人。我是被华东师范大学录取的第一位“语教法”研究生，严正是被东北师范大学录取的第一位“语教法”研究生。所不同的，我的研究方向是中学语文教育，严正的研究方向是小学语文教育。于是，一个是中语方向的“全国第一”，一个是小语方向的“全国第一”，我们两人在语文教学法界都获得了“全国第一”的荣誉之称。虽然我们地处南北，年龄各异（我是老三届知青，是年35周岁，报考研究生搭乘的是“末班车”；而严正则是名副其实的小弟弟，在研究生中年龄偏小），又分属不同师门，但共同的志向却把我们联系在一起。于是，我知道了严正的导师是朱绍禹先生——一位学术上令人敬畏的学者。

我第一次与朱先生面对面的直接交谈是在1985年广西桂林，当时全国语文教学法研究会有个讲习班在广西师大召开。会议承办方的负责人是广西师大的黄麟生、黄汉清，以及桂林教育学院的冯力行。开班之前冯力行老师设家宴招待学会的领导和讲课的专家。朱先生是学会的理事长，我的导师谭惟翰是学术委员会主任，两人既是学会的领导，也是讲课的专家。我也受邀随导师一同前往赴宴，这是我有机会第一次与朱先生同桌进餐、交谈。能与“语教法”界的名家、大家零距离接触，并有机会当面请教，当然是我们研究生盼望的幸事；但由于朱先生给我的印象一贯严肃有余，令人生畏，所以去冯老师家时，说实话，我是怀着既想见又怕见的心情，兴奋中难免带着几分忐忑。然而饭桌上的朱先生，却是一位随和的长者，也很风趣。他无拘无束，谈笑风生，还时不时幽默几句，引得众人开怀大笑。我那颗原本有点惴惴不安的心便顿时释然。他是性情中人，爱喝啤酒，谈锋甚健，既有东北人的豪放和爽朗，也有南方人粗中有细、体贴入微的细腻和周到，对年轻人充满了长者的关怀与鼓励。他会和你拉家常，问孩子是男孩还是女孩？有没有上学？你读书了谁带孩子？读书与家庭怎么兼顾？他说老三届读大学不易，读研究生更是凤毛麟角，话语中他明显鼓励我一定要把读好书放在第一位。当时，我已经能在一些教育期刊和语文杂志上发表文章，朱先生显然注意到这一点，所以饭桌上热情鼓励我勤奋读书，笔耕不辍。他说语文教学法老师普遍的毛病是读书少，不会写；研究生要“研究”，必须多读多写，你们要为研究生争光，为语文教学法学科争光。他称赞谭惟翰先生的文章写得好，激励我既从名师，就要青出于蓝而胜于蓝。他还询问我的学位论文准备写什么，我如实作了汇报：题目已定，只是还没有开始写作。但他不忘补充：你们是语文教学法的第一届研究生，“全国第一”的研究生，论文质量也要“全国第一”！这“全国第一”，看似信口道来，却掷地有声，率真中寄予厚望。它如警钟长鸣，至今犹在耳畔，对我的后半生影响极大。

1986 年 6 月的硕士研究生答辩，朱先生这位德高望重的学者既是我的论文评阅人，又作为答辩委员会的主席主持我的硕士学位论文答辩。那次正规的、庄重的答辩虽然是我平生第一次，但由于提问和回答都较平稳，留下的记忆并不深刻，而朱先生对我论文的评价之高却令人难忘。现将朱先生评阅意见复印件刊此：

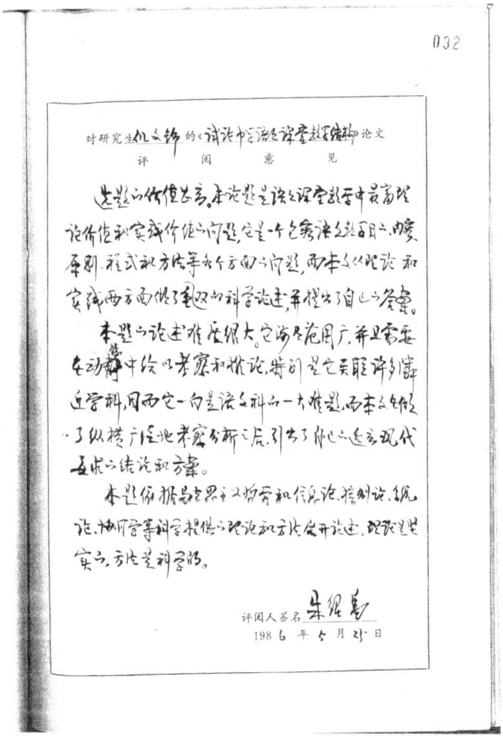
032

对研究生倪文锦的《试论中学语文课堂教学结构》论文

评 阅 意 见

选题的价值甚高。本论题是语文课堂教学中最富理论价值和实践价值的问题，它是一个包容课文教学目的、内容、原则、程式和方法等各个方面的问题，而本文从理论和实践两方面做了重视的科学论述，并提出了自己的答案。

本题的论述难度很大。它涉及范围广，并且需要在动态中给以考察和探讨，特别是它关联许多邻近学科，因而它一向是语文科的一大难题。而本文在作了纵横广泛地考察分析之后，引出了他的适应现代要求的结论和方案。

本题依据马克思主义哲学和信息论、控制论、系统论、教育学等科学提供的理论和方法展开论述，理论是坚实的，方法是科学的。

评阅人签名 朱绍禹

1986 年 5 月 25 日

另一份由朱先生主持答辩委员会表决并亲笔签名的决议，是这样写的：

对研究生倪文锦的《试论中学语文课堂教学结构》论文答辩委员会决议

课堂教学结构问题是语文教学中富有理论价值和实践价值的研究课题。本文就课堂教学结构的含义、本质及作用作了较为全面的论述，在有关各个局部的论述中也有较为精辟的见地。针对当前中学语文课堂教学结构单一死板，教与学分离的弊病，本文在对传统的课堂教学结构的历史和当前几种课堂教学结构新模式进行纵横广泛的考察分析之后，提出了自己的适应现代化要求的结论和方案，是提高语文教学效率的较彻底的改革主张，有一定的创造性。

本课题的论述难度较大，它包含语文教学各方面的问题，涉及的范围广，并且要求在动态中给以考察、推论。本文依据马克思主义哲学和系统理论、协同学等提供的理论和方法，联系实际展开论述，理论是坚实的，方法是科学的。

论文不足之处是，个别概念嫌模糊；语文课堂教学结构究竟有何特点，概括得不够明确；文字表达有繁冗之处。

对委员会提出的问题的答辩是明确、恰当的。

答辩委员会全体一致通过硕士论文答辩，建议授予硕士学位。

答辩委员会主席（签名）朱绍禹

答辩委员会委员（签名）张隆华、何以聪、谭惟翰、谢象贤

1986 年 6 月 17 日

决议是吸收了全体答辩委员意见的集体评语，朱先生的评阅意见与之相比，他对我的论文似乎更是“情有独钟”。我并不怀疑他的学术眼光，但评语显然于中肯中渗透了偏爱，在客观中充满着鼓励。特别是对我论文的评价结语：“理论是坚实的，方法是科学的”，无形中为我一生的学术追求树立了标杆——坚实的理论，科学的方法。可以毫不夸张地说，正是朱

先生的这一评价，为我追求科学性与艺术性相统一的语文教学理念指明了方向，奠定了基础。因此，1999 年当我被评为博士生导师，有幸成为我国内地课程与教学论专业语文教育方向的首位博导时，不禁感慨万千。由于历史的原因以及学科发展自身的缓慢，包括朱先生，包括我的导师谭惟翰、谢象贤先生在内的“语教法”界的一批老前辈，他们都没有享受到这一殊荣。而我在本学科领域有幸站在这些巨人的肩膀上，开始挑起了培养高级研究人才的重担。在我的这份幸运中，注入了校内外老一辈学者的多少心血啊。

2008 年春，江苏凤凰出版集团在北京举行《母语教材研究（十卷本）》（洪宗礼、柳士镇、倪文锦主编，该书 2011 年 9 月获教育部第四届全国教育科学研究优秀成果一等奖）新闻发布会，朱先生既是该书的顾问又是作者之一，也应邀出席。这是我最后一次见到朱先生。那次我是在宾馆用早餐时遇见他的，从外表看，他身体依然硬朗，只是耳朵有点背，步履比先前稍缓。当时我是十分诧异这位 80 多高龄的长者能独自一人从长春来到北京，因为问谁陪他来京时，他说“没有啊，我不需要人陪同”。会后时间匆匆，我们未及再见面。不想与朱先生北京这一见，竟成永诀。

严正：恩重如山，恩深似海

一个平常的波士顿的夏夜，一封意外的梁淑范老师的电邮，把这样一个来自万里之外的祖国令人难以置信的噩耗轰然打印在计算机屏幕上。尽管与恩师北京一别天南海北 21 年，但他的朗朗笑声常在，他的殷殷话语常在，近年来我在海外越来越多地想到回国与恩师相见，然而现在却天宇人寰，蓦然永隔！

恩重如山，恩深似海，是恩师领我走进学术研究的大门。1983 年春天，恩师的一封用毛笔写的笔力遒劲、文采古雅、情意殷切的信，邀我去长春参加硕士研究生的复试。复试后在恩师家第一次吃饭的情景至今历历在目，当时，教育系麻凤鸣导师与中文系于亚中老师也在座。我仿佛还能闻到拔丝苹果的腾腾香气，听到恩师外孙的咯咯笑声。从此，恩师手拉着手，把一个来自浙南县城中学的普通的年轻语文教师引进了金色的知识殿堂。事隔多年我才知道，张文颖学弟当时是本科留校跟随恩师的极其年轻有为的助教，研究生考试成绩也很好，但是恩师却没有录取自己最为了解的年轻助教，而是严格根据考试成绩录取了素昧平生、远在天边的我作为他的开门弟子。现在张文颖学弟是操办恩师丧礼、出版恩师文集的名副其实的大弟子，而我充其量只能远隔千里写一点纪念文字，别无他用。回想当年，细看眼前，我感叹长久，真是恩重如山，恩深似海。

恩重如山，恩深似海，是恩师给了我进行科学研究的精神。长春三年，也许是我一生中精神最为饥渴、学习最为勤奋的时光。恩师教我缜密思考，恩师教我跨学科探索，恩师教我寻找最为前沿的研究课题，恩师更教我做学问的精神。我永远忘不了恩师一次在我的一篇研究报告的结论部分，用红笔添加了好几个“也许”。山外有山，海外有海，真理从无绝对，研究永无止境，恩师的“也许”两字让我终生受用，使我悟到了如何对科学研究的结论永远持“也许”的态度。后来，我从我的北师大博士生导师王策三那里学到了“因势利导”四个字，悟到了如何去驾驭人生风浪。从我的加拿大硕士导师刚得森那里学到了“superb”（极佳）一词，悟到了如何去做优秀的研究工作。从我的哈佛大学博士生导师费希那里学到了“dynamics”（动态）一词，悟到了如何去用动态方法分析复杂工程。山不在高，水不在深；做文做人，贵在精神。

恩重如山，恩深似海，是恩师帮我懂得与人为善，以人为本。从研究生复试的那一天起，恩师就言传身教，培养与人为善、以人为本的精神。在学校里上课，我看到他跟老师同学笑声朗朗，老老少少，打成一片。跟他出去开会，我看到他跟同事好友坦诚热心，他的朋友遍天下。据说当年他曾经是文学大师吴伯箫的得力助手，于文学研究与文学创作极有天赋，极有前途。但学校要他放下文学拿起教法，他以大局为重，笑说“我不下地狱，谁下地狱”？结果后来成为中国语文教育的一代名师。记得一位日本访问学者慕名而来，恩师跑前跑后，尽心尽力，倾囊相助。临走的时候，这位学者慨然允诺多项学术合作。但这位学者返回日本后便泥牛入海，音讯全无。对此，恩师只是淡淡一笑。对同事朋友依然如故，跑前跑后，尽心尽力，倾囊相助。正因为他为人为师表现出来的与人为善、以人为本的品德，恩师与华东师大的谭惟翰先生，一南一北，互敬互重，私宜甚好，全无文人相轻之病，互相延请对方为自己第一位硕士生毕业论文答辩的主席，一时传为佳话。而华东师大谭惟翰先生的研究生倪文锦教授也视我为同门弟子、同屋兄弟，尽心尽力，与我私交几十年，可以说是恩师与华东师大的谭惟翰先生给我们作出了榜样，打下了基础。

恩重如山，恩深似海，是恩师让我看到他爱徒如子的赤诚。1986 年夏，我告别恩师来到中央教育科学研究所工作。恩师不仅在学术上继续提携我们写稿出书，而且知道我尚未成家，反复多次拜托在北京的友人为我寻找对象，比我的亲生父母还着急上心。当时，年轻幼稚的我还很为恩师的四处拜托感到十分难为情。1991 年底，我出国留学。临行前夜，恩师特来送行，嘱我好好学习。时光飞流，我在海外学习工作已近 20 年，我一直难以忘记恩师临行前在橘黄灯下闪烁的目光。几年前，我代表一群哈佛大学中国同学、同事在我和杨轶主编的教育科学出版社出版的“哈佛教育名著译丛”的总序末尾郑重写道，将译丛献给培育我们成长的祖国、母校、恩师与亲友。我痴想有一天我能将译丛的样书亲手交到恩师手中，向恩师亲口道一声深深的感激，向恩师细细报告分别 20 多年来我的成长道路上的风风雨雨。

我感谢 80 年代初做过恩师的最早一批进修学者的梁淑范老师，在她母亲去世不久哀恸绵绵难以提笔之际通过各种渠道想方设法把恩师去世的消息在第一时间告知我；我感谢王光龙老师等恩师的同仁们，用出版纪念专号的特殊形式纪念德高望重的恩师；我感谢张文颖、姜丽萍等恩师的弟子、我的昔日同窗，跑前跑后探视和照拂重病的恩师并悉心料理恩师的后事，出钱出力，出版《学者・导师・旗帜——回忆语文教育家朱绍禹先生》；我感谢倪文锦师兄对我多年来的支持与帮助，并合写此文以实现多年来的愿望；我更感谢恩师的如山之恩，如海之恩。知恩图报，我要像恩师对我那样对待我现在自己的学生，把恩师的为人之道、为文之道传承下去。

在合写这篇纪念文章的过程中，我们两人按照主编王光龙老师的要求，寻找与朱先生交往中留下的物件合影。很幸运，倪文锦终于在华东师大找到了两份重要资料，其中一份是朱先生的毛笔真迹。很遗憾，严正30年来转走三国、五地、六校，资料尽失。现在，我们把我们纪念文章的标题定为“我们心中的朱绍禹先生”，希望我们两人的回忆文字能够把在我们心中栩栩如生的朱先生的性格和形象挂一漏万地描画下来，留给读者。

作者倪文锦系浙江省杭州师范大学教授，华东师范大学博士生导师。兼任教育部全国中等职业教育教学改革创新指导委员会委员、中国高等教育学会语文教育专业委员会副会长、中国职业技术教育学会教学工作委员会副主任。作者严正系纽约州立大学教育心理与发展心理专业副教授，终身教职，博士生导师。美国心理协会《发展心理学》编委，《国际网络行为，心理，学习杂志》主编，《网络行为百科全书》主编、“哈佛教育名著译丛”主编、“电子社会与心理学名著译丛”主编。

先生风范　山高水长

——追怀朱绍禹先生

王显槐

2008年5月9日19时14分，王光龙先生发来短信，告知朱先生于当日14时仙逝。乍看短信，我十分惊愕，难以置信。去年8月我参加学会南通研讨会时朱先生满面红光，精神矍铄，除微有耳背外气色很好，说话时中气挺足，怎么说走就走了呢！定定地凝视理事长发来的噩耗，我的心久久地沉浸在无比悲痛与惋惜之中：朱先生已驾鹤西去，而与先生南通的相会，竟至成了永别。

朱绍禹先生是当代语文教育理论研究的一代宗师、学界泰斗，是我国改革开放以来语文教育界的一面大纛。20世纪70年代后期教育复兴之初，先生便积极筹建中国教育学会语文教学法研究会，并一直执掌大旗引领着全国的语文教育研究工作，领导全国语文教学法专业委员会和全国语文学习科学专业委员会开展了大量的理论与实践研究活动，为推进当代我国语文教育研究的繁荣兴盛作出了不可磨灭的贡献。

朱先生在学科建设上的建树令人景仰。先生思维敏锐，观点前卫，著述丰厚，对语文教育展开了全方位研究，学术思想博大精深。先生始终站在学科研究的前沿，引领学科理论研究从一个领域跨向又一个领域，从一个高峰走向又一个高峰。80年代先生率先引入国外教育理论研究母语教育，引领学界开展语文教学法的学理研究；90年代又率先从语文教育学视野开展对学科理论的研究，组织编写出《语文教育辞典》，开创了对语文教材理论研究的先河；新世纪之初先生已是耄耋之年，仍老骥伏枥壮心不已，以其睿智和卓识领导语文学习科学专业委员会的研究活动，足迹遍及大江南北，不断指导新课改下语文教育的研究与实践。先生对祖国语文教育事业的执着眷恋，堪为风范，令人高山仰止！

朱先生是我十分敬重的前辈，先生的著述我大都精心收藏，悉心拜读。先生的书与文颇有特色，自成一体，其观点之鲜明，概念之精确，论述之肯綮，用语之简练，逻辑之严谨，常令我收获多多，叹服不已。追溯起来，我认识先生，始于参加 1983 年暑期全国语文教学法研究会在烟台举办的培训班。那年先生讲学针对当时"语文教材教法"在高师院校学科中地位不高的状况大声疾呼：我们的学科称谓要正名，从"语文教材教法"更名为"语文教学法"，"法"不仅仅指教学方法，更主要指法则规律，语文教学法是一门应用理论性学科，它有自己的理论体系。鼓励教学法同仁要理直气壮地开展学科研究。25 年过去了，当年先生铿锵的话语，至今犹在我的耳边回荡。先生的话对于当时刚刚加入这个研究团队的我来说是一种莫大的激励。

对朱先生的进一步熟悉，是多次参加全国语文教学法研究会的活动，得到了先生良多的教诲。特别是自 1985 年我师从北师大张鸿苓先生后，在两位先生的亲密交往中常常得到先生的耳提面命。1986 年上半年朱先生在东北师大创办了第一期语文教学法研究生课程培训班，打造了一批来自全国各地的语文教学法教师，他们后来大都成为语文教学法研究界的精英，那一期培训班也被戏称为"黄埔一期"。我那时在北师大学习未能参加这期培训班，朱先生常笑称我是他的"编外学生"。后来先生还办过多期培训班，为全国语文教育培养了一大批语文教学法专业的教学和研究人才。先生不仅循循育人，还以奖掖后学为乐，先生为学界同仁著述作序多达百余篇，堪为一部语文论著序集。我曾拜请先生斧正拙著，先生旋即来函指教；我曾拜请先生为拙著作序，先生挥毫立就，真使我感动不已。先生为学为人，实为楷模！

先生心胸开阔，性格开朗。他走到哪儿，哪儿便能听见他洪亮的嗓音和洒脱的笑声。2002 年 12 月 12 日中国教育学会中学语文教学法专业委员会、全国语文学习科学专业委员会等30多家单位与东北师大联合召开“朱绍禹先生从教55周年暨第二届语文教育思想研讨会”，筵席间，八十大寿的朱先生不仅谈笑风生，还竟且歌且舞，好一副顽童之心、少年之态，使人仿佛触摸到他那颗冰清玉洁之心，令人难以忘怀。

我多年来有个心愿，想邀先生到我所在的学校讲学，陪先生上井冈山观光，先生也有此意。2005年初夏我请他携师母来校，先生答应了。岂知成行前先生要往陕西参加语文学习科学专业委员会的一项活动，行期推迟，后竟一直未能如愿。先生现在永远地离去了，我的心中留下的该是何等的歉疚与遗憾啊！

朱先生，以后我上井冈山，一定会代您多看看巍巍的青山，多看看潺潺的清流，多看看满山遍野的红杜鹃，多看看满山苍翠的井冈竹，托井冈烂漫的山花寄去对您的崇敬与挚爱，让龙潭瀑布的彩虹捎去对您绵长的思念。

2002年12月，在朱绍禹先生第二届语文教育思想研讨会上，作者（右一）与朱先生（左二）合影

作者系江西省井冈山大学教授。兼任全国语文学习科学专业委员会第二届学术委员会副主任、主任。

目标明确　内容实在　步履不停

——回忆朱绍禹先生

蔡　明

我对朱绍禹先生的景仰始于20世纪80年代。那时，我是一个中学语文教师。在10余年中学语文教学中，我逐渐认识到，因为对语文教学的许多基本问题缺乏一致认识，所以，语文教育理论研究有诸多纷争，语文教育实践操作常摇摆不定。于是，我经常搜罗并研读语文教学法教材，企图全面系统地认识语文教学法学科。但是，其时已多年没有出版过语文教学法教材，既有的20世纪20—50年代的语文教学法类教材，虽不乏真知灼见，但基本上局限于语文教学方法的经验总结和语文教材内容的阐释介绍，难以从理论上进一步深入认识语文教学。

1980年，人民教育出版社出版的《中学语文教学法》是新时期语文教学法学科建设的开端，鲜明地体现出编写者对语文教学自觉的理性认识。朱绍禹先生是该教材的主要执笔者和第一统稿人。1988年，高等教育出版社出版了朱绍禹先生编著的《中学语文教学法》，那时我在高校执教中学语文教学法课程。研读《中学语文教学法》教材，发现高教1988年版《中学语文教学法》继续着人教1980年版《中学语文教学法》的探索，努力揭示语文教学的内在规律，坚守语文教学自己的概念，语文教学法学科理论体系的建构初见端倪。

从以上两册《中学语文教学法》教材中，我看到了朱先生探究中学语文教学法学科的明确目标和实在内容，对朱先生的景仰油然而生，开始沿着朱先生踏出的道路、朝着朱先生指出的方向前进。1991年，就《中学语文教学法》教材，我对中学语文教学法课程和教材建设提出了一些意见，寄给了高等教育出版社。很快，高等教育出版社总编室回函说，征询了朱先生的看法，朱先生肯定你的意见，计划修订或编写《中学语文教学法》教材时邀你参加。我非常感动，感谢朱先生对后学的真挚感情和热心扶持。很遗憾，当时未能面聆教诲和面致谢意。

2007 年 7 月，全国语文学习科学专业委员会第三次会员代表大会预备会议在江苏省南通市召开。南通会议期间，我见到了景仰已久的朱绍禹先生。在游览南通市狼山风景区和参观南通市博物苑时，我与朱先生相随，边看边聊，获益良多。

狼山风景区在南通市南郊长江之畔。当地老师向我们介绍，狼山不高，但在一马平川的江海平原上却十分引人注目。我们登高放眼望去，但见狼山处长江之尾，似蛟龙戏珠；居四山（马鞍山、黄泥山、剑山、军山）之中，如众星拱月；果然美不胜收。朱先生感慨地说："与周遭的平原、长江、四山等景物相互融合，相得益彰，凸显狼山之美，是狼山的特点。基础教育是宽广无垠的大平原，语文课程是不尽的长江，相关学科是一座座山，我们的语文教学法这座山虽然小，但应该像狼山一样，与周遭'景物'相得益彰，凸显自己的特色。"我赞叹说："朱先生比喻得好！"又提出问题请教："语文教学法学科怎样才能与周遭'事物'相得益彰、凸显自己的特色呢？"朱先生回答说："相得益彰，'相得'，就是语文教学法学科要突破自我封闭的体系，联结相关学科，互相作用，互相影响；'益彰'，就是语文教学法学科更要形成自身结构，自成体系，不能用其他学科替代语文教学法学科。我们要对语文课程与教学的特征和规律，给予理论的说明，开展语文课程与教学的科学化研究。这个意思我在高教 1988 年版《中学语文教学法》里讲过。"

返回后，再读朱先生编著的高教 1988 年版《中学语文教学法》，更觉朱先生目光如炬。他清楚地阐述了语文教学法和相关学科之间的关系：

我们语文教学法的研究，不要再限于对语文教学本身的研究……而要跨出自身以外，开展对相关学科同本学科之间关系的研究……

语文教学法有它独立的、超出其他学科的研究领域，有它自己的学科面貌和贡献……

因此，一方面，应从其他学科输入信息，另一方面，本学科的研究成果也应作用于相关学科，向它们输出信息，给它们以影响。

他精辟地指出了中学语文教学法学科建设的目标和内容：

中学语文教学法作为一门学科，它早已存在，但作为一种科学，它还在形成之中。一方面，它已积累了最低数量的概念、范畴，具有了一些基本原则和方法，并形成了一个存在认识体系。另一方面，由于语文教学是个多因素多层次的系统，它的有些特征和规律，我们还没有认识。我们对它的研究，有的还停留在表面上，未能给予理论的说明，有的属于一般化的探讨，缺少足够的根据。事实可能是，中学语文科的科学化过程是长期的，对它的跟踪研究也将是长期的。

南通博物苑在南通城东南濠河之滨，是中国最早的博物馆，近代实业家、政治家、教育家、晚清状元张謇于1905年创办。朱绍禹先生推崇张謇的务实、尊崇张謇的志向，感染和激发了我们。在张謇故居前，朱先生告诉我们说："张謇认为，实业和教育是富强之本。明确了目标，他就在实业和教育领域扎扎实实地做事。"他向大家介绍张謇在实业和教育方面的业绩。大家也七嘴八舌，历数实业家张謇举办过和投资过的垦牧、轮船、面粉、铁冶、铁路、轮船等公司，以及实业银行、电灯厂等企业；列举教育家张謇创办过的中小学和师范学校，还有农业、医学、纺织等专门学校，以及南通博物苑、女红传习所等教育机构。朱先生兴致盎然地向大家讲述状元张謇弃官返乡的故事。他讲道，张謇决意在家乡兴办实业和教育，在给翰林院的辞呈中明确表示了自己的志向。朱先生铿锵有力地为大家复诵了张謇辞呈中的名言："愿成一分一毫有用之事，不居八命九命可耻之官！"彼时，神采飞扬，向往之情，溢于言表，大家深为感动。

后来，我还再见过朱绍禹先生。但是，在我的记忆中，印象最深刻的还是南通会议期间的朱先生。其时，朱先生已86岁高龄，但精神矍铄，步履稳健。登山和行路时，他常走在众位老师的前面。当有人夸他“走得快时”，他总是摆摆手，谦虚地微笑着说：“不快，不快，我能走在前面，是因为有明确的目标，朝着目标，一步一步实实在在地走，到达目标前不停下脚步。”朱先生说这句话针对的是“登山或行路”，我们却可以从这句话联想到，在语文教学法学科建设方面，朱先生也是“有明确的目标，朝着目标，一步一步实实在在地走，到达目标前不停下脚步”。

作者（右）与朱绍禹先生在南通张謇故居前合影

在语文教学法学科建设中，正是因为目标明确、内容实在、步履不停，朱先生才能作出巨大贡献，成为语文教学法学科建设的旗帜。

早在1996年，朱绍禹先生在东北师范大学出版社出版的《进取的十五年》中提出过要求：我们未来主要应该做的，当是一方面继续提高研究水平，使这一学科成为内容充实而深刻的科学；一方面当是扩大研究领域，使之成为内容广阔而齐备的科学网络。

今天，我们语文教育工作者回忆和纪念朱绍禹先生，最好的方式就是：实践朱先生的要求，接过语文教学法学科建设的旗帜，目标明确、内容实在、步履不停，争取更大成绩。

筚路蓝缕志维坚，承前启后谱新篇。
重构理论建平台，反思经验设杏坛。
长江浪静始起锚，渤海风劲好鼓帆。
永忆明目白发翁，欲回天地立阵前。

作者系河南省教育学院教授。兼任全国语文学习科学专业委员会第二届学术委员会副主任。

永远飘扬的旗帜

——悼恩师朱绍禹先生

王安琳

2008 年 4 月 28 日，惊闻恩师病危的消息，我立即从丹东赶往长春探望。当光龙、松泉两位学兄陪同我走进病房时，朱老师即撑起他那十分虚弱的身子，拉着我的手说："安琳，你来看我，说明你心中惦记着我啊！……"看到病危的先生，意识还如此清醒，我不由地说："朱老师，你是我心中的一面旗帜，我心中永远有你。"这是我的肺腑之言。

1987 年 9 月，我到国家教委委托东北师范大学开办的语文教学法研讨班学习，受到了朱先生的耳提面命，谆谆教诲。从那以后，20 多年从没间断与老师的联系。先生的那种探究科学、坚忍不拔、孜孜以求的治学精神，那种深厚的理论功底与开阔的视野、敏锐的洞察相结合的创造力，那种豁达、豪爽、淡泊、坦诚、谦和的处事风格，都时时影响着我，感召着我！高山仰止，景行行止。我以有朱先生这样的老师为荣，也以自己能成为先生的学生为幸。如今先生驾鹤西去，但他的音容笑貌依然时时浮现在我面前，仿佛先生还在爽朗地笑着与我们交谈……

先生是我国当代著名的语文教育家，新中国语文教育理论的奠基人。他追求科学，视学术研究如生命，而且老而弥坚。他亲口跟我们说，离休后，他的研究工作更加深入了，近些年来，他几乎每年出两本书。他的《中学语文教学法》《中学语文教育概说》《语文教育科研导引》《语文教育辞典》《美日苏语文教育》《九国语文教育资料》《中学语文课程与教学论》等著作，不仅构建并完善了我国语文教育科学的理论体系，生动地反映了先生的语文教育思想的丰富性、深刻性和权威性，而且作为直接受益者，大大开阔了我们的眼界。这些宝贵的著作，每逢出版，先生就准寄给我一本，使我常学常新，在专业上不断进步。这一本本著作，使我们这些弟子在教学科研上迅速成长起来，我们中的许多人不仅成为教授，而且成为国内知名学者、博士生导师。在先生的旗帜下，我们这批弟子已经成为中国语文教学论研究队伍中具有学术创造活力的骨干力量。

先生是我国当代语文教育理论研究的一代宗师和旗帜。他不仅注重理论研究，而且十分注重理论研究成果应用于语文教学实践，直接推动着我国中小学语文教学的改革与进步。近十几年来，我们学会先后承担了国家“九五”“十五”两项规划课题的实验研究工作，在全国十多个省市自治区的 100 多所中小学开展较大规模的语文学习科学实验。朱绍禹先生是这两项国家课题研究的顾问，已到耄耋之年的先生，仍然亲自到各省市的实验校作辅导报告、听课、评课、看论文和实验报告。这是一件多么不容易的事情啊！我作为这两项课题的总课题组成员和子课题的主持人、辽宁丹东地区实验校课题的指导者，亲身感受到先生为课题研究工作所倾注的大量心血和不辞辛苦躬身实践的教育家特有的风范。我曾四次请先生到丹东来讲学并做课题验收工作。先生每次来，都使丹东地区的中小学教师、我校中文系的师生以及课题实验校的师生获益良多。

作者（右）与朱绍禹先生合影

朱绍禹老师在丹东讲学时与老师们合影留念

1996 年，先生到丹东讲学，丹东市区和 3 个县一下子就来了 400 多名语文教师。先生一连作了四场不同题目的报告，反响热烈。先生的报告，犹如种子伴着春风和甘霖撒播到教师的心田，很快在教学改革与实践中体现了出来。课题实验校丹东三十一中创造的“情智结合读文法”、丹东铁路中学创造的“自我卷入作文法”、丹东十九中创造的“主体参与听说法”，在课题结束时，都获得了全国一等奖。

还记得，2000 年先生给我校中文系学生作的一场报告，报告令学生激动不已。第二天，我发现在 98 级学生教室黑板上方有几个金灿灿的大字：“你是最重要的。”大家个个情绪高涨，摩拳擦掌，立志要成为一名优秀语文教师。那一年的教育实习工作进行得特别好。

先生走了，这令我们多么哀痛与思念！我们再也收不到先生那犹如春风扑面、令人顿开茅塞的著作了；再也无法倾听先生那神采奕奕、清晰简练、声如洪钟、幽默风趣、充满哲理思辨的学术报告了；再也无法像个小学生交作业似的捧出自己的新著让先生作序了；再也无法与先生欢快地交谈，听先生那特有的东北味的爽朗的笑声和充满机智幽默的话语了……回天无力兮奈若何？先生如果在天有灵，请您相信：您所开创的事业一定会在我们手中薪火长传，先生高高扬起的大旗将永远在我们心中飘扬！

作者系辽宁省辽东学院教授。兼任全国语文学习科学专业委员会第一届理事会常务理事及副秘书长、第二届学术委员会常务委员。

怀念绍禹先生

颜　禾

绍禹先生遽归道山。消息传来，让人心痛，我的脑子昏沉沉的，心中空荡荡的。他健康、乐观，那么有活力，怎么这么快就离开了呢？多年来，由于缘分，由于参与学术活动，我与朱先生有过几次相遇，现在回想起来仍是那么美好。往事隐隐约约，先生的音容宛在，依然清晰。

1986 年朱先生在东北师大举办首期语文教学法骨干教师研修班，来自全国各地的同行齐聚长春。其时我在华东师大念研究生，并确定了以“语文教育史”作为毕业论文的研究方向。听说研修班将聘请顾黄初先生讲授这门课，这可是个难得的机会。导师谭惟翰、谢象贤先生帮我与朱先生联系，得到应允，这样我就踏上了前往长春的旅程。朱先生的研究生带我前去拜访时，先生正伏案工作，他的屋内透着书香，又绿意盎然，窗前摆着一盆盆叶子宽大的花草。我未见过这种花草，便问道：“这是什么植物？”朱先生见我盯着花盆面露疑惑，笑着告诉我：“这是‘君子兰’，长春的君子兰很有名，你要是喜欢，可以送你两盆的！”我慌忙谢绝了，心中却喃喃念叨着：君子兰、君子兰，今天终于见到你了！朱先生坐在椅子上，不时移动背后的一个圆柱形状的垫物，我不解，又问道：“这是什么？”先生解释道，“这是腰枕，腰不好，靠一靠，就感觉舒服多了。”这就是我与朱先生的初次相识，那时我对语文教学法这门学科，就像初见世面的孩子一样，扒开门帘往里瞧，既感陌生，又显好奇。

这一年初夏，朱先生应邀到华东师大课程与教学系主持师兄倪文锦的论文答辩，我又一次见到了他。这是国内语文教育学专业的首次硕士论文答辩会，答辩会很成功，师兄的论文获得好评。朱先生作为答辩委员会主席自然也十分高兴，他对我说，明年他那里也要进行研究生论文答辩，想请谭先生，你也一同来长春吧。答辩会后，谭先生兴冲冲地提了一瓶酒，看到我便说，朱先生能喝，今晚要跟他干几杯。第二天，朱先生就要离开，与他握手道别时，我竟有几分依恋，几分怅然。

研究生毕业后，我回福建工作，先是在师范院校教书，后到教育科学研究所从事科研和编辑工作。在一段时间里，我只是在学术会议上见过朱先生，并按时给他寄去我们编的资料，而没有走近他。之后，我接到参加朱先生语文教育思想研讨会的邀请，有机会再次来到朱先生身边。第一次会议我未能前往，第二次会议是 2002 年召开的，接到通知，心中的火被点燃了，我即致函朱先生说“此次一定前往”。时值寒冬腊月，长春的气温为零下十几度。朱先生不无忧心地猜度我无法前去，他对几位同行说，颜老师来不了了！不过，关山万重，此时我的心已飞到长春；天寒地冻，我和大家的心一样是滚烫的。当我站在朱先生面前的时候，他是那样的喜出望外。会议会餐时，我与朱先生同桌，席间他问我，“东北菜吃得习惯不？”我向朱先生敬酒，并一饮而尽。朱先生也非常尽兴，餐后与青年教师跳起了交谊舞。看着老爷子那么快乐，我们也深受感染。这次会议我给朱先生送了两件薄礼贺寿，一件是关于国外教学论流派的书，另一件是两小盒福州的茉莉花茶。我说，书可以传递新的信息，茶可以品味南国情调，听了我的解释，朱先生泛出微笑，频频点头

2004 年初，朱先生主编一本《语文课程与教学论》，特地写信约我撰写口语交际教学一章。能参加朱先生的课题研究，是一件引以为豪的事。在朱先生的指导下，我按时认真完成了书稿的撰写，只是不知道能否达到要求。一段时间后，意外地接到朱先生的电话，说在江苏连云港市将召开另一本此类著作的审稿会，希望我能参加，会议通知由主办方寄给我。过了几天，朱先生发来电报：“连云港会议召开务望出席会议。”朱先生邀我审稿，是一种信任，我当不负所望赴会。审稿会上，大家相聚一堂，朱先生把书稿分发给大家，要求认真研读，并对书稿的结构和内容提出意见。

我们对书稿谈了各自的看法和建议，朱先生专注地听着，不时记下点什么。他的认真严谨，不禁使人肃然起敬。会议结束后，根据安排，我们去游览附近的一个称为“花果山”的景区，朱先生和我们一同前往。要上山了，大家关切地问他能行不？朱先生肯定地说，“能行，边走边休息，前几年还登过泰山呢！”和中青年同志一起行走，朱先生容光焕发，非常兴奋。我边走边打听他的生活情况，朱先生告诉我，他的健身就是常常搞家务，还亲自上街买菜，而且坚持自己动手洗衣服，不用洗衣机。

2006 年 10 月，我应王光龙教授的邀请赴杭州参加“当代语文学习指导理论丛书”编写研讨会，朱先生是课题研究的顾问和丛书编写的主审，他要求大家求实创新，努力攻关，把课题完成好，并说每一本书稿他都要看过。他依然精神矍铄，讲话声若洪钟，鼓舞着与会者。我心想，有朱先生的指导和把关，我们一定能确保质量按时完成丛书的编写。会后，朱先生和大家一起参观乌镇，他走到景区摊点上看到竹子制成的玩具剑，便买了好几把。随行的杭州师大的几个女研究生笑着猜测道：“是买给家里小孩玩的。”朱先生摇摇头说，“是送给你们的！”果然，晚餐时他叫来了研究生，把竹剑都分发给了她们，女生们笑意盈盈地领走了赠品。礼轻意重，不知年轻一代能否感悟“宝剑锋从磨砺出”的道理，能否理解“十年磨一剑”的深意？

作者（右）与朱绍禹先生合影

朱先生 1990 年离休。离休后，他一刻也没有停歇，继续抒写着精彩，展现着晚霞的绚丽。他的背影渐渐远去，我们却分明看见他正迈着大步走来，睿智的目光依旧关注着我们，熟悉的口音依旧回荡在我们的耳畔，使我们不由得记起先生清癯的面容，感受到他深深的慈爱。

作者系福建省教育科学研究所副研究员。兼任中国高等教育学会语文教育学研究会学术委员、全国语文学习科学专业委员会常务委员。

一次难忘的教材编写经历

颜　禾

2002年12月，我到长春参加朱绍禹从教55周年暨语文教育思想研讨会，向会议提交了一篇研究朱先生作文教学思想的论文。第二年秋季，我收到朱先生亲自寄来的《朱绍禹语文教育思想研究论集》(吉林人民出版社2003年7月版)，书的扉页上用熟悉的毛笔字工整地写道："颜禾存念，癸未年秋月。"打开书，就见我写的论文收录其中，这使我倍感兴奋和欣慰。这是一本珍贵的文集，它勾起了我的思绪。我思忖，朱先生已是耄耋之年，长春与福州又是天南地北，遥遥相隔，何时还能见到先生呢？

2004年初，我收到朱先生亲笔来信，先生仍记得我这个学生，真使我又惊又喜！信中写道："颜禾：我将主编一部《语文课程与教学论》的教材，我意请你执笔如下内容：第四节口语交际的规则和教学方法：一、口语交际的规则；二、口语交际的方法。第五节口语交际与读写教学的关系：一、口语交际与阅读教学的关系；二、口语交际与写作教学的关系。标题符号顺序：章、节、一、(一)、1、(1)。3月10日前交稿，3月下旬拟在连云港师专召开编写会。有何意见，请近期告诉我。专此致意，顺祝新春好！朱绍禹 1.14"我即给朱先生复信，说能参加教材编写，实属荣幸，将按照新课标的要求对口语交际教学作点研究，尽力写好这两节，争取按时交稿。随后，围绕这一课题我查阅资料，兢兢业业，修改补充了两次，写出了有关内容。3月初将初稿送去打字，于交稿期限前按时寄给朱先生。稿件虽然交了，但我还是有点忐忑，不知道我的稿件，朱先生是否满意？这可是初次接受他交给的任务啊！5月初，朱先生来电话说我写的关于口语交际教学的内容已经入选，请我列出所写部分的参考文献。我复信告知近期工作和研究的情况，将参考文献一一列出寄给了他，并告诉他在出差参加教育督导时，看到了他在厦门翔安一中作报告时的身影。

2004 年 6 月上旬我收到连云港师专会议的邀请，6 月 24 日朱先生亲自发来电报，希望我能出席会议。一个熟悉的声音在召唤，我的心也随之飞到了连云港。7 月 2 日 ，我出席了由高等教育出版社组织的教材编写工作会议。根据会议提供的打印本，我对《语文课程与教学论》一书的几个问题提出了自己的建议。朱先生略微颔首微笑，使我紧张的心渐渐放了下来。我想，或许所提的意见有点价值，或许先生正在给予鼓励？连云港会议回来后不久，我收到朱先生要求修改稿件的通知，并转来高教出版社关于教材编写打印稿的要求，如字体、行距、层次、注释等。我参阅了一些材料，对原稿件作了补充修改，再次寄给朱先生。

2004 年 9 月 22 日朱先生来信："颜禾：由东北师大出版社组织出版、编写的《语文课程与教学论》编写会议，定于 10 月 16—17 在长春召开。会期两天，请予 15 日到师大宾馆报道。主编朱绍禹 " 从信里看出，参写的教材拟安排在另一出版社出版，可能又要讨论编写问题，先生希望我能多出去走走。因单位有调研任务，我回信告知不能成行，会议的情况和要求请他转告。我当然想参加会议，可因事不能前往，朱先生应能理解吧。

过了一些日子，我收到朱先生的信："颜禾：来信收到。现在急需的是请你把口语交际教学的全部书稿用 A4 纸、5 号字（"节" 用 4 号字、一、二层次的标题用黑体字）打印后寄给我。此次会议讨论的是这一内容。专此致意。朱绍禹 10.20" 11 月初，我将书稿寄给朱先生。过了几天，朱先生打来电话，说希望我补写"口语交际教学的理念和目标"一节，与前面写的两节组成口语交际教学一章。另外，他还提出将第四节标题中的"规则"改为"要求"，要求我 11 月底交稿。朱先生又给加点内容，顿时，我的情绪高涨起来，信心也增加了几分。新的任务激发了新的力量，到 11 月底，我将补写的一章赶完并寄给朱先生。

2005年初，朱先生来信并寄来经过补充的原稿件，信中说：“颜禾：虽然交稿在即，为了按出版社统一要求，使同类书规格一致，还是要劳你重新打印。1. 章前加‘导语’，章后加‘思考探究题’；2. 文中加‘活动素材’‘案例’等；3. 一律用A4纸；4. 章用4号字，节和一，5号字，但用黑体；5. 章、节、一、(一)、1等标题，一律起行空2格，章也不居中；6. 注脚一律按连云港会上要求的那样安排。务望二、三日内寄回。朱绍禹 2.12”朱先生在原稿上增补了学习导引、活动、案例分析、思考与探究等内容，使稿件更为充实生动。其中“学习导引和思考与探究”的内容，他一丝不苟、整整齐齐地写在稿件边上，而“活动与案例分析”的内容是打印的，剪贴在稿件中。看过经朱先生审订补正的稿件，我给朱先生打电话，询问要不要将其修改稿一并寄去，朱先生说不用了。过了几天，我按要求将稿件补充打印好以快件寄出。至此，稿件几经往返，紧张投入的编写已经结束，我不禁长舒了一口气，朱先生交给的编写任务终于完成了！其时，朱先生已经83岁，为了指导我写好教材在千里之外给我打了3次电话，亲笔写了5封信！

2005年八九月间，我收到了朱先生亲自寄来的新世纪教师教育教材《语文课程与教学论》(东北师大出版社2005年7月版)。朱先生在后记中写道：“本书以义务教育和普通高中的《语文课程标准》为指向，以高师院校中文专业学生的职业需要为出发点，经过半年的努力，形成了目前这个结果。”主编朱先生介绍了本书撰写的分工，这本教材朱先生写了相当一部分，其余作者都是他的研究生，我的名字，也赫然在列。这本教材虽然不厚，却很有时代气息。手捧教材，感觉沉甸甸的。抚摸着书籍，我不由想起先生在《与书为伴慰平生》一文中写的：“从少年时代开始的与书结伴的生活，到如今的垂暮之年，也还没有结束。”确实如此，他一生都在读书、教书、写书、评书。他还说，“始终有书为伴，还会有什么不满足的呢？”这句话我一直记在心头，有什么不如意时，想起先生的教导，很快就释然了。

现在，编写教材这段经历已经过去七八年了，然而参加这项有意义的工作却使人难以忘怀，令人回味无穷。想起编书过程，我的心中涌动着暖流，似乎听到先生亲切的声音，仿佛看到他期望的目光。先生的书我一直珍藏在身边，睹书如见人，打开书，犹如与他相聚在一起，与他促膝谈心，聆听谆谆教诲，先生和书籍永远都陪伴着我！

扶携晚学无遗力　风骨文章醒后人

——缅怀朱绍禹先生

许建中

杰出的语文教育理论家朱绍禹教授离开我们四个年头了，他的身影和笑容时时浮现在我的眼前。

我认识朱先生，是先读其书，后识其人。1991 年秋，我调到保定师范专科学校中文系任教语文教学法，当时我们选用的教材就是朱先生编著的《中学语文教学法》(高教社 1988 年版)。边教书边研读，我被这部不算很厚，但内容丰富、体系严整、论说透辟、文字洗练的著作深深吸引。后来

作者（左）与朱绍禹先生在浙江乌镇茅盾故居合影

加入了全国语文教学法研究会，再后来又加入全国语文学习科学专业委员会，朱先生先后是这两个学会的理事长，于是我成了先生旗下一兵。会上聆听朱先生的报告，会下跟这位平易可亲的长者畅谈，向他请教一些教学和科研中遇到的问题，日益折服于他的睿智、博识，经验老到，见地不凡，每每为他关注现实、思与时进的求索精神，和泰而不骄、诲人不倦的长者风范所感动。

1997 年我和于年河兄主编的《中学语文教材教法》（上册《中学语文教育概论》、下册《中学语文教材研究》）出版后，给朱先生寄去一套，请他教正。朱老前辈给予我们莫大的鼓励。他在信中写道：“这套教材结构体系呈现新的格局，采用教学理论与教材研究两者既独立又联系的体例，具有开创意义，填补了师专本学科分编型教材的空白。”第二年，这部教材获得了河北省教育科研成果一等奖，朱先生的信和另一位资深教授公开发表的书评起了助推作用。

1999 年朱先生应邀来保定，主持市教科所傅永安老师一项省级课题的鉴定，我也作为鉴定组成员参与其中。短短几天时间里，77 岁高龄的朱先生不顾旅途劳顿，听汇报，看资料，到实验学校考察、听课，主持评议、鉴定，还分别为保定市区中学语文教师和我校文科各系师生作了两场专题报告。接朱先生来校途中，我转达校长想聘他为保定师专特聘教授的意愿，他欣然应允。连续几天日程紧张，我担心老人家过于劳累，劝他报告时间可以短些。可朱先生一讲就是两个多小时，神采飞扬，声若洪钟，报告厅里 400 多名师生如沐春风。演讲结束，他高兴地从校长手中接过“特聘教授”聘书。会后，又与我校系领导座谈，就学校的发展与改革提出意见。三年后，“朱绍禹从教 55 周年暨第二届语文教育思想研讨会”在长春召开，时逢朱老 80 寿辰，我因事未能前往，经请示校长，我代表学校发去贺电并汇去贺仪。朱先生把我校列入“协办并出资单位”，事后分别写信给我和校长致谢，并嘱我将他另包寄赠的《朱绍禹文存》和《朱绍禹语文教育思想研究论集》两本新书转呈校领导。此事让我感受到朱老为人真诚且虑事细密，从中得到了如何做人做事的启迪。

朱先生离休前已著述颇丰，离休后犹笔耕不辍。除为后学者的编著写序作评，为教育教学期刊撰稿著文，晚年又推出多部著作。新世纪基础教育课程改革发轫以来，他十分关注课改进展，关心中青年教师的专业发展。除在学术年会上多次专题讲科研，亲临大江南北几十所中小学指导课题实验，还为中小学教师继续教育倾力写出《语文教育科研导引》。这本厚积薄发的著作，2001 年面世后让无数渴望提高教育科研水平的一线教师感到解渴、实用，获益无穷。同时，他继续致力于语文教学论课程建设，2004 年后接连主编出版了四种适读对象和特色各有不同的语文课程与教学论教材。我知道，朱先生不是挂名的主编，他尽了主编应尽的全部责任。其中一部《中学语文课程与教学论》（东北师大出版社 2006 年版），朱先生邀我撰稿并任副主编。为编出特色，通过电话和书信，他多次征询我们这些一线执教者的编写意见；在此基础上，他拟订编写纲目和体例，然后从组织编写人员、章节分工，到收稿审阅、修改定稿，都亲自运作完成。我想既为副主编，除完成写稿任务外（朱先生对我按时寄交的书稿很满意，说一字也不用改），还应分担一些阅稿工作。可先生在电话中说：你们工作忙，书稿往返邮寄也耽误时日，我有的是时间，审稿统稿就自己干吧，改排校对的事有出版社和学生帮忙。就这样我当了一回最省心的副主编。朱先生在生命的最后五年，一鼓作气主编了四部教材。即使一般年富力强的学人，也是不易达到的高效率；而对一个早已功成名就、尽可安享晚年的八旬老人来说，这是多么难能可贵呀！

朱先生研究了一辈子语文教育，深知语文教育研究“过去更多注意的是语文教师的教学行为，而较少注意学生的语文学习行为”（《朱绍禹文存》第 583 页），故而他年逾古稀后愈加重视并大力倡导语文学习科学的研究。他积极推进语文学习方式方法和指导策略的研究与实验，并指出：“重要的是研究学生学习语文的规律，这是深化语文教学改革，提高语文教学实效的必由之路。”（《朱绍禹语文教育思想研究论集》吉林人民出版社，第 172 页）1998—1999 年我在北京师范大学教科所访学期间开始关注语文学习规律的研究，遍查师大图书馆相关书刊，竟未找到一篇专门讨论语文学习规律的文章，深感这方面的研究极为薄弱。于是选择了语文学习规律作研究课题，被语文学习科学专业委员会同仁当时承担的全国教育科学“九五”规划课题列为子课题。下了两三年工夫，写成两篇论文，一篇《语文学习规律研究刍议》，述评我国研究语文学习规律的历史与现状，提出开展研究的思路与建议，被我校学报刊发；另一篇《语文学习基本规律探讨》，揭示并阐发了八条汉语文学习的基本规律，先后投给两家核心期刊，半年多无回音。当我为“知音”难觅而有些失望时，朱老告诉我:《上海师范大学学报》教育版的徐大兰编辑是语文教育研究的行家。我便把文稿寄给了素不相识的徐大兰老师，果然很快收到了用稿通知，不久就发表在该刊 2002 年第一期上。如果没有朱先生指点迷津，这篇长文不知何时才能找好“婆家”。

此后，我的研究兴趣转到语文学习科学领域，萌生了写两本书的打算：一本侧重语文高效学习策略指导，主要服务于学生；一本侧重语文学习指导理论研究，主要服务于语文教育工作者。前者作为我与同事合作的课题，写出《语文高效学习艺术》一书。在 2004 年黑河年会期间，朱先生浏览了书稿后题词嘉勉:“本书借鉴前人的理论成果和实际经验，依据汉语文学习的特点和中小学语文学习的实情，探求出语文学习高效化艺术之路，其立志可谓高远，其效果可谓显著，其影响也必定广泛。”后者已写成《语文学习指导论》，作为王光龙教授主编的“21 世纪语文课程学习指导丛书”的分册之一，将由语文出版社出版。在酝酿构思阶段，我跟朱先生谈过写这本书的一些想法，朱先生来信嘱我“不要写成学院派的东西”，并亲笔题写了书名。撰著过程中，我常以朱先生的话警示自己，力争将理论性与实践性结合得更好些。2007 年 10 月成稿后，朱先生作为这套丛书的主审之一，审阅过我的书稿。11 月，在杭州召开的学术年会上，朱老交给我经他批阅的书稿目录和一章文稿。他用红笔做的勾画、删改或旁批，差不多每页都有。有的虽只改一字，表达却更准确；有的调整或增删，还加旁注说明理由。所有旁批都出以商量的口吻，首页页眉上还写有四行字:“建中：你很认真又很谦虚，我的建议有的可能对也可能不对。谨供参酌。”反复端详这些笔力苍劲、一丝不苟的“朱批”，我仿佛看见这位久患腰疾的耄耋老人，跪在铺着垫子的地板上，一手撑腰一手握笔，伏在床沿批阅着文稿……“春蚕到死丝方尽，蜡炬成灰泪始干。”没有钟爱学术献身教育的忘我精神，没有关爱后学鼎力提携的博大情怀，孰能为之？

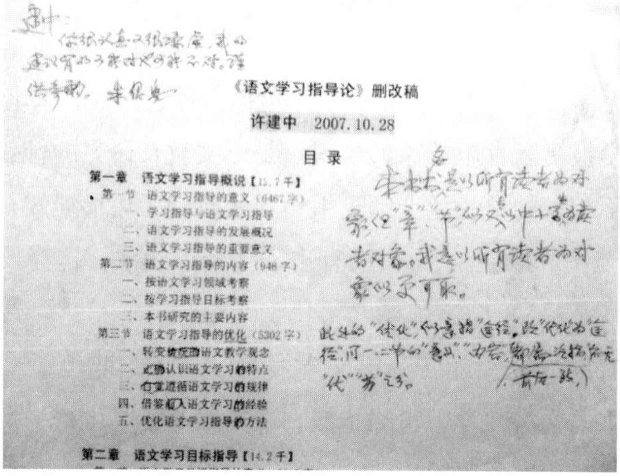
《语文学习指导论》删改稿

许建中 2007.10.28

目 录

第一章 语文学习指导概说【15.7千】
第一节 语文学习指导的意义（6467字）
一、学习指导与语文学习指导
二、语文学习指导的发展概况
三、语文学习指导的重要意义
第二节 语文学习指导的内容（946字）
一、按语文学习领域考察
二、按学习指导目标考察
三、本书研究的主要内容
第三节 语文学习指导的优化（5302字）
一、转变语文教学观念
二、认识语文学习的特点
三、遵循语文学习的规律
四、借鉴语文学习的经验
五、优化语文学习指导的方法

第二章 语文学习目标指导【14.2千】

此刻，我又翻阅着朱先生寄我的书、信、题字，和他批改过的文稿，不禁感慨万千。我并非朱老师的及门弟子，亦无缘“黄埔”受训，只算是朱先生的私淑弟子（先生也曾认可）；而像我这样得益于朱先生指教的私淑弟子，仅语文教育界又何止百千？以我的愚钝，而能在教育科研上获得些许成绩，而能忝列“首届全国语文学习科学建设突出贡献奖”获奖者，离不开朱先生的厚爱和指导，离不开学界诸多同仁的激励和帮助！

“教苑躬耕六十春，桃荣李蔚已成林。扶携晚学无遗力，风骨文章醒后人。”是朱公辞世后我遥祭他的一首小诗。而今应朱绍禹回忆录编辑组之约，敲下如上文字，就以拙诗后两句为题吧。朱公已升仙界，但先生的著述是留给后学珍贵且不朽的财富，先生的人格永远是我辈仰慕和效法的高标！

2012年3月18日

作者系河北省保定学院教授。兼任中国高等教育学会语文教育专业委员会学术委员会委员、全国语文学习科学专业委员会学术委员会常务委员。

一代宗师，风范长存

刘莉萱

朱老师走了，走得很匆忙。两个月前，他还在中学语文骨干教师培训班的课堂上一讲就是四个课时，精神矍铄，侃侃而谈，如果不知道，你决想不到他已是 87 岁的高龄。现在，他离去了，作为他的学生和同事，30 多年来与朱老师相处的往事一幕幕重现在眼前。

我与朱老师相识，是在 33 年前。那时我是大三的学生，他是中文系教学法专业的一位教师。在教育实习前，朱老师一连给我们讲了几天的课，我记了整整一本，虽然不是全懂，但有一个印象是深刻的：这位老师真有学问！ 1990 年，朱老师离休，本来我们已经没有了做同事的机会，但教研室的特殊情况使我们有了这个缘分。1995 年，教学法专业恢复招收硕士生，但三个在职教师都刚从外专业转来不久，对业务不熟。系里决定让朱老师领衔组成培养小组，并由他担任导师，我们三个协助。朱老师做出了一个令我们不安的决定，他自己不出头讲课，而是在课下指导我们，由我们出面给学生讲；在导师一栏，他让我们的名字和他并列签在一起。我不好意思这样做，提出只在下边协助他做些指导工作，不签导师的名字。朱老师鼓励我说：不要担心，谁都有第一次，你一定能做好。为了使我们讲课的内容更充实，他连续给我们三人单独上了一学期的课，每次都像给学生讲课一样，非常认真地拿着讲义，系统讲授，我又记了整整一厚本。之后就按着朱老师的指导，战战兢兢地给学生讲。至今，我的中学语文教材研究课还是按他的思路在讲授。在研究生论文指导中，他让我们先看先批，然后再对我们的指导意见进行点评，说出他的指导思路，由我们出面给学生讲，在这近乎手把手的传授中，我们学会了如何做一名硕士生导师。

为了使我们更迅速地成长，朱老师想尽了一切办法，除了让我们讲好课，站稳讲台，他还带领我们进行科学研究，介绍我们参加专业学术团体并推荐担任职务，他每次进行大的项目研究时，都把我们拉上。我曾多次参加朱老师主编著作的编写，每次朱老师都耐心指导，有时一个字一个字地为我们修改稿子，之后还一定要讲明修改的道理，让我们在实践中得到锻炼，增长才干。

朱老师是全国闻名的专业大师，却没有一点名人的架子。他为人善良，充满爱心，他资助的人数不胜数。有一次，我在路上看到朱老师手里提着一个大包，匆匆往前走，我以为他买了什么东西，就抢上去要帮他拿回家。一问才知道，他是从家里出来，到工会去捐献的。我已忘记当时是哪里遭了灾，只记得他说，别人有了困难，我们能帮就帮一点。他资助过亲戚，资助过家乡的乡亲，资助过灾区民众，更多的资助是给了那些从未见过面的生人。

对系内的图书资料建设他很上心，曾多次给系资料室捐赠专业书籍，有的是外面很少看到的稀缺资料。我曾写过一篇中国内地和香港语文教材比较研究的文章，所用的香港中学语文教材就是朱老师赠给系里的。

朱老师为别人做了很多，却从来不愿意麻烦别人。他离休后返聘系里讲课，我们觉得过意不去，要接送他，他每次都拒绝。在他手术后的第四天我和教研室的同事去医院看他，他仍很精神地历数着我们每个人的优点和对他的好处，勉励我们好好工作，好好生活。我最后一次去医院看他时，他身体已非常虚弱，在女儿的呼唤声中睁开了眼，见到我，他伸出了一只手，用力地说："一句话，别再来了！"说完，又闭上了眼。在生命的最后一段时间里，他还不忘关心别人，不忍浪费我们的时间。

朱老师把毕生的精力和心血都献给了他热爱的事业和学生，他应无愧无悔。作为他的学生和同事，我只有以更出色的工作成绩来告慰他的在天之灵。

在硕士研究生学位论文答辩会上，作者（前排左二）与朱绍禹先生（前排中）、佟士凡教授（前排右二）、李晓明副教授（前排右一）、宋祥教授（前排左一）等合影

作者系东北师范大学副教授。兼任中国教育学会语文教学法研究会学术委员。

忆朱绍禹先生

武玉鹏

朱绍禹先生离开我们已经整整四年了。四年来，他那清瘦的面庞、慈祥的笑容、笔挺的坐姿，都时时浮现在我的眼前。令我最难忘怀的，是朱先生一步步领我走上语文教育科研之路的那段经历。先生不但在事业上把我领进了一片新天地，而且也因此改变了我的人生与命运。

我大学毕业之初，是在一所中等师范学校里教书。开始登上讲台的时候，除了教学技能欠缺之外，教学中还常常有很多困惑的问题。怎么解决这些问题呢？我就把上学时所学的十二院校编的《中学语文教学法》教材拿出来重新学习。一边工作一边读这本教材，确实有了不少新的收获。但是也还有一些问题解决不了。在翻阅这本教材的编写说明时，了解到该教材的主要撰稿和统稿人是朱绍禹先生，于是，就萌生了给他写信请教问题的念头。冒昧地给朱先生寄出了第一封请教信，很快就收到了他的回信。信中除了解答我的问题之外，还热情地给我许多鼓励。就这样，我和朱先生有了书信来往，而且越来越多（可惜的是，后来几次搬家，这些信都弄丢了）。记得有一次，我在给先生的信中请教应该读哪些书时，先生给我推荐了三本书：一本是朱绍禹编著、中央电大出版社出版的《语文教育学》，一本是陈必祥主编、云南教育出版社出版的《中国现代语文教育发展史》，还有一本是朱作仁著、黑龙江人民出版社出版的《语文教学心理学》。当时经多方联系邮购，我只买到了前两本。读了这两本书，我的眼界一下子开阔多了，了解到搞语文教育研究还有这么多学问。于是，我的脑海里又闪现出一个新的想法：如果能到朱老师门下进修学习一段时间，该有多好啊！我把这一想法告诉朱先生，先生欣然应允。他马上与时任东北师大中文系语文教材教法教研室主任的于亚中先生协商，联系我到该校高师培训中心去进修。

1990年3月，我来到了仰慕已久的东北师范大学。在这里，我除了选修陈永芳老师的语文教学法和刘坤媛老师的美学理论等课程之外，还选修了朱先生给研究生开设的中外语文教育比较课。和我一起听朱先生讲课的，还有于亚中先生的研究生蔡淑华同学。每周周二的上午，我们俩便早早地来到中文系的语文教材教法教研室，为朱先生打好开水，等他来上课。在朱先生的课上，他总是会提出许许多多的问题要我们回答。我知道，这是先生在有意检测和训练我们的思考能力，因为先生非常重视一个科研工作者的思维能力。记得在这门课临近结束的时候，先生用两节课的时间专门给我们讲了如何从事语文教育科学研究的问题。在这次课上，他根据自己的研究体会，提出了锻炼思维能力的六条措施：（1）把自己的思考指向一个问题，反复地、持续地、连贯地思考。（2）把概括的思想具体化，把具体的思想概括化。（3）最好在思考问题时提出三方面的问题：是什么？怎么样？为什么？（4）从阅读和与他人的谈话交流中得到启发。（5）要特别注意语言的推敲。（6）具有能排除分散、干扰注意力的毅力。以上六条，是我从当年的听课笔记中抄录下来的。我觉得这六条是先生的经验之谈，对我们从事理论研究的人具有重要的指导意义。我本人常常按照这六条来要求自己，虽然做得很不够，但是从中获益不少。

一个学期的进修很快就结束了，我不但从朱先生身上学到了好多理论知识和科研的方法，而且深深为先生严谨治学、平易待人和真诚朴实的人格魅力所感染。

说到先生的人格，不由得让我想起另外一件事情。那是我在东北师大进修结束回到单位不久，好像是1990年8月，突然听说朱绍禹先生生病住院并且做了比较大的手术。突如其来的消息令我十分着急。我立即给蔡淑华写信了解先生的病情，并给她寄去40元钱，让她买点东西代我去看望朱老师。蔡淑华按我的嘱咐做了。不久，我就接到了朱先生的来信和给我邮寄的两株人参。在信中，他说刚刚做了胃切除手术，手术很成功，身体正在恢复之中。他感谢我委托蔡淑华去看望他。所寄人参是亲戚送他的，让我也补一补身体。在信中，他还详细介绍了人参的几种食用方法。那信，是一笔一画工工整整用毛笔小楷写的。这件事一直令我感动不已。我一直在想，作为老师的学生，当老师生病的时候，学生不能亲自前往探视，委托朋友去看看，这是再正常不过的事情，可是朱先生却如此看重这件事情，硬是坚守礼尚往来的古训，拖着病体给我回赠礼物。这是多么高尚的美德啊！

1991 年 4 月，即我从东北师大进修后不到 1 年，便调到甘肃省定西教育学院。在那里，我开始了语文教育学的教学和研究工作。这是我由一个语文教学的实践工作者向理论研究工作者角色转换的第一步。之所以能迈出这一步，和朱先生把我领进语文教育科研的这片天地不无关系。在定西教育学院工作的四年中，我在语文教育研究方面取得了一些初步的成绩，开始在《西北师大学报》和《甘肃教育》等刊物上发表语文教育研究的文章。事业上虽然有了一些起色，但是，20 世纪 90 年代前期的那段时间，正是我国部分省市地方财政比较困难的时期。我所在的甘肃省定西地区，教职工的工资往往要拖欠两三个月才能发到手。加之那个时候我们单位只培训在职中小学教师，不招收应届毕业生，因此学生很少，教师几乎无事可做。在这种情况下，身边的一些老师纷纷另谋出路，我也产生了再次调动工作的念头。在和朱先生的书信往来中，我向他流露了这一想法。有一天，朱先生突然给我来信，问我还想不想调动工作？他说他有个学生叫王雅萍，在山东省烟台师范学院工作，她那里正缺语文教学法老师，而他已经把我的情况给王雅萍谈了。如果我有意愿去那里工作，就和王雅萍直接联系，她会帮助我的。我真是喜出望外，很快就和王雅萍联系上了。而王雅萍老师真是一个热心肠的人，她为我的调动倾其全力。在她的帮助下，我很快就调到了烟台师范学院。这次调动，可以说是我人生路上的又一次重大转折，而促成这一转折的，又是朱绍禹先生。

一个人的一生中，或许总能遇到一些贵人。而在我的人生征途上遇到的最重要的贵人，无疑就是朱先生了。每每想起我从一个小县城里的中师语文教师一步步走到今天，我的内心就充满了对朱先生的感激之情。先生在世的时候，我曾写了《朱绍禹对我国当代语文教育的贡献》（见《烟台师范学院学报》2003 年第 2 期，《朱绍禹语文教育思想研究论集》，吉林人民出版社 2003 年第一版，第 346—362 页）一文，那是我对朱先生作为一个理论工作者的一点认识。今天所写的这些文字，则是为了表达我对先生深深的思念之情。先生于我的恩情，我将永远铭记在心。

作者系山东省鲁东大学教授。兼任中国高等教育学会语文教育专业委员会理事、全国语文学习科学专业委员会学术委员会委员。

中小学语文教育科研的播火者

——回忆导师朱绍禹先生

孙国兴

2011 年全国语文学习科学专业委员会赣州年会上，我获得“首届全国语文学习科学建设突出贡献奖”。激动和兴奋之际，我不由地一次又一次回忆起朱绍禹先生——是他引领我走上了语文教育科研之路，是他引领一大批中小学语文教育工作者走上语文学习科学的研究之路，他不愧是全国中小学语文教育科研的播火者。

记得那是 1999 年的春天，我承担了教育部“九五”规划课题的子课题“语文学习能力的培养”的研究，而对我这样初次做国家级课题的人来说，是多么渴望得到一位专家的指导呀！也就在此时，朱绍禹先生来到了石家庄。

我带着喜悦、敬慕与拘束来见朱老师。一见面，我的顾虑与拘束就烟消云散了，那是一位慈祥而清癯的老人，和蔼而严谨的学者。

我向朱老师汇报了我们课题的工作之后，就向朱老师请教起有关课题研究的问题来。朱老师认真地给我指导着，提升着我的思考。他那富有启迪的话，至今还在我的记忆里：

“备课按照教参归纳整理只是一种学习，不是教学研究。备课要成为研究的过程，不要成为模仿的过程。要通过分析、比较各种资料，得出个人的总结，个人的思考，这才是一种教学研究。”

“科学研究选题是进行研究的起点，像跑百米一样重要，起点错了，就越跑越错，选对了方向，就顺利。选题要有价值，要具体严谨。”

说到动情之处，朱老师还数着指头，说：“你写东西，既要重论辩，更要重实证；既要重结论，更要重过程；既要重演绎，更要重归纳。”他给我举了几个生动的例子。

我认真地听着朱老师的指导，如沐春风。朱老师又鼓励我说：“你作为一个中学校长，工作很忙，还拿出时间来搞语文科研，全国校长都要向你学习。”我不好意思地说自己在科研上还是个新兵，要好好向朱老师学习。朱老师说：“作为一个研究工作者，你要有兴趣，善观察，好思考，养成动笔积累的好习惯就一定能成功。”

朱老师的话，是长者的思考，是老师的教诲，更是专家的点拨与鼓励，我看到了他对语文科研事业的真诚，他点燃了我从事语文科研的火焰。从此，我坚定了带着我的团队走科研兴校之路的信心。

朱绍禹先生代表学会授予语文学习科学实验石家庄指导站“先进指导站”光荣称号。图为朱先生给孙国兴站长授牌时的合影

还记得2000年我们学会“九五”课题在广州中山市举行“语文学习方法指导模式”研讨会。会上来了很多中小学教师和校长，大家在一起听朱老师讲学，向朱老师请教科研的方法，表达要走科研兴校之路的心愿。我从会议交谈中了解到朱老师在“九五”课题研究期间，亲自到几十所中小学调研指导课题情况，鼓励大家坚持科研兴校。望着眼前这位年近八旬

的老人，想着他为了语文学习科学事业奔走大江南北的身影，我的心里涌动着一种激情。此时，朱老师把我叫到他的房间，语重心长地说：“国兴呀，这次会议来了这么多中小学校长和老师，我很高兴。我感到语文学习科学研究的根在中小学，不把这个根扎深，语文学习科学研究只在高校教学法课上研究，是一条脱离实际的路子。我们必须发动和培养一支中小学语文科研队伍，我们必须把语文科研深入到中小学的课堂！我们学会的出路，我们语文科研的出路在这里！”

我非常赞成朱老师的意见。我认为高校语文教学法如果离开了中小学这个基地，就成了无本之木。我从我当校长，在选聘教师的工作中，深深体会到了理论脱离实际给高校学生就业造成的危害。我大胆地陈述了我的看法。

这时，朱老师似是商量，更是胸有成竹地决策，他说：“那我们就成立一个机构，就成立一个全国语文学习科学专业委员会校长工作研究会，我任会长，你任副会长，再安排几个有热情有能力的副会长，我们一定要把语文学习科学研究服务到中小学，在中小学开花结果。”

很快，朱老师起草了校长工作研究会的章程，组建了校长工作研究会，开展了一系列工作。我们学会的实验学校，也由几十所发展到了全国各地一百多所。

高校语文教学法研究，语文学习科学研究，成为由高校专家和中小学老师紧密结合的研究，这在全国是一个首创，是朱老师点燃了中小学语文科研的熊熊烈火。

以后的日子里，朱老师带着我们语文学习科学研究团队，扎实稳健地走进“十五”科研天地，我从老师的身上，学会了怎样做人，怎样做事，怎样科研，怎样创业。

记得“十五”课题结题的时候，朱老师到石家庄十八中鉴定我的“创新作文学法指导与人的培养”课题，中间我忙着应付了一下日常工作，回来发现我的办公桌上有朱老师留下的一张借条，原来他在我的书架上查看我在读什么书时，发现了两本我正在读的美国教育理论中译本，就要借着读一读。几个月之后朱老师又给我寄了回来。一个誉满全国的语文教育大家，仍然以读书为乐，仍然在追求新知，这就是我们的朱老师。

记得有一次我写了一篇报告，准备到师大去给毕业生办讲座，题目叫《正确处理课堂教学中的十大关系》。为了稳妥，我把讲稿寄给了朱老师，请他斧正。几天后，朱老师亲笔给我写了回信，有激励，有指导，更有许多条建议。我读了回信，彻夜未眠，激动地修改讲稿。一位年过八旬的老师，像批小学生作文一样认真修改、圈点一个中学校长的讲稿，奖掖后生之情，洋溢纸笔。这就是我们的朱老师。

记得有一次和朱老师聊天时，知道他正在应教育部之邀，撰写《语文教育科研导引》一书，因为年事已高，坐着写腰疼难忍，时常趴在地板上写。我劝他注意休息，该推掉就推掉。朱老师说："推不掉呀，我只要写作起来就忘记了一切，趴着写作也很幸福嘛！"之后是爽朗的开怀大笑。他在告诉我：工作是幸福的。语文教育工作是他终生的事业，这就是我们的朱老师。

往事历历，岁月如歌。朱老师点燃了我从事语文学习科学研究的激情之火，教给了我科研的方法，我在朱老师科研兴校的理论观念的指导下，先后参与创办了两所河北省示范性高中。我们的学会，在朱老师理念的指引下，也正在发展壮大。

2012 年 9 月

作者系河北省石家庄市第 18 中学原校长，中学高级教师。兼任全国语文学习科学专业委员会第一届校长工作研究会副会长。

往事如丝常萦绕，情感似酒经年醇

——回忆敬爱的朱绍禹先生

王光龙

可敬可爱的朱绍禹先生于2008年5月9日走完了他87年的人生路程，离开了他热爱的为之研究和奉献一生的语文教育事业，离开了他眷恋的亲人、亲密的朋友和一大批熟悉的学生，驾鹤西天而去。曾经与朱先生有着密切过从和深厚情谊的每一位活着的人，都感到无限的悲伤和眷念。

朱先生去世的当月，我应《东北师范大学校报》之约写了一篇悼念的短文，算是寄托那时我对朱先生的哀思和追念，后收入《语文学习科学通讯》第22期的“纪念朱绍禹先生”专号里。今年是2012年，朱先生辞世已经四年有余了。四年来，与朱先生过从的往事和情景，常常浮现在脑际，记忆与思念的闸门不时被打开。看来，我是早该挤时间再写一点东西了！

从1980年10月参加中国教育学会语文教学法研究会成立大会第一次

作者（左）与朱绍禹先生（中）、王安琳同学（右）合影

见到朱先生到2008年朱先生去世，我认识朱先生有28年了。从参加东北师大语文教学法研讨班到朱先生去世，与朱先生的密切交往也有21年的历史了。长达20多年的交往，能够回忆的事情实在太多，这里只能拣相对重要的一部分写出来，以缅怀朱先生的教诲和恩德，同时也与各位同仁分享。

参加语文教学法研讨班学习的回忆

1980年10月，我作为山西师范学院（现山西师范大学）的代表参加了在河南开封市由河南师范大学（现为河南大学）承办的中国教育学会语文教学法研究会成立大会。在会上，我第一次见到了朱绍禹先生，聆听了他的讲话，深为他的渊博学识和特有气质所感佩。参加学会之后，在多次语文教学法讲习班和学术年会上（如1981年8月的大连讲习班，1982年4月的乐山学术年会，1984年12月的昆明学术年会，1985年8月的桂林讲习班等）聆听朱先生的报告，进一步了解了朱先生的深厚学养和坦荡为

在1987年下半年教育部委托东北师大中文系举办的第二期语文教学法硕士课程讲习班上，作者（左一）与朱绍禹先生（中）、于亚中教授（左二）、陈永芳教授（右二）、李承志同学（右一）在东北师大校门合影

人。1987 年 9—12 月，我有幸参加了教育部委托东北师大中文系开办的第二期语文教学法研讨班，成为朱先生的学生，开始与朱先生有了密切接触。

我赴东北师大参加语文教学法研讨班学习时已经 36 岁，大女儿也上小学三年级了。那时我虽然评了讲师，对开专业课有了点感觉，但对学科的研究还没有头绪。当知道开办研讨班的消息时，很是兴奋，就积极报名参加了。在近半年的学习时间里，朱先生先后给我们班讲了中学语文教学法和国外语文教育研究两门研究生必修课程。那年朱先生已经 65 岁了，腰部因伤痛不能久坐，需要使用一种可以插电的暖腰医疗器缚在腰间讲课，开讲前学员们就先帮他拉线插电。朱先生一讲就是一个上午。他讲课感情充沛，思维敏捷，声音洪亮而清晰，地道的东北口音富有节奏，逻辑严密的语言无可辩驳，眼光坚定、敏锐、诚恳而透着慈祥，几种习惯的手势不时交替运用，有演讲家的气派和风度。他的讲课具有一种磁铁般的吸引力，听他的课真是一种享受，感觉一上午的时间很快就过去了。两门课程的学习大大开阔了我学术研究的视野，使我学术探索的思维触觉在加深加长。

第二期语文教学法硕士课程讲习班师生合影

在朱先生的课上，他讲道：学生的语文学习问题，需要进行专门系统的研究，我们对这方面的研究还很不够。这一观点使我深受启发，萌生了今后研究语文学习问题的想法。从研讨班回来后，我一边搜集研究资料，一边分析目前研究的现状，准备构思编写一部关于语文学习的书。1991年，联系了我们研讨班的同学和山西省的几位同仁，经过一年的艰苦工作，编写出《语文学习方法学》，1993年初在山西高校联合出版社出版了。朱先生对编写这样一本书十分高兴，欣然为本书作序。在序中，他说《语文学习方法学》是“代表一门新学科的编著”。编写这样一本书，“的确是一项实实在在的具有开拓性的研究工作，是苦心经营、严肃探求的结晶”。朱先生的热情鼓励和高度评价给了我很大的力量，使我在此后20年的学术研究中一直关注和侧重于语文学习问题的研究，继《语文学习方法学》之后，又陆续出版了《语文学习方法的理论与实践》（2002）、《语文学习概论》（2003）、《语文学习素质培养探索》（2005）等3本语文学习研究方面的书。2006年，在先生的支持和鼓励下，我开始组织并主编了由10所高校同仁参加编写的“21世纪语文课程学习指导丛书”（12分册，300多万字），2013年开始由语文出版社陆续出版。

语文教学法研究会语文教育资料信息中心建设工作的回忆

1988年8月，全国语文教学法研究会在贵州省安顺市举行第二次会员代表大会。经过不同意见的争论，大家还是推举朱绍禹先生继续担任学会第二届理事会理事长。我那年37岁，但大会把我作为山西师范大学和山西省的代表，推举进入第二届理事会担任理事。山西师大陶本一校长被聘为第二届学术委员会第一副主任。由陶本一校长1977年、1978年创办的《语文教学通讯》杂志和《语文报》在20世纪80年代就已经蜚声海内。朱绍禹先生与于亚中先生还曾担任语文报社在东北地区的业务联系人。作为理事长的朱绍禹先生一直把学会的专业资料信息平台建设放在重要位置上。看到山西师范大学有这样的资源优势和人事条件，就想在山西师大建立一个学会的资料信息机构，为广大会员提供专业资料和信息服务。1993 年在南京举行第三次会员代表大会，我被推举担任第三届理事会常务理事。朱绍禹先生虽然退出理事会，改任学术委员会主任，但他仍提议在山西师大建立学会的语文教育资料信息中心，并提议由我兼任该中心的主任。

在陶本一校长的支持下，学会的语文教育资料信息中心设在山西师大图书馆的教育资料中心，设专柜摆放学会的资料。我聘请该教育资料中心主任段其胜老师和中文系的武永明老师担任中心副主任，一起商量中心的管理和发展工作。中心的主要工作是利用山西师大教育信息中心的资料收集语文教育资料和报刊信息，分期编印资料目录与索引寄发给会员。会员需要查阅中心的资料，由中心免费复印和邮寄。作为学术委员会主任的朱绍禹先生十分关心中心的建设，他号召学会会员为中心捐献资料，凡会员出版的学术著作都请给中心捐赠 1—2 册。在朱先生的号召下，中心陆续收到会员的语文教育专业书籍 50 多册。后来随着电子信息技术的发展，纸质资料逐渐被快捷方便的电子信息所替代，那种靠复印邮寄资料的传统方式逐步失去了它的存在价值。会员对中心的需求逐步减少了，语文教育资料信息中心也因此结束了它的历史使命。在山西师大成立课程与教学研究所之后，学会的资料便转到研究所资料室存放。虽然语文教育资料信息中心没有能够如朱先生预期的那样发挥很大作用，我作为中心主任也没能尽职尽责做好工作，实在有愧朱先生的期望，但朱先生为学会资料建设所付出的心血却使我终生难忘。这也应该记入语文教学法研究会建设与发展的史册。

语文教学法研究会 15 周年纪念文集编辑工作的回忆

全国语文教学法研究会自 1980 年 10 月成立，到 1995 年 10 月就满 15 个年头了。学会对于推动我国语文教学法学科的建设和专业研究队伍的建设所起到的作用是具有重大历史意义的。作为两届理事会理事长的朱绍禹先生对学会作用的认识自然更深一些，对学会的感情自然也更深一些。为了总结学会发展的历史经验，教育后来的专业继承者，朱先生提议编写一本纪念文集。1994 年下半年，朱先生就开始酝酿筹备这一工作。出于对我的信任，朱先生要我根据他的设想，编拟出文集的内容框架，并有计划地征集文稿，搜集材料，约请语文教育界的名人题词。我当时担任山西师大中文系主任，事务工作比较繁忙，但还是根据朱先生的指示，一件一件地落实，紧张工作了有半年之久。到 1995 年 4 月初，前期筹备工作基本完成了。

1995 年 4 月下旬，朱绍禹先生、于亚中先生、周庆元教授和东北师大出版社的谢又荣编辑一行四人专程来到山西师大，举行第一次编写会议。在编写会议上，我做了前期工作的汇报，与会同志具体讨论了文集的内容细节和工作进度等。因为不少事情需要与第三届理事长阎立钦先生商量，所以编写会议的后半段就转移到设在首都师范大学的学会秘书处举行。我又随几位先生一起到北京参加完第一次编写会议。同年 6 月底，在长春召开第二次编写会议，我因系里工作忙没能参加。1996 年 2 月，由朱绍禹先生担任编委会主任的《进取的十五年——中国教育学会语文教学法研究会

作者（右）与朱绍禹先生在山西吉县壶口瀑布合影

成立十五周年纪念》一书在东北师范大学出版社出版。由朱先生审订的书的《前言》中写道："王光龙同志先后几次草拟和修订本书的内容框架，同时做了大量的征文和搜集、整理材料的工作，后又由他主持的山西师范大学中文系资助我们在该校召开第一次编写会议，给参编者提供了优越的工作和生活条件，使本书得以初具雏形。"

在临汾会议期间，我负责会议的生活接待工作。离开临汾之前，我特地带几位先生游览了位于山西省吉县著名的黄河壶口瀑布。吉县的两位副县长都是我们的校友，他们盛情接待了我们。游壶口瀑布那天，下着小雨，天空雾蒙蒙的。春季 4 月，黄河的水势不算大，但距离壶口一公里外就听到了那轰隆隆的河水声。壶口处水流落差 40 多米，走到近前，只见水汽腾空，气势磅礴，十分壮观。细雨一直不停地下着，朱先生沿着河边走了两三个来回，仍流连忘返，不愿离去，显然被这壮美的瀑布景色所吸引。我对朱先生说，贵州黄果树瀑布与这里相比怎么样啊？他笑着说，虽

2001 年 4 月，在山西师大举行的教育部规划课题研究成果鉴定会上，课题组部分成员（后排）与鉴定组专家（前排）合影。前排：中央教科所研究员卓晴君组长（中）、朱绍禹先生（右二）、山西省教育厅教研室温彭年主任（左二）、山西师大武海顺副校长（左一）、山西大学林明榕教授（右一）。后排：作者（右三）

然黄果树瀑布的幅度比这里宽，但其气势远不如这里。一个呈现的是南方瀑布优悠秀丽的美，一个呈现的是北方瀑布浩荡壮丽的美，各有各的特点。他接着感叹说，壶口瀑布真不愧是中国河川形象的代表，中国版图地理的标志！那天，朱先生的游览兴致很高，大家的心情也都十分愉快。

朱绍禹先生指导“九五”规划课题实验的回忆

1997 年 2 月，我申报的“语文学习方法的理论研究与实践指导”课题被批准为全国教育科学“九五”规划教育部规划课题。课题组依托全国语文学习科学专业委员会在 16 个省的 120 多所中小学开展课题实验。朱先生亲笔为“全国语文学习科学实验学校”题写了校牌，“实验学校”四个字遒劲有力，端庄厚重。课题组聘请朱先生担任学术顾问，许多问题都向他请教。这年朱先生已快 75 周岁了，但他对课题研究工作十分投入，常年深入到中小学第一线进行指导，足迹踏遍了北国南疆。每到一所实验学校，他就为实验学校挂牌、题词，指导开题，作专题报告，听实验课，与师生座谈，甚至指导实验教师修改文章。第一线的教师都感到朱先生平易近人，丝毫没有大教授、大学者的架子，而是一位学识渊博却和蔼可亲的老人。经过五年艰苦的课题实验，“九五”课题研究胜利结题。以中央教育科学研究所老所长卓晴君研究员为组长的专家鉴定组对课题研究成果予以高度评价，《中国教育报》《教育研究》《中学语文教学》《语文教学通讯》《山西师大学报》等多家报刊予以报道。由我主编、朱先生审订的“九五”课题代表性研究成果《语文学习方法的理论与实践》也由中国文史出版社 2002 年出版了，朱先生欣然为本书作序。他在序中对本书的研究成果给予充分肯定，对本书的作者给予热情鼓励。

朱绍禹先生指导“十五”规划课题实验的回忆

2002 年 6 月，我申报的“语文学习素质培养与人的发展研究”课题被批准为全国教育科学“十五”规划教育部规划课题。课题组仍然依托全国语文学习科学专业委员会在 15 个省、市、自治区的 110 多所中小学开展课题实验。课题组再次聘请朱先生担任学术顾问。那年朱先生已经 80 岁高龄了，但精神依然很好，思维依然十分敏捷，说话依然铿锵有力，走路登高依然步履轻健，看不出他的真实年龄。他对担任课题组顾问依然很高兴地接受了，并依然以满腔的热情投入到课题指导工作中。山西省蒲县是一个山区小县，有我们学会的两所课题实验学校。2007 年 11 月 4—5 日，朱先生到山西临汾市参加山西师大研究生论文答辩。6—7 日又接受山西蒲县实验学校的邀请去做课题指导。从临汾市坐汽车到蒲县需要四五个小时的路程，气候已经降到零下 4—5 度。当时临汾地区刚下过两场雪，盘山公路上积雪路滑，我们劝他老人家不要去了，但他说既然已经答应了人家就一定要去。于是请山西师大张德斌老师陪同前往。汽车在艰难中行走到下午两点多才到蒲县。第二天，朱先生不顾前一天乘车的疲劳，上下午共作了两场报告，每场报告都长达近三个小时。这深深感动了每一个听他报告的山区语文教师。“累并快乐着”，是这时朱先生指导课题实验工作的真实写照。

广西壮族自治区是我们“十五”课题的一个重点实验区，在广西师大黄麟生、陈玉秋两位教授的组织指导下，每个地区都建立有实验学校。“十五”期间，朱先生多次去广西给实验学校作指导，有的学校去过两三次，与那里的校长和部分实验教师都熟悉了。那里的山山水水留下了朱先生 80 岁之后的一行行足迹，也留下了朱先生深入教学第一线的光辉业绩，留下了他老人家与山区中小学教师的深厚情谊。像朱先生这样，目光远大，胸怀事业，淡泊名利，服务基层，生命不息，工作不止的教育家，现在还有多少？！

2005 年 4 月，由我主编、朱先生审订的“十五”课题代表性研究成果《语文学习素质培养探索》一书由群言出版社出版了，朱先生特地为本书作了序。在序中，他对我们学会之前连续出版三本文集（包括河北教育出版社出版的《教育教学论坛·语文学习学科研究论集》第一辑、第二辑和文史出版社出版的《语文学习方法的理论与实践》）予以充分肯定，对课题研究的意义和成果作出科学评价，对教学模式和语文学习素质培养模式问题做了重点论述。

两次朱绍禹先生学术思想研讨会的回忆

在朱先生弟子们的热心倡议下，由中国教育学会语文教学法研究会、全国语文学习科学专业委员会等单位发起，全国 18 个学术团体、高等院校、研究机构和出版单位共同举办的“第一届朱绍禹语文教育思想研讨会”于 1999 年 7 月 26—29 日在长春召开。来自全国各地的代表 100 多人出席了会议。据统计，致贺的单位达 40 多家，致贺的个人有近 80 人。会议收到研讨文章 20 多篇。我提交会议的研讨文章是《略论朱绍禹的语文学习思想》，后来发表在《上海师范大学学报》（哲学社会科学）2000 年第 3 期上。朱先生在会上做了题为《与书结伴慰生平》的发言，十分感人。会后由佟士凡先生主编了《朱绍禹语文教育思想研究论集》，2000 年 12 月在东北师范大学出版社出版。

2002 年是个特别的年份，这一年的 10 月 10 日是顾黄初先生的七十寿

2002 年 12 月在朱绍禹先生 80 寿辰宴会上，作者（中）与朱先生、吴老师合影

辰，12 月 13 日是朱绍禹先生的八十寿辰，于是语文教育界的同仁提议要为两位先生祝寿，同时举行语文教育思想研讨会。在语文教学法研究会常务理事会议上，我提议由语文教学法研究会和语文学习科学专业委员会两家联合为两位先生专门定制祝寿的和研讨会的两种纪念瓷盘，得到大家的赞赏。福建省德化县是我国三大古瓷都之一。会后我即联系了我会教育部规划课题在德化县实验区的总负责人、福建省德化县教师进修学校校长，由他具体负责瓷盘制作事宜。两位先生对这一创意尤感兴趣。朱先生考虑到瓷器易碎，嘱咐我最好每种瓷盘都制成双份。我按照朱先生的嘱咐，两种瓷盘都制作了双份。顾先生嘱咐我瓷盘的设计图案他要亲自过目。按照顾先生的嘱咐，我先让我学习美术设计专业的女儿王婧设计出图案初稿，再以邮件形式发送给扬州大学的徐林祥老师，徐老师再请顾先生在电脑上审阅，提出修改意见，这样反复修改了三次才定稿。两位先生都制作一个研讨会的纪念瓷盘，一个祝寿的瓷盘，两人四种双份合计八个瓷盘。纪念瓷盘在这年 9 月份制作完成，由厂家直接寄给了两位先生，两位先生及其家属都很满意。在“第二届朱绍禹语文教育思想研讨会”上，由曹洪顺、佟士凡、张中原和我四位弟子分别敬献了两个纪念瓷盘。

2002 年 10 月 10 日，也就是在举办“顾黄初语文教育思想研讨会”的当天下午，语文教学法研究会常务理事会议在扬州大学召开，专题讨论 12 月在长春举办“第二届朱绍禹语文教育思想研讨会”的有关事宜。大家一致认为朱先生的研讨会应该举办，但会议需要一大笔经费，筹措经费确有困难。看到这一情况，我在会上自荐负责研讨会经费的筹措工作，于是会

议决定第二届研讨会如期举办。会后，我根据朱先生提供的和我掌握的与他联系密切的出版社、杂志社、学校等单位名单，通过电话联系具体负责人，积极设法筹措会议经费，在不到两个月的时间里筹集到六万多元。这笔经费保证了第二次研讨会议的必要开支，还在吉林人民出版社出版了《朱绍禹语文教育思想研究论集》一书。朱先生有两次当面对我的筹款工作表示谢意，我表示作为学生这是应该做的。这次会议规模比第一次还大，主办和协办单位有 33 家，来自全国各地的 130 多位代表出席了研讨会。会议收到贺信、贺电、贺联 90 多件，收到研讨论文 26 篇。我为会议提交了《略论朱绍禹的语文教育科学研究思想》，后来发表在《上海师范大学学报》（哲学社会科学）2003 年第 1 期上。

朱绍禹先生最后几个月的片段回忆

2008 年春节，我打电话给先生拜年，问好，他说他将应邀去北京参加洪宗礼先生主编的一套书的发行仪式。听他说话，能感觉到老人家心情依然很好，声音依然热情、爽朗。大概是 3 月下旬，我有事打电话到先生家里，连着几天都没有人接。后来辗转才知道先生因病住院了，心里就猛地一震，那么硬朗的身体怎么会住院的呢？之后几次电话问询，大概知道病情还是比较重的，就想去长春看望他老人家。但先生坚持不让来，通过他女儿朱迎丹的手机短信回复我，说“知你要来，你很繁忙，此意我已领会，切勿成行”。我又再次通过朱迎丹向先生表达我的愿望，几个女儿也

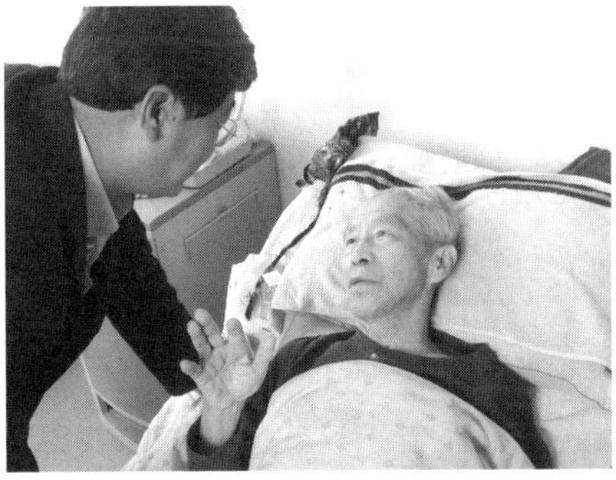

作者（左）在病床前与朱绍禹先生交谈

劝说他，先生终于同意我去看望了。我在电话里告诉了王松泉和王相文两位我的行程，他们也于 4 月 26 日与我先后到达长春，佟士凡、张文颖、毓明笠、宋祥几位学友接待了我们。27 日上午我们一起去医院看望了先生。先生面容已经消瘦很多，体力明显不支，说话声音也微弱了，但精神还不错，看到我们很是高兴。他勉力与我们一一交谈，中间累了就休息一会儿接着说，先后持续大约一小时左右。28 号上午我们再次去医院看望先生，也是向先生告别，准备下午返回了。这次先生对我说了比较长的话，嘱咐我要团结大家，一起把学会工作做好。还嘱咐我要注意眼睛的休息，不要过于疲劳，等等。先生已在重病中，还在关心学会的工作，关心我的眼睛疲劳，这使我十分感动！王松泉学兄抢拍了我在先生病床前与先生交谈的镜头，成为我与先生最后的一次合影。

就在我们离开长春的第 11 天 5 月 9 号，先生因医治无效与世长辞了。噩耗传来，大家感到十分悲痛。得知 5 月 13 号将举行遗体告别仪式，我 5 月 12 号上午上完课，匆匆吃过午饭就打车从下沙校区赶到杭州萧山机场，准备飞往长春去参加第二天举行的朱先生遗体告别仪式。下午两点多钟，也就是汶川大地震刚过的时刻，机场旅客纷纷焦急地打电话询问地震情况，询问航班是否延误。还好飞往长春的航班准时起飞了，下午五点多赶到了长春。第二天，我参加了朱绍禹先生遗体告别仪式。告别仪式是十分隆重的，东北师大的领导和教师 300 多人参加了，外地 10 多位同志也赶来参加了。看到先生静静地安卧在鲜花丛中，脸型十分消瘦，两眼合闭着像睡着了一样。朱先生就这样走了，我们再也见不到他了，一时悲从心中涌来，眼泪不由得滚滚而下。

编印《语文学习科学通讯·纪念朱绍禹先生专号》的回忆

参加朱先生遗体告别仪式后回到杭州，一连几天心里都不能平静下来，朱先生的形象不时浮现在脑际，朱先生的声音不时回响在耳际。我向多位朋友通报了朱先生遗体告别仪式的情况，大家都感慨不已，互相叙说着与先生交往的往事，感谢先生对自己的帮助和提携，对先生的去世感到十分悲痛。

鉴于当时大家都有对朱先生表达悼念的意愿，我便想赶编一期全国语文学习科学专业委员会的内刊《语文学习科学通讯》专号，给同仁和会员提供一个表达悼念的平台，以此来悼念朱绍禹先生。在得到学会其他领导支持后，我便开始草拟和寄发征稿通知，收集和编辑文稿，排版和印刷会刊专号。虽然我的眼睛患疲劳症已经比较严重了，但我仍然不分昼夜，加紧工作，几乎是一个人承担了编辑这期专号的全部工作。经过两个多月的紧张工作，“纪念朱绍禹先生”专号于8月20号编印出版了。本期专号计收文50多篇，10多万字，印制了1500册。在专号前面的《编者的话》里，我代表内刊编委会写道：

敬爱的朱绍禹先生，曾担任我会第一、二届理事会理事长和第二届学术委员会主任，为我会的建设和发展作出了巨大的贡献。朱先生的逝世是我们学会的重大损失，也是我国语文学习科学事业的重大损失。为了学习先生的学术思想，发扬先生的学术精神，缅怀先生的光辉业绩，继承先生的未竟之志，为我国的语文学习科学事业作出更大贡献，我刊编委会在朱先生辞世不久，即决定编发《语文学习科学通讯》的“纪念朱绍禹先生”专号，以这种形式寄托我们的哀思，深切怀念敬爱的朱绍禹先生。

在两个多月的时间里，我们征集到学会内外同仁的纪念文章51篇，其中包括纪念诗歌5篇和纪念对联1组。大家从不同的角度和侧面缅怀了朱先生对我国语文教育事业的杰出贡献，尤其是追叙了朱先生最后10多年对我国语文学习科学事业倾心工作的事迹和精神。在不长的篇幅中，作者们更多的是追思了先生对自己学业的帮助和支持，追述了与朱先生的交往和交流，抒发了与朱先生的师生深情。一段段故事，一幕幕情景，感人肺腑，催人奋进，一代语文教育家的高大形象耸然矗立在我们心中。朱先生的三个女儿也应约写了追念父亲的文章，其中一篇是专向大家介绍父亲患病住院情况，对大家的关心和帮助表示感谢的。

这50多篇文章所追述的虽然是朱先生一生生活的部分片段，但它确是朱先生学术生活的真实写照，是活在人们心中的朱先生的人格形象。哲人驾鹤西天去，留得后学慕晚霞！人格形象的感召魅力是无穷的，通过编印这本小小的纪念文集，愿各位会员读者能够以朱先生为楷模，把自己的青春和智慧献给伟大时代的语文学习科学事业！

专号寄发给同仁和会员后，得到大家的高度评价，认为是做了一件及时的悼念朱先生的大好事。

朱绍禹先生学会建设思想对我们的启示

1995年8月，全国语文学习科学专业委员会在成都市的四川省委党校成立了。朱先生虽然没有参加会议，但被大家一致推选为理事长。卫灿金、马文光、黄沧海、林惠生和我五人被推选为副理事长。我推荐卫灿金先生兼任了秘书长。1999年8月，学会在河北承德市举行第二次会员代表大会。大会推举朱先生继续担任学会理事长。卫灿金先生因为学校工作忙，提出辞去秘书长一职，朱先生说，你忙就让光龙兼秘书长吧。我当时因为各种原因不想接任，向朱先生解释推托了有一个小时。后来朱先生生气了，他说，如果你不接秘书长，那我这个理事长也辞职，咱二代会不开了，学会解散！看到先生真生气了，我就只好说，那我先干一届再说吧，就这样在没有任何思想准备的情况下接任了秘书长。

2002 年 6 月在重庆年会上，朱先生又提名我担任学会的常务副理事长，仍兼任学会秘书长。从 1999 年开始，我配合理事长朱先生做学会工作有 8 年之久，在朱先生的亲切关怀和具体指导下，我的各方面能力得到明显提高。每次年会的活动主题、活动内容、活动形式、活动日程安排等，事先我都提出初步设想，然后报请朱先生考虑。朱先生站得高，看得远，思想周密，每每提出我思考不周的地方，使得历次年会都开得比较成功。由于我有条件直接聆听朱先生的教诲，有条件经常与先生交流学会的工作，所以对先生的学会建设思想有比较深刻的认识。

作为学会第一、二届理事会理事长的朱绍禹先生，在学会的办会宗旨、学术研究、组织建设和会风建设等方面都形成了他自己的学会建设思想。在他担任理事长的 12 年中，曾经多次强调学会要坚持学术性、科学性和服务性。所谓坚持学术性，就是要排除社会不良风气的影响，一心一意搞研究，不能把学会办成追名逐利的机构；所谓坚持科学性，就是坚持学术研究是一种严谨的科学研究活动，不能允许伪科学的或庸俗的东西存在；所谓坚持服务性，就是学术研究要为社会服务，为基础教育服务，为广大的中小学语文教师服务。在他多年的倡导下，学会形成了“崇尚学术，讲究科学，开拓创新，服务社会”的良好会风。有了这种良好的会风，17 年来学会不断发展壮大，形成了高校教师、语文教研工作者和中小学语文教师三结合的具有一定规模的会员队伍。有了这种良好的会风，学会连续承担了全国教育科学“九五”“十五”“十一五”三项教育部规划课题的实验研究任务，取得了丰硕的研究成果，赢得了良好的社会声誉。朱先生的学会建设思想是一笔宝贵的精神财富，也是今后学会工作的指导方针。朱先生是我们学会建设和我国语文学习学科建设的重要奠基人，他的英名将永载史册。

2011 年 11 月，全国语文学习科学专业委员会在江西赣州举行第四次会员代表大会。第三届理事会为对语文学习科学建设作出突出贡献的 21

位退休会员在江西景德镇专门定制了纪念奖盘。在大会上，理事会为获奖者颁发了纪念奖盘和荣誉证书。朱绍禹等五位先生获得“全国语文学习科学建设终身成就奖”。朱先生的颁奖词是：

朱绍禹，1922年12月生，吉林省永吉县人。东北师范大学教授、硕士生导师，我国当代语文教育理论家，语文课程与教学论学科重要奠基人。曾兼任教育部中小学教材审定委员会委员，中国高教学会语文教育专业委员会第一、二届理事会理事长，第三届学术委员会主任，中国高教学会学习科学研究分会语文学习科学专业委员会第一、二届理事会理事长、第二届学术委员会主任。1986—1988年受国家教委的委托，主持三期语文教学法研讨班，培养和造就了一大批语文教育研究的专家和学者。全国语文教育界于1999年和2002年举行了两次“朱绍禹语文教育思想研讨会”。著有《中学语文教育概说》《中学语文教学法》《语文教育科研导引》《朱绍禹文存》，主编《国外语文教育资料》《九国语文教育资料》《语文教育学》《美日苏语文教学》《语文教育文存·外国语文教育》《中学语文教材概观》《中外母语课程教材比较研究》《语文学科研究动向》《中学语文课程与教学论》等18部著作和教材，发表《中小学语文教学研究的现状、课题和发展》等论文百余篇。晚年致力于语文学习科学事业的建设和发展，足迹遍及大江南北的数十所语文学习科学实验学校，热情指导语文学习科学课题的实验，为我国的语文学习科学事业作出了重大贡献。

朱先生年过六旬的长女朱大雁老师与丈夫一起到会领奖，并在会上发表了感人至深的答谢词。我想，这面迟到的奖盘，如果朱先生泉下有知，也会感到欣慰的。

继承朱绍禹先生留给我们的宝贵精神财富

从 1999 年在承德举行全国语文学习科学专业委员会第二次会员代表大会到 2007 年举行第三次会员代表大会，中间隔了八年没有换届。原因之一是学会正连续承担全国教育科学“九五”“十五”两项教育部规划课题的实验任务，工作十分繁忙；原因之二是朱先生是学会的一面学术旗帜，且身体十分健康，我们都想让朱先生继续担任理事长，不一定要履行换届程序了。但自 2006 年以来，朱先生就一再向我谈起，由于自己年事已高，不宜再担任学会理事长了，要求换届改选。2007 年春节期间，朱先生在电话里又一次提起要辞去理事长的事，我还是找出很多理由极力劝他继续担任，说我可以协助他做好各项工作的。但老人家在电话里几乎发了火，说你不要再劝了，我决心已定，今年一定要换届改选，你来考虑组建下一届理事会，我还可以留在学术委员会里，有什么大事我还可以帮你嘛！鉴于先生这一十分坚决的意愿，学会于 2007 年 7 月在江苏南通市召开了“三代会”的预备会议，同年 11 月 23—26 日，在杭州市举行了第三次会员代表大会。朱先生在大会上对我的学术水平、管理能力和为人处世等方面作了很高的评价，提议由我担任学会第三届理事会理事长。他的提议得到了与会代表的一致赞成。朱先生也被第三届理事会聘请出任第二届学术委员会主任。这时，朱先生已经近 86 周岁了。学会完成了换届工作，朱先生感觉如释重担，心情显得十分高兴，会后应邀到绍兴做了一次愉快的旅游。

我们都没有想到，在杭州会议召开的几个月后，我们敬爱的朱绍禹先生竟因病医治无效与世长辞了。他的辞世无疑是我国语文教育和学习事业的一大损失，使我们失去了一位德高望重的学界大师。朱先生走了，但他的崇高精神却留给了我们，留给了我们事业一代又一代的后继者。这是一笔宝贵的精神财富。在我国语文教育和学习事业不断向前发展的道路上，朱绍禹先生的崇高精神将永远是我们前行的不灭灯塔！

作者系杭州师范大学教授。兼任中国高等教育学会学习科学研究分会副理事长及学术委员会常务副主任；全国语文学习科学专业委员会第一届理事会副理事长，第二届理事会常务副理事长及秘书长，第三、四届理事会理事长；中国高等教育学会语文教育专业委员会常务理事。

深切悼念朱绍禹先生

王光龙

朱绍禹先生是继叶圣陶、吕叔湘、张志公先生之后我国语文教育界的又一位著名语文教育理论家，是我国当代语文教育理论研究的一代宗师和一面旗帜。20世纪80年代以来，尤其是近10多年来，他把学术研究的主要精力投向了我国的语文学习科学研究领域，并为此作出了突出贡献。这种贡献的深远意义，将随着我国语文学习科学事业的不断发展而日益显现出来。

在朱绍禹先生离我们而去的时候，回顾他在担任全国语文学习科学专业委员会第一、二届理事长和第二届学术委员会主任期间，为我国的语文学习科学事业所作出的突出贡献，以此来缅怀先生的光辉业绩，寄托我们后辈对他的哀思。

1995年8月，全国语文学习科学专业委员会在四川成都市成立了，与会代表一致推举朱绍禹先生担任学会的第一届理事长。这时朱先生已经74岁高龄了，但他“老骥伏枥，志在千里；烈士暮年，壮心不已”，毅然同意担任一个新成立的全国学会的理事长。这从一个方面体现了作为一代语文教育家对语文教育事业的深厚感情，体现了他为人民的语文教育事业愿意奉献一生的雄心壮志。在以朱绍禹先生为理事长的理事会的正确领导下，学会会员先后发展到680多人，遍布30个省、市、自治区。学会下面成立了阅读学习研究中心、写作学习研究中心、口语交际学习研究中心、语文学习心理研究中心、实验学校校长工作委员会等机构，有计划地开展语文学习科学的研究活动。特别要提到的是，本学会连续承担了全国教育科学“九五”“十五”两项规划课题的实验工作，在全国10多个省、市、自治区的100多所中小学开展了较大规模的语文学习科学实验，并取得了丰硕的研究成果，为我国的语文学习科学事业作出了应有的贡献。

在开展两项国家课题实验的10年时间里，朱先生作为两个课题组的顾问，对课题研究工作倾注了大量的心血，付出了超出自己体力所能承受的辛苦劳动。参加本学会的大都是中小学语文教师。他们搞科研的要求都很强烈，但科研能力需要培养，科研的方法需要指导。朱先生将会员的培训工作放在重要位置。为了培训中小学语文教师，在每一届学术年会上，他都认真准备为会员作一个学术报告。他的学术报告既有深刻的学术理论性，又能够深入浅出密切联系语文学习科学研究的实际，深得与会代表的欢迎。同时，他还鼓励学会其他高校专家也为年会准备学术报告，一起推进会员的培训工作。

指导实验学校的实验教师做课题实验，培养和提高教师的科研能力，是朱先生10多年来付出最多的工作之一。他先后深入到黑龙江省、吉林省、辽宁省、河北省、山西省、河南省、重庆市、广东省、广西壮族自治区、福建省、浙江省、江苏省等10多个省、市、自治区的数十所实验学校，足迹踏遍了大江南北。每到一所实验学校，他就安排听课、评课，或指导实验报告、论文的写作，或做讲座、与实验教师和学生座谈，为实验学校或校园刊物题字等，日程排得很满。他希望把自己的语文教育思想和语文学习思想播撒在师生的心田，能够开花、结果，为语文教育事业的发展贡献自己的力量。2001年春天，朱绍禹先生带领一个专家组赴河南省南阳市的新野县、镇平县、西峡县的9所实验学校进行课题成果鉴定工作。那时的乡镇道路不好走，坐在一辆吉普车上行路十分颠簸。而鉴定的时间表又安排得十分紧，几乎一天要鉴定两所学校。我们年轻同志一天工作下来都有点吃不消了，但已经79岁高龄的朱先生仍然精神振奋，坚持不调整鉴定时间表，坚持参加全程的鉴定工作，不接受特殊的照顾。每想起那次鉴定工作紧张的几个昼夜，每想起朱先生那种视工作为生命的工作精神，我都十分感动。朱先生不仅是我的授业老师，也是我做工作和做人的老师。他虽然已经去了，但他的精神却永远鼓舞着我们奋力前行。

2001 年 2 月，由教育部师范教育司组织编写，作为“全国中小学教师继续教育专业必修课教材”的《语文教育科研导引》一书由东北师大出版社出版了，这是先生晚年在一个新的研究领域的研究成果。从事语文教育专业的高校教师学习这本书获得很多教益，第一线的中小学语文教师更把它看作语文教育科研的必读书。这本字数不算多的著作，为我学会课题实验学校的教师及时提供了指导教材。朱先生把其中一些章节的内容拿出来，为实验教师作了许多次讲座或报告，培训了上千名语文教师。朱先生虽然走了，但他的这本指导书仍然导引着无数的中小学语文教师，继续加入语文教育科研的行列，从一个方面推动我国语文教育事业的发展。

在主持学会理事会工作期间，朱先生一直把学会的会风建设作为一件大事。他在许多次理事会或学术年会上，都强调学会的学术性问题。他认为，我们学会是一个群众性的学术研究组织，学术性是我们学会的灵魂和生命线。他坚决反对将学会引向非学术的倾向，反对借学会名义从事其他性质的活动。在朱先生的倡导下，我们学会逐步形成了“崇尚学术，讲究科学，开拓创新，服务社会”的良好会风。10 多年来，我们学会始终坚持了这一会风，排除一切社会干扰，一心一意搞科研，群策群力谋发展，不断取得语文学习科学研究的新成果。朱先生对我国语文学习科学事业的突出贡献，我们是不会忘记的，将永载史册！

谁也没有想到，一直健康的朱先生于 2008 年 3 月中旬得病住院了，且病情日趋严重。4 月 26 日，我从杭州赶去看望他老人家。在病榻上，他没有多谈病情，只说病发突然，疼痛难忍。虽然体质已经很虚弱，但他谈得更多的还是学会发展的事，表示还有一些工作待病好了要抓紧完成。他哪里知道，病魔正在迅速地侵蚀着他的肌体！ 5 月 9 日 14 时，先生的心脏停止了跳动。5 月 13 日，东北师大为先生举行了隆重的最高规格的告别仪式。我于 5 月 12 日晚上赶到长春，第二天上午与数百名先生的亲友、同事和学生一起参加了这一悲痛的仪式。在告别仪式上，学校领导对先生的一生给予了很高的评价。

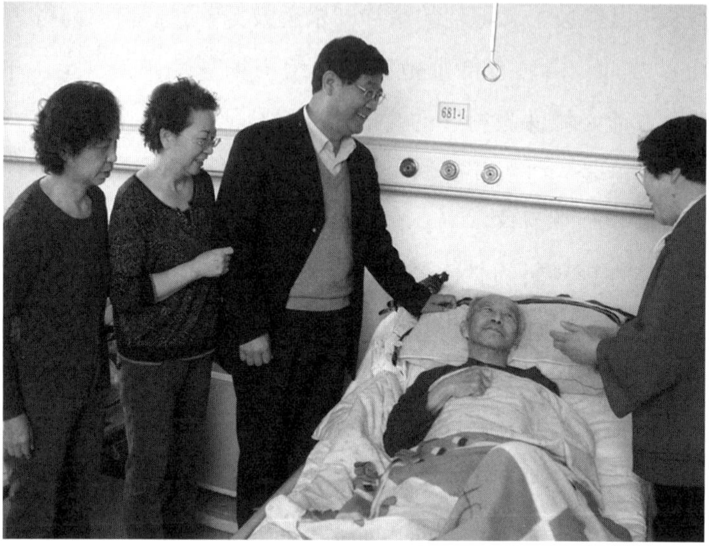

2008 年 4 月 27 日，作者（中）与王安琳教授（左）等专程看望病中的朱绍禹先生

教坛星陨先生一人驾鹤西天去，学界雨泣弟子三千遥拜动地哀！听到先生辞世的消息，大江南北各地的学会会员和中小学语文教师无不感到万分悲痛。先生走得实在是太突然了，我们真是难以接受这一现实。先生走了，走过了他 87 年的光辉路程。在我们深切悼念先生的时候，一定要化悲痛为力量，继承先生的遗志，沿着先生开创的语文学习科学研究之路继续前进，完成先生的未竟事业，以告慰先生的在天之灵！

（本文曾发表于《东北师大校报》2008 年 5 月 22 日第 1119 期）

不朽的学术精神

——痛悼朱绍禹先生

曹明海

那天，收到王光龙教授发来的一个短信：朱老师病危。我一时有点懵了，随即回复追问：是哪位朱老师？当时，我委实不敢相信是朱绍禹先生。因为不久前在杭州召开的全国语文学习科学专业委员会第三次会员代表大会暨2007年学术年会上，朱绍禹先生那充满激情的讲话还响在耳边，那富有智慧的报告给我们全体会员代表以深刻的学术启示。然而，没过几天，王光龙教授的电话即传来令人沉痛的消息：朱绍禹先生还是走了……

在语文教育界都熟知，朱绍禹先生几十年来始终以他那特有的学术个性与品格，持守着自己独立的学术思考，探索在语文课程与教学改革的前沿，对语文教学研究中人们很少发现和感受到的潜流独具慧眼。他在语文教育研究中力图创新，吁求超越，弘扬学术个性意识，拓展语文教育研究的空间，求索语文教育新的内质的美，具有独特的语文教育理想和学术追求，并为之一生殚精竭虑，辛勤劳作。特别是他的语文教育研究融汇时代潮流与历史轨迹于教学实践，无论是语文教育理论的形而上思辨，还是语文教育实践的形而下探索，都无不致力开拓语文教育研究的新境域。他感应时代的脉搏，觅踪于教学轨迹，探索于教学义理，体察教学生命的本色与奥秘，也坦诚不饰地披露对语文教育现实的内心感怀，公开自我学术人格，将研究的视角探入社会和教育的各个层面，多角度、多方位地审视语文课程与教学改革的底蕴，开拓语文教育研究的多层性空间。朱绍禹先生一生的语文教育研究，可以说表现出两个鲜明的特征：一是主体情感和学术意识的回归与充实，以自己真切的研究心声和赤裸裸的学术灵魂感应广大语文教育研究者和语文教师，闪耀着研究生命和学术心灵的光辉；二是在学术风范与追求上，表现出不拘囚于固有模式的创新姿态，摒弃俗套而走学术创新、弘扬学术个性之路。他打破那种隐蔽学术心灵和内心情感的自我封闭模式，注重主体意识的坦诚流泻、率直诚恳地呈现自己的研究心态，吐我之情，言我之志，以自己独特的学术个性和姿容，敏锐的研究视角与方式，揭示语文教育的真义，传达语文教学的智慧，透视语文课程改革的底蕴，诠释语文教育的各种现象和语文课程发展的规律。

朱绍禹先生虽然走了，但他的学术精神依然在我们的心中跃动。其中滚动奔涌的富有冲击力的学术体验流，具有直逼人心的感召力和穿透力。他认识到存在的有限，关注学术灵魂的深省和反思，注重研究的体悟和学术的剖析，摒弃鄙俗和平庸。面对语文教育实际，直面各种不同的研究状态，朱绍禹先生总是以其独特的学术创造精神拓开语文教育研究的新思路，使语文教育研究成为学术生命情致的具体写照。可以说他是用学术心灵和生命的冲动激情探索语文教育的本真问题。在暴晒语文教育现实昭示语文教学真义的一面，他的一系列研究专著和学术论文往往是最富有理思的诠释。无论在哪个课题的探索中都融注了引人透视教学深层的阐释和哲思——从语文教育的现象中感悟出抽象的理念，在主体心灵和情感的潜流里透射着理性的光华，显现了独特的学术品位和理思品格。我们清楚地看到，朱绍禹先生的每一部语文教育研究著作和每一篇语文课程研究论文，无不是庄严的学术拷问和灵魂搏斗，是激情的宣泄，心灵的唤醒，生命的超越，是细密的诠释与深刻的哲理的高度统一。朱绍禹先生的学术精神，是他留给我们的一笔宝贵财富。在语文教育研究的道路上，我们应当大力弘扬这种学术精神，开拓学术创新之路。特别是当前的语文教育研究，显现出理思贫乏、心态闭锁、视角狭小，缺乏开放意识、阔大胸怀和鲜活气息的弱势，我们必须大力弘扬朱绍禹先生的学术精神，只有这样，在急剧的社会变革与激荡的历史潮流中，我们才能使语文教育研究与时俱进，燃起灿烂的希望，展现灿烂的前景。

朱绍禹先生走了，但他的学术精神不朽！

2007 年 7 月在南通市举办的全国语文学习科学专业委员会第三次会员代表大会预备会议上，学会部分领导与朱绍禹先生合影。从左依次是：李丽教授、黄麟生教授、陶本一先生、朱绍禹先生、曹明海教授、王光龙教授、陈玉秋教授、刘永康教授、欧阳芬教授

作者系山东师范大学教授、博士生导师。兼任中国高等教育学会学术委员会副主任，全国语文学习科学专业委员会第三届理事会副理事长、学术委员会主任，中国高等教育学会语文教育专业委员会常务理事。

师恩浩荡　永志难忘

张中原

一

1986年春，国家教委委托东北师大举办的全国第一个语文教学法研讨班（也称研究生课程进修班）开班了。这个班后来被大家称为“黄埔一期”，多少有一点自豪的意味。负责这个班培训工作的导师是朱绍禹先生。我作为南京师大的一名助教，有幸被录取，成为朱先生的入籍学生，是很有些激动的。当我肩扛着被褥行李出了长春火车站，面对着银装素裹的北国之春时，兴奋之情油然而生。在第二天上午的开班典礼上，我发现来自全国各地的27名同学中绝大多数此前都没有见过朱先生，而我是见过朱先生的。这不，朱先生已亲切地招呼我了：“中原哪，行李都取回来了？”哈，朱先生还记得我，内心便有了几分受宠若惊的得意。其时，距离我第一次见到朱先生，已经有八年的时间了。

那是1978年冬，朱先生为了了解国内中学语文教学的现状和高师院校语文教学法学科的恢复和建设状况，决定南下到多个省市作调研考察。那年的11月28日，先生从武汉乘江轮到了南京。先生到来的消息是陈光仪先生告诉我的。

当时，我们南京师大中文系教研室主任是于满川先生，二号当家的或者说做具体工作的是陈光仪先生。陈先生是四川宜宾人，1955年从西南师大毕业分配到南京师院中文系，跟于先生当助教。于先生还做过中文系副主任。我来读书时，陈先生是我的班主任。二位先生都上过教学法课，还一起带我到南京二中实习。我之所以能留校并分到教学法教研室，无疑与二位先生的错爱有关。朱先生到来的那天上午，陈先生找到我，说朱绍禹先生来了，白天在南师附中听课、座谈，晚上于先生设家宴招待，让我也去，陪朱先生喝杯酒，因为于、陈二位先生都不喝酒。其实，我心里明白，陪酒是次要的，二位先生是想给我一个拜见朱先生的好机会。陈先生善良、细心、严谨，对学生真如慈母一般。然后，她又和我说了好长时间的话。通过谈话我才知道，原来朱、于二位先生是老朋友，也是老乡（朱先生是吉林省永吉县人，于先生是吉林省辉南县人）。他们都是新中国高师院校第一批从事语文教学法教学和研究的前辈名人。这辈名人还有北师大的叶苍岑、华东师大的谭惟瀚、湖南师大的张隆华、湖北大学的罗大同等先生。最后，陈先生还嘱咐我一定要多看前辈们的论著。

傍晚，于先生亲自到南京师大门口迎候。一会儿，朱先生从附中回来了。我们一起走到校门对面巷子里于先生的家。我用崇敬的目光不时地注视朱先生。朱先生当时 50 多岁，身材高挑偏瘦，虽一路奔波略显疲惫，但仍神采奕奕，温和的目光中透出深邃，声音洪亮，语言极富感性色彩，还不时做出一些手势，这与于先生的颔首微笑、慢条斯理正好显出两种风格。谈话的内容多与朱先生此行调研考察的主题有关，言谈中透露出二位先生对当时语文教学现状和高师院校语文教学法学科发展的深深忧虑。朱先生那晚的兴致很高，多次夸菜好吃。当然了，于师母是重庆人，做得一手好菜，同时也是南京市鼓楼区第一中心小学的优秀教师呢。饭后喝茶聊天，近 10 点才告辞。朱先生于 12 月 2 日坐火车往上海继续调研工作。

第一次见朱先生，就为先生的思想、风采和人格魅力所折服，为他不辞辛苦、千里调研考察的强烈的事业心所震撼。

二

进修班的学习生活是紧张而充实的。除东北师大的于亚中、陈永芳先生给我们上课外，朱先生给我们上课最多。还请了沈阳师院的赵北柯先生、华东师大的谭惟翰先生、杭州大学的朱作仁先生、扬州大学的顾黄初先生、包头师专的韩雪屏大姐（既是班上学员又兼讲师）以及东北师大教育系的金和德、李树森等先生给我们授课，系统地充实和提高我们的专业基础知识。课程学习以外，朱先生还十分重视培养我们的科研能力。朱先生告诉我们，多年来他就有编一部《语文教育辞典》的愿望，并且已经准备了很多资料，拟定了几百个词条，设计了编写体例和每个词条的写作规范，还联系并邀请了国内高校、中学、刊物、出版社和科研院所的上百位同行朋友参与编写。由于这是一项填补空白的工程，多家出版社闻风而动，纷纷表示要出这部工具书。朱先生建议我们全班同学都参与到这项科研工作中去。具体任务有两个：一是在朱先生已有词条的基础上，广泛阅读，搜集资料，以发现、增补新的词条，使“辞典”的词条更完备；二是根据个人的兴趣和特长，认领或多或少的词条，以朱先生写好的词条释文为样板，去查找、分析、归纳资料，然后写出具有科学性、知识性和实践指导性的词条释文。我们的班长是湖南师大的周庆元，科研班长是浙江绍兴文理学院的王松泉，生活班长是新疆师大的范世济，临时党支部书记是山东烟台师院的曹洪顺。在他们的精心组织下，全班分成了几个小组，再把任务落实到个人。于是，在课后的时间里，我们的身影便不断出现在师大图书馆和中文系、教育系的资料室里。过两三天，就利用晚上的时间，在宿舍里开小组会议，交流研讨有关资料和写作问题。我们这个班的同学，年龄差距很大，基础、水平不一，朱先生在引导我们进行系统理论学习的同时，又指导我们进行科研实践，而且是编写“辞典”这样的工具书的实践，结果自然是我们全班同学的理论水平和科研能力都有了显著的提高。当后来我们手捧着朱先生给我们寄来的沉甸甸的《语文教育辞典》，在有关词条下面看到自己的名字时，心中不由地涌起对朱先生的感激之情。

我写的是语文单元教学系列的条目，共有 151 个词条。记得朱先生提示我，单元教学的由来，他在一个日本学者的书里看到，是美国 20 世纪 20 年代一个叫英里森的教授进行试验并有理论研究的。和大多数同学一样，词条的写作都是在进修班结束以后，回家又忙乎了一阵子才完成的。

朱先生还把他搜集的一大沓资料交给我，让我编出了《1898—1949 年语文教科书条目一览》，收有 76 种语文教科书目录，作为附录编入《语文教育辞典》。因了写词条的缘故，我去本校图书馆查找关于美国英里森的书。多亏了图书馆的老师们，他们在满是灰尘的阁楼上居然找到了那本英文原版书，还是本校金陵女大时期的书，我竟然是它的第一个读者。厚厚的一本，书名翻译成中文是《中学教学实践》，未见有中译本。这一重要资料是我写语文单元教学词条不可或缺的内容，真敬佩朱先生学识的渊博，若不是他的提醒，我怎能知道有其人其书！当时，国内有人在论著中说“单元教学”概念不是外来的，而是国产货。为了厘清事实，我与本校外文系朋友沈浩老师协作（以我的英文水平啃那本原版理论著作还是有困难的），写了一篇《英里森单元教学法述评》，被我的高中语文老师沈彦（其时已是盐城师专学报编辑）拿去发表在《盐城师专学报》上，人大复印资料《中小学教育》1988 年第 1 期全文复印了该文。这又得感谢朱先生，否则哪有此篇小文。

也是在进修班学习期间，我偶然想到，国内还没有一本指导高师院校中文系学生实习的教材，而这种针对性强的指导书是很实用的，我们为什么不能编写一本呢？这个想法得到了朱先生的充分肯定和热切鼓励。于是，我找同班的北师大阎苹、华南师大陈建伟、广东教院林志荣一起商量。我们四人一拍即合，并就编写内容等问题做了初步研究。回校后一年多，我着手筹划编写这本书，把编写人员扩大到有师大、师院、师专和教院的 13 位同仁，并在南京和扬州先后召开编写会议。其间，朱先生多次给我寄来由他本人译自日文的有关资料，蝇头小楷，密密麻麻，扶持之心，令我终生难忘。1991 年 2 月，江苏教育出版社出版了我们的《语文教育实习》一书。因其使用反映良好，1993 年又重印。高等教育出版社的郑惠坚先生看到了这本书，很感兴趣，希望我们在原有基础上花些功夫，重新编写一本，由高教社给予编写经费的支持。1994 年 10 月，经朱绍禹、顾黄初二位先生审订，高教社出版了我们的高等师范院校教学用书《语文教育实习指导》。

三

进修班结业后的20多年来，朱先生对我们这些学生一直厚爱有加，关心我们的成长和发展。

1993年是我国语文学科独立设科90周年。为了纪念这个日子，中国教育学会语文教学法专业委员会决定召开一次学术年会，同时召开专业委员会的代表大会，进行理事会的换届选举工作。这样一次重要的会议，作为理事长的朱先生最后认可，同意由我们南京师范大学承办。这无疑也是朱先生对我的信任，因为其时于先生已去世，陈光仪先生也年高体弱，会议的筹备事务自然由我负责。为了不辜负先生的期望，我着实动了一番脑筋，从本校、江苏教育出版社和南通的一个民营企业争取到了一些资金，使会议开出了一番新气象。到企业拉赞助，大概就是从这次会议开始的。这一做法受到朱先生和与会同仁们的肯定和赞赏。因理事长一职只能连任两届，在这次会议上，朱先生被推选为名誉理事长，阎立钦先生被选为新一届理事长。我也承蒙错爱，忝列为常务理事。

在朱绍禹先生第二次语文教育思想研讨会上，作者（右）与王光龙教授（左）给朱先生（中）敬献纪念瓷盘

20多年中，因为学术活动的机会，几乎是每年，最多隔两年，就能见

到朱先生。每次见面，我们都要向先生请教一些问题。先生总是给我们许多指点和教导。先生不是那种学究式的老古板，而是一位开朗、大气、充满幽默感的人，可亲而又可爱。记得先生不止一次地当众笑言：“中原是我最不听话的学生。”我则马上一本正经地站起来表态道：“以后一定听话。”师生逗趣，其乐融融。

而今，先生已归道山四载，先生的音容笑貌却时常浮现在我的脑海。写此小文，未敢对先生的学术、人品、道德文章置一评说之语，也非我所能为也。只记下与先生相处、得先生耳提面命的几件往事，谨表师恩浩荡、永志难忘之心情。

2012 年 6 月

作者系江苏省南京师范大学副教授。兼任中国高等教育学会语文教育专业委员会常务理事、副秘书长，全国语文学习科学专业委员会第一届学术委员会副主任、学术顾问。

老而弥坚　风范长存

——深切缅怀朱绍禹先生

潘纪平

逝者如斯，弹指挥间。转眼朱先生已仙逝四个年头了。其间，光龙兄多次邀约写一篇纪念文章，我总以“言不逮义”、工作太忙而推辞。话虽如此，心中的重压非但没有减轻，反而愈加沉重，难以释怀。朱先生那爽朗的笑声、和蔼的面容、笔直的身姿在头脑中挥之不去。记得 2008 年 5 月 9 日下午，先后接到松泉、光龙的短信，告知先生仙逝的消息，心中的震惊，无以言表。之后，多次与松泉联系撰写纪念文章之事，最早在《中学语文》第七、八期合刊开辟了纪念朱先生的专栏。专栏刊登了王松泉、曹洪顺的两篇纪念文章，并配发朱先生的遗作《与书结伴慰平生》一文。我也写了一首小诗忝列专栏：“驾鹤西游魂梦牵，杏坛执教六十年。辛勤栽培育桃李，笃志求真耕砚田。语文宏业中流柱，伟绩丰功越前贤。学风师德高标举，望云遥祭诵遗篇。”然而，一首小诗又怎能表达我对先生的绵绵思念？

记得最早认识朱先生是读他编写的书。1981 年，我当时在大学读 3 年级，用的教材就是我国第一部统编中学语文教学法教材，只知朱先生是四位统稿人之一，是语文教学法这门学科的权威。第一次见到朱先生是 1983 年烟台语文教学法培训班上。朱先生讲的内容已记不太清，但先生那声若洪钟略带东北口音的普通话给我留下了很深的印象。1984 年，我在拜读了朱先生的《中学语文教育概论》后，对朱先生有了进一步的认识。之前，所用教材大都是集体编撰，包括叶苍岑先生编写的《中学语文教学通论》。

这类教材内容形式、语言风格因多人参编很难做到统一，尤其是对相关概念的表述不够简洁、严谨。而朱先生这部专著体例结构严谨，语言表达精练，对许多有争议的问题，都能鲜明地表达自己的独到见解，给人以启发。1985 年，我因工作需要，从教研室调到中学语文杂志社。这一时期，朱先生受邀担任《中学语文》的顾问，我则几进几出，有时以教学为主，有时又以编辑杂志为主，与先生联系较少。1997 年 10 月，《中学语文》召开语文素质教育教学艺术演示报告会，朱先生发来贺电以示祝贺。记得有一次，因教学上的问题我电话求教先生，谈了我对建立语文学科体系的一些看法，他说："语文学科有许多问题争论不休，很重要的一个原因就是缺乏科学的概念系统，而科学的概念系统是建立一门学科首先应考虑的问题。"听了先生的宏论，我顺便说了一句，您能否就这一问题写篇文章？话虽这样一说，但我没有指望能获得先生的大作，因为先生毕竟是近八旬的年纪了。谁知不到一个月的时间，就收到先生惠赐的大作《语文学科概念辨析》一文。这篇文章虽然不长，但高屋建瓴、剥茧抽丝，对语文学科的几组概念辨析相当精准、到位。这也成为我教学必用的材料之一，并在以后编写教材、撰写论著中多次引用。

世纪之交，《中学语文》举办了多次大型语文名师教学演示会。1998 年大连会议上，我介绍了《中学语文》组织活动的情况，并谈了我的一些想法，大意是语文教学论的教师要争得基础教育的发言权就不能脱离教学实践之类老生常谈的话。不料，发言受到朱先生的肯定，他说："教学理论不能脱离实践，教学理论还要能够指导实践，这是辩证的关系。这个问题说起来容易，做起来很困难。"他还亲切询问了《中学语文》许多相关问题，并告诫我说，编辑杂志可以掌握第一手材料，但最好能承担部分教学工作，两者可以相辅相成、相得益彰。朱先生的一番语重心长的话给我以极大的鼓励，并对我今后的教学与研究产生了深远的影响。20 余年来，我一直兼任教学与编辑工作，虽然忙一些，但我并没有看成是负担，而是一种责任。从这以后，我经常通过电话与先生联系，汇报思想、邀约稿件。1999 年 7 月，我有幸参加在长春举行的朱绍禹语文教育思想研讨会。那些来自天南海北的朱先生的朋友、同事、学生聚集在一起，无论是“黄埔”一期的，还是“黄埔”三期的；无论是古稀之年的教授，还是刚刚步入讲台的新兵，他们那种发自肺腑的尊敬和热爱使我感动。这次会议上，我对朱先生的人格魅力有了更加深入的认识，尤其是朱先生充满感情的发言更使我震撼。后来，朱先生在发言的基础上，整理成《与书结伴慰生平》一文。这也是前面小诗里所指的“遗篇”。这篇用散文笔调写成自传性的感言，内容深邃、严谨，语言朴实、洗练，既是先生人生旅程的写照，也是对人生旅程的总结与反思。先生豁达的人生态度、执着的科研精神、开放的学术视野、辩证的哲学思维、谦和的待人原则，这些概括性的表述都生动鲜活起来。这次会议还有一个收获就是先生接受了邀请，参加《中学语文》杂志社举办的语文教改实验名师演示报告会。之后，先生寄来了用蝇头小楷写满的三张稿纸，每一张稿纸均为一个专题讲课提纲，让我们挑选哪一个专题更为适合。一位名声显赫、德高望重的学界泰斗，这种虚怀若谷、严谨认真的态度，令编辑部同仁感动不已。金秋十月，朱先生如期而至。在坐得满满的礼堂里，先生的演讲赢得近三千名教师的满堂喝彩。记得当时先生坚持站着讲课，声音洪亮、语调铿锵、逻辑严密、思路敏捷，即使坐在礼堂后排也能听得清清楚楚，很难相信这样的演讲出自一位年近八旬的老人。会议结束后，我陪同朱先生以及夫人游览了东湖磨山，一同前往的还有北京的顾德希、武汉的胡明道、荆州的余映潮等名师。在东湖磨山与朱先生及诸位名师的合影，至今我还保存着，因为这里有我对先生的美好回忆。最令我感动的是在送朱先生返回长春之时，先生从皮箱里拿出一盒红景天保健胶囊、一只墨绿的玉手镯，笑着说：“这红景天有益智养心、增阳补肾的功效，你这个年纪特别要注意身体健康了。这个手镯送你夫人，这次没见到她，你代我交给她。”当时，我激动得不知说什么好，有一种诚惶诚恐之感。晚辈何德何能，竟得到先生如此关爱。后来，才听人说起，先生一生中最怕麻烦别人，可能他觉得这段时间给我添了麻烦。我想这也许是先生的为人之道吧。从这以后，我与先生的联系更多了，好像有一种默契。每次开会时、电话联系时，一听到先生睿智、诙谐的北方语调就有一种亲切感、愉悦感。此后，又收到先生寄来的多部专著。这些专著大都是 70 岁以后写成的，这也印证了先生古稀之年写的一首自勉小诗："岁月蹉跎，来日无多；何以自慰？读书写作。"这些专著中许多精辟的论述，都成为我教学与研究的重要参考文献与精神食粮。

2000 年，《中学语文》复刊 20 周年，先生应邀寄来了"具有知识性、实效性、前瞻性特色的《中学语文》，当会受到更多读者的喜爱"的题词。看着先生构架均衡、笔力雄健、筋骨挺拔的题词，我内心充满了一种敬佩与感激之情。2002 年，我撰写了《语文教育新论》一书，想请先生作序，怀着一种不安的心情，打电话征询先生的意见。"大编辑也写书啦，好啊！"我还没有回过神来，电话那头传来一阵朗朗的笑声。不到一个月，先生就寄来了热情洋溢的序言，让我心中充满了暖意。先生在序言中说："本书作者走上工作岗位之初，即在湖北大学任教，后又在从教的同时，编辑语文教育刊物 10 余年。这期间，他审读了无以数计的语文教育论文和资料，这就为他积累了异常丰富的信息，提供了取之不竭的思考之源。本书之成，盖有自焉。涓涓细流，来日正长，我们看到的只是他初步阶段的结晶，我们期待着他更多的成果问世。"这里有激励、有鞭策、更有期许。2005 年，我的另一部专著《语文审美教育概论》出版，同年，由我主持的一个教研项目获湖北省政府颁发的高等师范院校教学成果一等奖。这些成果与朱先生的鼓励与支持是分不开的。

2004 年初春，朱先生邀我参加由他主编的《中学语文课程论》一书的撰写，并寄来了详细的编写计划。在 7 月连云港召开的编审会议上，先生又广泛征求编写者的意见，还在会议上读了外聘专家对编写体例的审读意见，并再次提出自己对体例修改的看法。先生这种对工作精益求精、一丝不苟的态度深深感染了每一位参加会议的人。会后，大家游览了连云港的花果山。花果山虽不算陡峭，但路途曲折绵长，就连年轻人攀登上去也不是件轻松的事情，而朱先生谈笑风生，一鼓作气登上山顶，令许多气喘吁吁爬上山顶的年轻人汗颜。站在云雾缭绕的山顶，眺望远处的大海，微风拂过，精神特爽，使人产生"恍疑身世出尘寰"之感。望着先生的身影，我甚至联想到那只神通广大、无所不能、充满激情的神猴。

最后一次与先生联系是2007年11月。为纪念《中学语文》创刊50周年，我再次请先生惠赐墨宝，先生爽快地答应了。过了不久，即寄来了“满足读者，创新刊物”充满希冀的题词。怎么也想不到，不过半年的时间，先生就驾鹤西行，飘然而去。

“人生苦短”是人们对生命的一种敬畏，对人生短暂的一种慨叹。不同的人对生命有不同的理解，并有着不同的价值取向。朱先生用他充实、丰富、多彩的生命历程诠释了他对生命价值的理解。在朱先生的漫漫人生旅程中，他把生命的价值发挥到了极致，活出了精彩、活出了品位、活出了质量，体现了他积极向上的人生态度。朱先生从1948年开始教书，直到去世前两个月还在上课，执教生涯长达60载。他在学科建设、人才培养、教学科研等方面为语文教育作出了杰出的、超出了前人的贡献。尤其是他在70岁离职以后，更是老当益壮，成果不断，显示了坚韧的意志力和超强的生命力。正如他在《与书结伴慰生平》一文中所言：“有人一旦提上高级职称，科研的生命也就结束了，而有些人即使是退休了却仍然锲

作者（左）与朱绍禹先生合影

而不舍，一部部地写下去。这中间的区别，就在于自身有无坚持研究的意志。不管是谁，有了科研的意志，也就有了科研的目标。而有科研的目标，就会朝着这个目标走去。”他用自己的行动履行了自己的诺言，为后学树立了标杆。“有的人活着，他已经死了；有的人死了，他还活着”。朱先生虽然离开了我们，但他的精神永远活在我们心中。

作者系湖北大学教授、《中学语文》杂志总编。兼任全国语文学习科学专业委员会第三届理事会副理事长、中国高等教育学会语文教育专业委员会常务理事。

像朱先生那样热爱生活

潘茂生

2005年8月底，我突然接到了一包邮件，打开一看，原来是朱绍禹先生送给我的字幅：

在校勤恳治学　居家仍思公务　为茂生校长居室题　朱绍禹　乙酉年仲秋。

还附有一封信：“呈上字幅一张，倘觉看得过去，不妨置于室内。我写此字幅是表达对你的敬意和亲切感。朱绍禹8月20日。”

我敬仰朱先生，但从来不敢向先生索要墨宝，事先没有一点暗示，突如其来的惊喜让我激动不已。这张字幅是先生自己的真实写照，是激励我们晚辈的座右铭。每当看到这张字幅，朱先生的音容笑貌如在眼前。

2003年秋天，全国语文学习素质培养模式研讨会在桂林举行，我们第一次参加学会活动，也第一次见到了朱先生。10月26日晚，我们约朱先生一起喝茶，素不相识，冒昧烦扰，他却爽快如约。席间，他耐心地倾听我们用夹有浓重壮语的普通话交谈，听我们说壮族风俗，说家乡山水，说学校的教学。这一次相识，使我们觉得他和蔼可亲，睿智热情。后来连续参加了黑河、西安的学术年会，见面次数多了，彼此熟识了，交谈就很随意。

2005年12月，全国教育科学“十五”规划课题广西实验学校子课题成果鉴定会陆续进行。朱先生对广西实验学校特别关心。24日，朱先生在王光龙教授陪同下来到武鸣，第二天立即出席语文课题成果鉴定及学术报告会。那天早晨，我到先生下榻的酒店看望他老人家：“昨晚您睡得好吗？”“不好，几乎睡不着。”实话实说。看到他憔悴的面容，我很内疚，打算让他白天好好休息，不用参加会议了。可是，到开会的时候，只见他端端正正地坐在主席台上，并且声音洪亮地给大会作学术报告。看到他神采奕奕，谁也想不到这是一位84岁高龄的老人，昨天从祖国的北疆飞到南疆，旅途劳顿；昨晚又忍受失眠的折磨，身体疲倦。

与会的700多名教师，不远千里，聚集在壮乡武鸣。他们来自广西各地，有桂东的贺州，有桂西的百色，有中越边境的龙州凭祥。他们怀着强烈的愿望，目睹当代语文教育家的风采，聆听先生对语文教育的真知灼见。先生铿锵激越的声音在礼堂里回荡，震撼着各族教师的心弦，满足了大家的心愿。

12月26日，从武鸣坐车前往百色。时值冬季，地里的木薯叶已经脱落，一望无际的田地里只剩下挺立的一排排齐人高的银灰色的木薯树干。我们告诉先生这木薯全身都是宝，并停下车随手拔起一棵木薯，根部长着五六根半米长、手臂般粗的块茎。听说这是制造酒精、饼干、糖果的原料，朱先生高兴得合不拢嘴，招呼大家在木薯地里合影留念。

2007年11月学会年会在浙江杭州召开。一天吃早餐的时候，见到朱先生只身一人来到餐厅，我们赶忙上前搀扶，以防地板打滑摔倒。朱先生笑着支开大家：“路走不动还来开会干吗？”于是自己去打早点，动作干脆利索，决然没有高龄老者手脚颤抖、行动迟缓的迹象。这次会议，先生给我们回顾了学会创立发展的艰难历程，展望繁荣兴旺的美好前景。与会人员踌躇满怀，决心承前启后，将学会的事业进一步发扬光大。谁知杭州一晤，竟成永别。导师西去，令人心痛！

生命有多种形态，有的人活着追名逐利，蝇营狗苟；有的人活着饱食终日，无所事事；有的人活到老，学到老，以奉献社会为快乐。朱先生以他先进的学术思想昭示我们，以高尚的人格魅力吸引我们，以积极的人生态度影响我们。在先生面前，我们不敢敷衍了事，不敢苟且偷生。

我们喜欢参加每一届的学术年会，把它当作交流教学经验、结识四海朋友的机会。每一次年会，听先生的报告是一种美妙的享受。他每一次讲话，都有新的见解，给人豁然开朗的启迪。而更令人高兴的是，每到实验学校老师上展示课、学校代表汇报课题进展和成果时，朱先生总是准时到场，并且全神贯注地倾听。先生的举动告诉我们，做学问必须认真细致，不能作秀走过场。

朱先生常说，任何学科都有它自身的规律，语文学习也是一门学科，也有规律可循，遵循规律，才能提高效率。朴素的话语拨开语文学习的迷雾，指引我们去发现问题，研究问题，破解难题。

建设一批实验学校，用课题研究凝聚各地老师的智慧和力量，让广大教师分享课题研究的成果，这是先生的创意，也是学会惠及成千上万师生的功德。作为偏远少数民族地区学校的教师，我们是学会活动的真正受益者。

课题研究使我们见多识广。课题实验将我们与全国语文学习专业委员会紧密地联系在一起，从 2003 秋的桂林年会开始，我们一次不落，全程参加了学会的每一次学术活动，聆听朱绍禹先生、王光龙先生、黄麟生先生、陈玉秋先生等众多专家学者的报告，观摩高水平的教学展示课，学习兄弟学校的成功经验。参加每一次活动，就是享受一次学术大餐、文化大餐，学术年会就是我们的节日！

课题研究使我们从必然王国走向自由王国。我们研读了朱绍禹先生等名家撰写的语文教学论著，研读了语文课程标准，读了教育哲学。我们认识到，语文教学是一门学科，它有自身的规律，这些规律体现在教师、学生、文本、生活的关系上。语文教学只有将这些要素结合为有机的整体，才能在正确的道路上大步前进。

通过实验研究，我们构建了多种教学模式，灵活运用多种教学方法。其中有教材教学模式、名著教学模式、校本课程开设模式、语文实践指导模式、高考指导复习模式。

2004 年高考，武鸣高中在广西综合排名中列第七位，其中语文学科平均分为第八名；2005 年高考，各批次上线人数又比上年增加，语文学科平均分为 112 分。自那时候起，学校教育质量年年攀升。

开展课题研究提高了学校的综合实力。武鸣高中是一所县级高中，由于坚定不移地走科研兴校的发展道路，学校的硬件、软件建设均衡发展，跻身广西首批20所示范高中的行列，办学经验在全区得到推广。学校连年被广西教育厅评为全区基础教育科研兴校先进单位。

武鸣高中的成功示范带动了周边学校，广西希望高中、武鸣中学也加入了课题实验学校的行列，以教学科研促进课程改革，学校实力不断提升。

教育是世世代代的事业，做人是一辈子的事情。虽然人生有长短，贡献有差异，但我们要像朱先生那样热爱生活，严谨治学，扎实做事，活出精彩的人生。

作者系广西壮族自治区南宁市武鸣高中校长。兼任全国语文学习科学专业委员会学术委员。

纪念朱绍禹先生

钱家珍

先生走了！此前，我没有去探病；此后，也没有去吊丧。我为此而自愧，也为此而自慰。愧的是：与先生相识二十几年，多蒙教诲，却没能为之送别；慰的是：没有视其病榻的苦痛，没有见其凝固的遗容，故此，先生在我的印象中将永远是举止儒雅、谈吐风趣、笑意充盈而生动鲜活的。这印象使我只能感受到其中盎然的生机，而实在不能据此想象出与死亡的联系。就像头脑中植入了一株深秋的枫树，你只能在回忆中被那火红的色彩所温暖，而全然不会去咂摸那其实也自在的一份生命趋向衰败的苍凉，所以，我认定朱先生在我的心中是永生的。正因执此一念，当收到王光龙老师发给我老人静卧花丛的遗容之照时，我几乎未待定睛，便迅速将其删去了：我不想它与我头脑中的那棵枫树有代替或交替的关系！

记得第一次见到朱先生是在我读大学时，他受我的老师赵北柯之邀来给我们讲学。讲些什么，已很模糊，只有一个为人平易谦和、为师颇善言传的感觉保留至今。记得那次课后他与同学们小议片刻，匆匆之中回答了我一个问题，是什么，也忘了。只记得他仰着脸盯着我，目光逐渐变得严肃起来，像在凝神思考。十几年后我到长春开会，赵北柯老师托交一信给他，信中提到了我，好像有拜托关照之意。故此，他在谈笑间给了我许多鼓励，并提到初次见到我的深刻印象，还开玩笑地说他对我“须仰视才见”，于是我顿悟：当年他目光中所谓的严肃思考原来只是对我个头大的惊诧。这也使我再次明确：自己之所以常给人以较深的印象，其原因仅出于身高出类，而绝非才智拔萃。因此，偶被自己所仰慕之人青睐时，也就对这青睐不自觉地敬而远之了。

然而对朱先生，我却似乎没能“远之”起来。因为我是一个在学术上甘于平庸的人，对朱先生的学术思想和学科建树了解不深，所以在他面前也就没有面对学术权威的那份虔诚和惶恐。倒是他善良慈爱、热情谦和的为人风格拉近了我与他的心理距离，只觉得他是一个平易得可以随便与之聊点什么，甚至开个玩笑的慈祥长者。

作者（右）与朱绍禹先生（中）在长春年会上

1996年暑期在长春举行的全国语文学习科学专业委员会年会上，他匆匆地上台，在简短而充满热情的讲话之后，又突然说：“这几天我一直在跑医院，陪我一生的老伴就要离我而去了，我从医院里赶来，她已经不行了……”他的声音沙哑而哽咽，这才使我发现他形神疲惫、面色憔悴，于是与许多与会者一样，受其悲情的感染而不觉为之动容。不久，传来了他夫人去世的消息。又一年，听说老人家生活里又有了一位陪伴者。等我们再见的时候，看上去他已全然摆脱忧伤，精神十分朗健了，大家都由衷地为他高兴。一次，开会又逢（好像在桂林的广西师大），晚餐时谈笑间我情不自禁地当面评论道：“朱老师，您的表现，一种说法是有绅士风度，极尊重女性；另一种说法是‘气管炎’，无条件服从‘生活领导’的严加管束！”老人家听了非但没生气，反而一副乐不可支的样子，像个小孩。就是这一次相聚，用餐之前，我请先生合影，他欣然应允，并自选角度，找了一个靠门的地方。摄影者请在那近处用餐的两个年轻人稍微让一下，于是那两位立即起身换了一张桌子继续吃饭。拍完照，我转身回到原位，可老人家却迟迟未归原座，去寻，但见他正躬身向那两个吃饭的小同志道歉。说些什么没听清，只见那两位都站了起来，齐声说："没关系，没关系！”我不以为意地请他快来就餐，老人家却说："这两个人不是我们会上的，咱们照相，让人家挪地方吃饭，总得打个招呼，不然不像话！”这话使我顿时自愧起来，也由此对老人家增添了许多亲切、敬重之情。

我与朱先生学术上的联系不多。他曾多次鼓励我申报正教授，并一再表示我要想发表文章，他可以写推荐信。可我一贯慵懒懈怠，没有为此去麻烦他。前些年他要我参编一本他主编的书，我如期交了稿，不久即得复，信中说："你的文稿我试着做了些修改，但终是自觉无力。不是内容不行，而是语言风格与其他参编者不一致。这一点是难以改变也不应该改变的，所以只好退稿，请你谅解。”读过信，翻开退回的原稿，我发现前十几页中我的文字几乎已被一片片红红的字迹所淹没，那字迹既细密，又工整，老花镜下的产物，令我感喟不已。我立即回信，表达了我的不安和谢意。不料，一周内又得回信，大意说没想到我对退稿毫无怨言反而十分虚心，并说："你若能自己作些修改，再寄给我，也许可用，但不能用散文的笔调写教材。”（他见过我发表的几篇散文）为了自己能有所提高，也为了不辜负老人家的期望，于是我按其改过的语言路数将文稿作了认真的修改。寄出不久，他即来信表示满意，我也在松了一口气之余窃喜自己在这样的压力下终于憋出了几许勤奋，总算没误事。后来朱老师又要我参编两本教材，我也都如期完成任务，也没有误事。虽然那算不上什么真正意义上的学术成果，但这个过程使我进一步认识了朱先生的学术态度、治学精神及为人的真诚。现在老先生走了，想起这些，不免黯然神伤。

最后一次与朱老师相见是 2007 年的杭州会议我们相遇在电梯里。我因迟到两天，他见了我就调侃地说："家珍，怎么才来呀？你不是就想到杭州看西湖吗？怎么还姗姗来迟！知道不，就因为照顾你的愿望，才在这开会的。”我说：“朱老师，我又想去美国了，下次您在美国组织个会吧！”他说：“谁像你有钱，咱们去不起！”我就说：“我还能比您有钱哪？”他马上答道：“你姓钱，当然有钱，把你的姓抠下一块就够上美国啦！”说完朗声大笑。这时电梯门开了，老人家带着笑声走了。这一走，就成了永诀！所以听到他仙逝的消息时，我的脑海里就是他那样笑着走去的样子，其实这个感觉很好。他这一生，辛勤耕耘桃李天下，著述丰厚广受爱戴，他应当含笑离世，我们也应当在自己的记忆里永存他慈祥的笑影。

杜诗曰：“存者且偷生，死者长已矣。”死的执拗与生的顽强同样是不可改变的，逝去的永远逝去了，谁还能有力量将他们拉回！人来到这个世上，其实不是为的从中攫取什么宝物来带走或使自己永远赖在世上长生不老的，而是命定了要品味这个世上的酸甜苦辣来丰富感知而完善自身，最后拂袖而去的。我们终会与他们走到一起，我们有的是时间来享受他们现在享受着的安宁，而目前，我们每个活着的人，还是用充分的精力去热爱生命，珍惜生命吧！我们应珍惜生命过程中的每一缕阳光、每一份感受、每一次机缘、每一个活跃在你身边的另一个生命，让逝者美好的生命在我们的生活里放射出美丽的折光！

我们敬爱的朱绍禹先生，您安息吧！

作者系辽宁省沈阳大学副教授。兼任全国语文学习科学专业委员会第一、二届学术委员会委员。

我所敬畏的先生

倪三好

在人的一生之中，交往结识的人或许会有很多，但真正能够给你影响的可能并没有几个。

朱绍禹先生，就是对我最具影响的少有的几个人中的一个。

从 1986 年春天受业于先生开始，到 2007 年在西湖之滨最后一次聆听先生教导，在前后 20 余年的交往经历中，先生以他的人格魅力、学术成就深深地感染着我，影响着我，并将继续影响下去。

1986 年春，教育部委托东北师大举办语文教学法进修班，每省一个名额。安徽的名额给了安徽师大，于是就自然而然地落在了我的头上。当时我留校已有四年，但专业思想并不稳定，总想找机会换个专业，因为在人们的眼中，教学法是个小学科甚至不被看成是个学科，不是什么学问，也弄不出什么学问。正因如此，每当有人问起我的专业，总有些羞于回答；在那些和我一起留校的同学面前，总有低其一头的感觉。所以，当领导同我谈起进修事情的时候，我是不太想去的，因为听说进了修再想换专业就难了。我的导师濮之奇先生看出了我的犹豫，就劝我，说这是个难得的机会，去吧。又说，东北师大的朱绍禹很有学问，跟他学学，会有好处的。濮之奇先生是我读大学时教我教学法的老师，也是留校后系里给我安排的导师。在他给我读的一些教学法著作中，就有一本朱先生的《中学语文教学法》。当时读到的教学法著作不多，几乎都是众人的合撰，唯有朱先生的书是个人独著，因而已经对朱先生有了良好的印象。组里另两位老师杨德如老师、叶平衡老师都带过我的课，也都劝我去，认为这样的学习机会不容错过。这种心理，可能是那时刚刚经历了“文革”浩劫的知识分子的共同心态，也是我这个下过乡插过队被耽误了几年的知青的心态。

于是我来到了长春，来到了东北师大，来到了朱绍禹先生的身边。在那与先生几乎朝夕相处的三个多月的时光里，先生的幽默与犀利，谈笑风生与严格要求，深邃细密与不拘小节，给我留下了深刻的印象。尤其是先生精彩的授课，那深入浅出的理论阐发，那严谨清晰的教学思路，那推敲有致的专业用语，那抑扬顿挫的语气声调，改变了我对教学法专业的看法；尤其是在先生的亲自指导下，我和研讨班的同学一起参与了先生主编的《语文教育辞典》的编撰，第一次尝试科研，使我初步领略了科研的艰辛与乐趣，也初步看到了教学法领域那迷人的风光。

研讨班结束时，召开了总结交流会，畅谈学习的收获与体会。我很清楚地记得当时我的发言：研讨班改变了我对教学法的看法，朱先生以及给我们上课的一批优秀学者顾黄初、朱作仁、赵北柯、于亚中、韩雪屏等老师改变了我对专业的理解。没有没有学问的学科，只有没有学问的人。我不打算换学科了，我要在教学法的阵地上干下去。

我真的干下去了，再也没有向系里提出过更换专业的要求。虽说我做得不很好，并不能达到先生的要求和期许。但至少我没有再动摇过，我兑现了自己的承诺。

1995 年夏，全国语文板书学第二届年会在安徽师大召开，一百多位在板书研究上卓有建树的专家学者齐聚江城。朱先生作为对板书研究最早做出探讨和支持的前辈学者，应邀出席大会并作专场报告。当时已逾古稀之年的先生，只身坐火车从长春辗转南京来到芜湖，已让我这个主办会议的学生既感敬佩又感不安。会议结束之后，先生要去黄山。照理，我是应该陪同先生前去的。不巧的是，紧跟在板书学会议之后，芜湖市教科所承办第二届全国语文单元教学研讨会。饶杰腾、钟德赣、程翔等一批全国单元教学与研究的知名专家学者与会。作为半个东道主，要协助芜湖市教科所做些工作，无法脱身。于是，我委托与会的两位也要去黄山的河北老师，负责陪同朱先生坐缆车上山。河北的那两位老师十分诚恳，毫无推辞，一口就答应了下来。三天过去，这边的会结束了，朱先生也从黄山回来了。问起先生的黄山之行，不仅着实吓我一跳，更让我对先生充满敬佩与愧疚。原来，车到山脚已是黄昏，缆车停止售票了。于是朱先生就迈开两腿往上爬。到了北海已是天黑，宾馆已没了床位，须去两里之外的宾馆住宿，于是先生又继续前行……我向先生表达了我的抱歉与内疚。先生不仅没有丝毫的怨气，而是一脸的乐呵呵，一脑的兴高采烈，倒反过来安慰我，叫我不必介意。第二天一早，先生又坐上了北上的火车。我送先生上火车，看着只身一人的先生，想着先生这一路的独来独往，心里颇不是滋味。火车要开了，朱先生用他那双修长而有力的大手紧紧地握住我的手，说："三好，谢谢你，谢谢你！好好干！"

至今，我还能感觉到先生那双大手的温暖，那紧紧一握之中的勉励与希冀，那紧紧一握之中所传递给我的蓬勃的生命力。先生那顽强的精神和毅力、那执着的追求、那豁达的人生观、那豪爽不拘的性格、那善解人意的体贴之心，让我感佩有加，久久难以忘怀。

2004年冬，东北师大文学院举办朱绍禹先生80寿辰及从教55周年纪念大会。朱先生主办过的研讨班的学员，自然成了与会的主体队伍。记得我们那个27人的班，到会祝贺的就超过了一半，王松泉、韩雪屏、佟士凡、周庆元、张中原、陈建伟、谷千帆、王相文、林世荣、李有荣、阎苹等，那种围绕在老师身边的快乐，是无法用语言来形容的。在纪念大会开幕式上，朱先生作为主角作了简短而精彩的发言。其中有四句话十六个字深深地打动了我，当时我就把它写在会前刚刚出版的《朱绍禹文存》（吉林人民出版社，2002年10月第一版）的扉页上："岁月蹉跎，来日无多；何以自慰，读书写作。"短短几句话，体现了一个耄耋老人生命不息、奋斗不止的精神，真真让我敬佩不已！由于身体的一些原因，我在20世纪90年代末就放弃了对专业研究的进一步追求，安于现状，得过且过。对照先生的座右铭，我羞愧内疚，无地自容！拿破仑曾经说过，一个不想当元帅的士兵不是好士兵。依此而推，一个不想当教授的老师就不是个好老师。我深知自己不是个好老师，我不敢面对先生的目光。

2007年金秋十月，杭州师大王光龙教授在西子湖畔主持召开大型语文学习理论指导丛书编写会议。朱先生作为丛书特邀审订者之一到会，并在会上作了专题发言。先生的讲话高屋建瓴，精辟深刻，至今仍萦绕在耳。先生首先对光龙主编丛书的构思大加赞赏，认为这是一项具有开创性的宏伟工程。然后，对我们如何编好丛书，提出了建设性的意见，尤其是从五个方面具体提出如何在编写的过程中推陈出新。所涉五个方面是：话题新、观点新、材料新、方法新和角度新。在这部大型丛书中，我担当了《识字写字学习论》的主编。在编写过程中，我力求按照先生的指导去做，但对照起来，总觉未达先生要求十之一二，心中常有惴惴之感。

四年前，当我得知先生仙逝的消息，眼泪便自然而然地滴落下来。那一份真挚的情怀，是发自内心地对先生的感激与怀念，并没有丁点的虚假与做作。

2002年12月，在朱绍禹先生80寿辰宴会上，作者（后排左二）与谷千帆、曹洪顺、王光龙、张中原、王相文等同学同朱先生、吴老师合影

春夏秋冬，自然之节，周而复始，循环不息；人生四季，辗转有缘，跨越廿载，终难无绵。如父般的恩师啊，你带我走过了四季，给我以太多太多的滋养和勉励：春天，你给我专业的素养与操守；夏天，你给我做人的涵养与品格；秋天，你给我学术的拓展与期望；冬天，你给我人生的启

迪与追求。如父般的恩师啊，我还能在你的翼护下，再一次走过四季，去享受更多的滋养和勉励吗?

感谢张文颖兄，使我得以又一次面对先生的在天之灵抒发胸臆表达情愫。可是，我有什么值得先生颔首赞许的呢?

我所敬畏的先生!

2012 年 6 月 30 日

作者系安徽师范大学副教授、《学语文》杂志副主编。兼任全国语文学习科学专业委员会常务理事、中国高等教育学会语文教育专业委员会理事。

巨星雨——我永远的怀念

陈玉秋

在我敬爱的朱绍禹先生离开人世时，晚辈的我怀着沉痛的心情写下了这首小诗，寄托我的哀思。

巨星雨

在南国，
一个揪心噩耗传来，
在北国，
一颗语坛巨星陨落。
桦林静静，
白云默默。

谁能相信，
这居然是一个不可挽回的现实；
谁能料想，
那矍铄的容颜成为过去，
青山，请告诉我，
绿水，请回答我。

去年深秋的杭州西湖啊，
明月当空，

万顷碧波，
那三潭的霓彩，
映照出天上的星星朵朵。
那朵朵星星中，
闪烁最亮最亮的一颗！

而今初夏长白山的蓝天白云哦，
怎么就忍心看着最亮的星在陨落。
没有豪言，
没有壮语，
只有对亲朋的眷念，
对同道的嘱托。

北国的天干燥的风还刮着，
南国的地滋润的雨流淌着，
记得吗？
最最敬爱的老人啊，
您在南国的雨中笑开了颜，
可如今，
您的笑颜化作了北国的雨在磅礴。

这雨，
洒向了古老的语坛，
这雨，
滋润着千年的杏林，
这雨，
在我们心中永远揣着，揣着，

天长地久，

永不干涸！

在这首小诗里，蕴涵着一个个我与朱绍禹先生交往的清纯温馨的小故事。

记得第一次见到朱绍禹先生是在1999年的5月下旬，朱绍禹先生应邀到广西师范大学中文系做语文课程与教学论硕士论文答辩主席，我做这次论文答辩的秘书。五月的桂林是多雨季节，那天清早我去朱绍禹先生下榻的宾馆陪朱先生吃早餐，早餐很是简单，就是一碗桂林米粉加上一个卤鸡蛋。不巧当时大雨滂沱，我手撑雨伞，还来不及去搀扶朱先生，他就一脚跨进了大雨中。“叭”的一声，朱先生滑倒在雨水中，我急忙去扶起先生，连连道歉。不想朱先生却是哈哈一笑：“就怪你啦！谁叫你安排我去吃桂林米粉呀，我就心急了，就滑倒哦。”语气中没有丝毫怪罪之意，而我看着朱先生的湿衣裤，确实十分内疚在心。

最最敬爱的老人啊，

您在南国的雨中笑开了颜，

可如今，

您的笑颜化作了北国的雨在磅礴。

朱先生雨中的背影，成为我永远的怀念。

我很幸运，我主编的书《语文课程与教学论》《中学语文教育实践教程》和我的专著《思维学与语文教育》都是朱先生为之作序。这不仅是朱先生对我的厚爱，更是对晚辈的提携和教诲。特别是《思维学与语文教育》这本小册子是我在讲授一门硕士课程的基础上完成的，记得还在十年前我向朱先生请教，我说想出一本研究语文思维培育方面的书，但鉴于目前语文思维培育的理论系统还不够完善，我不敢以“语文思维培育学”来命名，想用一个“思维学与语文教育”的名称。朱先生十分支持我的想法，并用钢笔写下了《思维学与语文教育》的书名，正好此时朱先生把他的著作《语文教育科研导引》送我，我让他签名，他顺手写下“十年磨一剑，功到自然成”十个字，朱先生的书法结体严谨，点画紧凑，气息古朴，如同他的治学风格一般。“十年磨一剑，功到自然成”十个字是朱先生治学的信念，我想，像朱先生这样著作等身的大专家尚且如此，我等小辈岂能自不量力匆匆把自己不成熟的东西化为铅字呢。于是我的专著《思维学与语文教育》迟迟不敢面世。直到2007年我要评正高职称了，才怀着忐忑心情写成这本小书。书成后朱先生欣然为之作序，序中给我更多的是鼓励：“玉秋先生的研究是地上长出的花，鲜活而耐看。”

最最不可接受的是与朱先生在2007年11月杭州会议上分别后短短几个月他老人家就离世了！记得2007年11月杭州会议上朱先生主动让贤，使得全国语文学习科学专业委员会理事长位置平稳过渡，会议上朱先生还是精神饱满发言，对学会继任理事长王光龙先生寄予厚望，语重心长地嘱咐同仁们加强学术研究的品位，打造学会的品牌。在离会的晚上大概十点左右，我去朱先生房间与他告别，朱先生已经躺在床上了休息了，当我走进他房间时，他对我说：“玉秋，你为我做的两件事我很满意！以后广西的学会工作你就多承担了，以后你出的书我都要作序。”我受宠若惊，说：“朱老师，我没有为您做什么呀！”他说：“做了，你忘了？”哦，记起了，我给了朱先生为我书作序微薄的稿费，寄了两袋为答谢朱先生为广西大瑶山上金秀民族高中学生刊物《山杜鹃》题名的一些土产（香菇与木耳）给他，区区小事，朱先生却不忘怀，可见他对广西情有独钟了！

我想写一本《语文教材论》专著，没有完成，遗憾的是朱先生再也不能为我的书写序了！2007年11月那个时间，竟然成为永别！

去年深秋的杭州西湖啊，
明月当空，
万顷碧波，

那三潭的霓彩，

映照出天上的星星朵朵。

那朵朵星星中，

闪烁最亮最亮的一颗！

最闪烁的语文巨星没有陨落，它在天上闪烁着，闪烁着……

作者系广西师范大学教授。兼任中国高等教育学会学习科学研究分会常务理事，全国语文学习科学专业委员会第三届理事会常务理事及副秘书长、第四届理事会副理事长。

亲近中小学的教育家

——深切悼念朱绍禹先生

尹钟祥

惊悉尊敬的朱绍禹先生逝世的消息时，我不敢相信。我对告诉我这噩耗的曲峰老师说，这不可能，我和盖校长年前在杭州年会上，还见他的精神和身体都很好。然而，他说，《新文化报》已刊整版篇幅的悼念稿。很快，我就从网上和东北师大校报及更多的信息中得到证实。心情久久不能平静，与朱先生的往事时时萦绕眼前。之后，收到王光龙先生为《语文学习科学通讯》的约稿，遂成此篇，以悼念朱先生。

初闻先生大名，是在 1982 年。那年，先生所在的大学刚由吉林师大恢复为东北师大，就面向东北三省与内蒙古的乌兰浩特招收专升本的中文函授生，笔者当时正在中学任教，有幸考中。因学员中有一些正在大学包括在东北师大任职者，所以，我们对师大的师资力量有所了解。开学的头两次面授都是在师大进行的。记得几次路过中文系楼前，都有人指点着“全国语文教学法研究会秘书处”的牌匾说，秘书处所以设在这里，是因为有朱绍禹先生在。但很遗憾，尽管师大对我们这届函授生厚爱有加，许多系主任都来上课，却无缘听朱先生上课。但对朱先生作为语文教学法研究开山人物的理性认识，却从此挥之不去。

第一次见到朱先生是在 1998 年 11 月 26 日，我在吉林市参加毓文中学赵谦祥老师的课题鉴定会，朱绍禹先生当时是验收专家组的成员之一。虽然这次见面仅仅是在大礼堂里，远远地仰望而已，但却令我有了朱先生与中学语文教研息息相关的感性认识。

真正接触朱先生，是在我校于1998年获准成为由朱先生领军的全国语文学习科学专业委员会实验学校之后。我作为我校语文教师兼教科所所长，及我校承担王光龙教授负责的全国教育科学“九五”“十五”规划项目的子课题负责人，近十年先后在蛟河、温州、沈阳、重庆、桂林、长春、黑河、杭州等地参加学会组织的各次学术研讨活动，每次都能当面聆听朱先生的教诲。尤其是先后两次邀请朱先生莅临我校，做课题成果鉴定。我校盖雁校长经朱先生提名，接连出任全国语文学习科学专业委员会实验学校校长工作研究会副会长，在2007年11月杭州年会上，朱先生还与新当选的实验学校校长工作部副主任——盖雁校长一起交谈合影。朱先生对我校的关爱可谓与日俱增，每逢与朱先生见面，我都要向他问候、汇报、请教，对他的指教，也都及时通过校报向全校传达。所以，我校师生对朱先生备感亲切。而笔者则在多次接触中，对先生做人和做学问的崇高品质有了更多更深的了解。

2000年3月，我去吉林省蛟河一中参加该校课题成果鉴定会。令我仰慕已久的朱先生在会间第一次认识我，并询问我校情况。他听得很认真，并不时插话，就好像是在倾听自己非常熟悉的地方的事情，他如此关心基层学校的发展，令我十分受感动。而且，与他一起参加活动，尤其是听他评课、评价研究成果，感觉收获特别大。记得大会上让我发言，受朱先生高屋建瓴的评点的启发，我感慨地说，这种由专家、校长、教师三结合的实验研究形式，真是太好了。

2001年9月26日，朱先生第一次应邀莅临我校，参加我校承担的全国教育科学“九五”规划项目子课题“写作学习方法指导”的成果鉴定。开会那天早晨，我到宾馆去接他。应他要求，我们在途中绕行一圈。车到火车站前，他感慨地指点着一处说：这里原来不是这样子，十几年前，我曾在这里讲过课，那时是平房。白城这些年变化可真大啊！他还提到了一些他熟悉的白城教育界人士。会间，有老师专程来看望他，他很是高兴，提起以往的事情，他兴致勃勃，感染力很强。对课题成果鉴定，他很认真。他在听汇报作点评、听课评课、与教师座谈、与学生座谈中，使我们不仅能察觉到课题研究过程中的不足，而且还能获得很多的新信息。我至今记忆犹新的是，朱先生在与老师座谈中提到，要善于进行教学研究，他说："哪怕一个学期就研究一节课也好。"我以为，这句话很有针对性，含有深邃的脚踏实地的教研思想。所以，我们在其后倡导校本教研，动员老师们开展课题研究时，最常引用的就是朱老的这句名言。

2005 年 11 月 21 日，已是 84 岁高龄的朱先生，以专家组组长的身份，第二次莅临我校，以现场会议形式，验收我负责的全国教育科学"十五"规划项目子课题"校办报在'语文学习素质培养与人的发展研究'中的应用"研究成果。朱先生亲自主持鉴定会。尤其是在大会上，他站着与多位课题实验教师现场互动对话，表现出杰出的学术水平和严谨的科研精神，给与会教师留下难忘的印象。我校丛连梅老师对这次验收活动在《教科信息》上作了报道，较为详细地记录了朱先生与实验教师的对话内容。其中朱先生提出的问题依次如下：

参加课题组的成员，班级有多少人，有多少人主动参加校办报的写作练习？投稿的成功率有多高？

《写作学习报》上属于文艺性、科学研究类的，不是感想、经历的叙述的，这两种类型的文章各自占有多大比例？你们本着什么思想来进行？

为什么不提倡高年级的学生写理性、理科学术论文式的文章？请参加研究的老师谈个人意见，我们想听个人实践的想法和感受。

老师和主编对这些文章修改吗？

校办报在非作者、读者中产生了什么影响？

有没有为不投稿而感到惭愧的？我希望听到更多老师的个人感受和见解。

开展校办报活动以后，各个年级的学生写作心理引起怎样的变化？在消除恐惧感方面起了什么作用？起了多大作用？我这么大年纪，也不是很愿意写作，有时有了想法，放下饭碗就写，但有时好多天不愿写，我还是有恐惧感的。

办报的主要目的是训练写作，现在的大学还要开设语文，主要的课程就是写作，说明什么？在中小学写作训练的任务就普遍没有完成，而白城一中创办这样的活动，带有广泛的意义。

我曾用镜头和笔墨，记录了自己所知的朱先生的点滴言行，多收藏在学校的网站上，有些已为其他网站所转载。我的书架上，仍有朱先生签名的他的多本教育论著。朱先生对我及我校语文老师提出的殷切期望，我们会牢记。

亲近中小学的教育家朱绍禹先生，虽然走了，但他还活着，他的精神与事迹将永远植根在我们心里！

作者系吉林省白城一中教科所所长。兼任全国语文学习科学专业委员会第二、三届学术委员会委员。

又到枝头新绿时

——怀念朱绍禹先生

毓明笠

北国春城的春天来得较晚，但四月的枝头也隐隐出现了绿意。看着这抹淡绿，想到朱先生已经离开我们快四年了，与先生接触的件件往事不由又涌上心头……

我有幸做了朱先生31年的学生，在我眼里和心里，先生既是严师，也是慈父。

我是在1977年春天进入东北师大中文系学习的。当时的语文教学法课还没有一套完整的讲义。我们只听说我们所用的油印的讲义里很多篇章都出自朱绍禹先生之手，并知道朱先生在全国语文教学法研究领域颇有建树。但当时我和系里的大多数同学一样，满脑子都是文学，偏爱的学科是古典文学和古代汉语，认为这些才是学问。对教学法课并不感兴趣，只是认真听课，按时完成作业而已。一直到教育实习时，系里组织我们去东北

作者（右）与朱绍禹先生合影

师大附中参加全国中学语文教学研究会的年会，会上，语文专家们就当时中学语文教学存在的问题进行了广泛的研究和探讨。结合我们学过的语文教学法课程，我深感这一领域值得研究的问题非常之多。就此，我忐忑地向先生谈了自己的想法，没想到得到了先生的大力支持，并在我毕业时，推荐我去吉林省教育学院中学教研部作教学研究工作。严厉的朱先生居然能如此看重我，使我颇有些自得。一直到先生去世后，看到先生最得意的弟子张文颖先生的一段话："多年以后我才清楚，绝不是先生偏爱我而放弃原则，而是多么希望能尽快网罗一些有志于此道的人才。也许，这正是那个时代所特有的需求在先生那里表现出的强烈责任心。"才真正理解了先生的苦心，并为自己有负于先生的厚望而内疚。

先生治学严谨，从不允许别人过多地占用他的时间。20 世纪 80 年代初，正是百废待兴的时期，中学语文教育学的研究也正处于蓬勃发展的时期。当时先生特别忙，讲课、编讲义、著书立说……把整个身心都投入到了语文教育事业中。我曾经听一位语文老师告诉我，为了参加省里的语文课堂大赛，她曾去面见先生，先生规定她谈话时间不得超过 15 分钟。当到了 15 分钟之后，先生即谢客了。为此，我对先生很敬畏，轻易不敢打扰先生。

第二期语文教学法硕士课程讲习班合影

为了培养语文教学法方面的人才，从 1986 年起，先生连续主办了四期“语文教学法研修班”，我有幸成为第二期的学员。这以后，和先生的接触逐渐多了起来。先生给我们讲《中学语文教育概论》和《中日语文教育比较》两门课。当时先生已经 64 岁，经常腰疼，上课时腰上要带着理疗器。可讲到激动时，先生常常站起来，打着手势，语调激昂起来；讲到兴奋时，又常常是一阵爽朗的大笑。虽然这次学习只有一个学期的时间，却奠定了我一生治学的基础。

学习期间，我有幸参加了朱先生主编的《语文教育辞典》的编写工作。当时我的职称只是助教，能参加这样的工作是我的荣幸，因此十分用心，但交上稿子之后还是很忐忑。稿子经先生看过之后返回抄写时，我感到非常惭愧。稿子上先生用端正漂亮的小楷字进行了大量的修改，从此我知道了什么是治学的严谨。

在先生的帮助下，我得以在语文教育专业领域进行耕耘。每当我有了一点进步，先生都像慈父一样高兴，但对我的严格要求却一直没变。1999 年秋，当我捧着自己的书稿——《中学语文学习心理及学习方法研究》请先生写序时，本以为先生会为这厚厚的书稿而夸奖我的。可先生一改往日的慈祥，严肃地对我说：“我必须认真读过之后才能考虑是否给你写。”我的心里很紧张，先生万一不满意怎么办？大约十几天后，先生打来电话让我过去，详细地谈了他对这本书稿的意见和看法。根据先生的意见，我又进行了大量的修改，直到先生满意，才同意为我作序。正是有了这样的严师，才有了我的这一点点的进步。

学术上，先生一丝不苟；生活上，先生却如慈父般关心着他的学生们。2007 年暑假，我陪同 85 岁高龄的先生及 81 岁的夫人去南通开会，需要在北京转车。我知道先生和他的早期研究生张文颖情同父子，以为一定会让文颖去接站的。到了北京站，才知道先生事先并没通知文颖。我们在北京站前找了个小店，吃完早餐后先生才给文颖打电话，为的是怕文颖来接站。文颖没有办法，只好赶到地铁站去接。我因为要去姐姐家，把先生交给文颖后就离开了。从南通回来，文颖早早地弄清了回程的车次，特地赶到车站进到站台里去接先生。八月的北京，天气异常炎热，文颖满头大汗，拉着先生的箱子，还扛着先生带的一个大包。先生对我说，他每次来京，文颖都是亲自来接站，从不派别人替他接。先生心疼他，所以常常事先不告诉他。

文颖把我们一行人安排在他家里住，晚上给先生饯行，文颖找来了在北京的同学，也就是先生的弟子们，大家在一起边吃边聊。这时应该是先生最快乐的时候了，面对着他的得意弟子们，先生侃侃而谈，风趣幽默的话语中透露着对这些弟子们的殷切期望和深深期许。尽管夫人一再催促，可先生真的是舍不得离开他的这些弟子们。最后，时间不允许了，先生恋恋不舍地离开。没想到北京的大雨来得如此之快，转眼之间路面到处是水，我们的车被堵住了……先生很着急，文颖安慰先生，可以把车票退了，明天买机票走。第二天一早，文颖就送来了晚上的机票。当时因为没走成，心里很是着急。现在想起来，倒真是因祸得福了，得以有更多的时间和先生在一起。先生平时很少聊家常的，这次却和我聊了很多。先生和我讲起了师母，讲起了他的女儿，他的学生。其中讲得最多的是文颖。先生说到当初他对文颖寄予的厚望，说到文颖对语文教育事业的支持……先生说，文颖对语文教育事业的支持是其他任何人也做不到的，这也是他当年没有想到的。这时，我觉得眼前的先生更像一位慈祥的老父亲在讲述自己孩子时的那种欣慰和自豪。虽然师母已经过世多年，但说到师母时，先生还是流露出深深的哀伤。当讲到先生的三个女儿，先生的眼里闪着慈爱的光……先生爱他的事业，爱他的学生，更爱他的家庭，爱他的亲人。

晚上，文颖携夫人孩子又为我们设宴送行。看着先生与文颖的妻子和孩子就像一家人一样其乐融融的场面，我深有感触：有师如此，是文颖之幸；有生如此，是先生之幸啊！

2008 年 3 月，北国的长春天还很冷。得知先生生病消息的那天，天下着大雪。我急忙赶到医院看他，一路上都在想着怎样安慰他。可见到先生，却感到似乎不是在病房，而是在他家里一样。先生是那么的乐观，信心十足地和我谈着他的病情。他认为，以他的身体状况，足以战胜病魔。我和先生的亲人们、学生们、朋友们一起企盼着先生能平安地渡过这一关。

手术后，我没有马上去看先生，我不忍看到先生的痛苦，也害怕先生因为要和我说话而吃力。五天后，来到先生的病床前，没想到先生竟恢复得非常好，居然还能拉着我的手，笑着喊我“格格”，告诉我过两天他就要出院了。我庆幸先生闯过了这一关。

没想到的是，三天之后，先生的病情有变，之后竟每况愈下，一天不如一天了。

得知先生病重的消息，一批批的学生和朋友从全国各地赶来看望先生。从先生的眼里，我读出了激动，读出了幸福，读出了快乐。先生忍受着巨大的痛苦，平静地接待着他的学生和朋友们。最让我难忘的是2008年4月26日下午3点，研修班的同学王光龙从杭州赶来看望先生。光龙是先生最得意的弟子之一。看到光龙，先生很激动，眼睛似乎也有光彩了。虽然说话还是断断续续的，可还是说了很多。说到学会，说到学生……先生说，他一生最大的安慰，就是为中国的语文教育事业做了点儿事。但他感到对父母、对朋友、对学生，包括对女儿，都有许多做得不够的地方，有许多对不起大家的地方。光龙握着先生的手，流着泪反复地对先生说：您做得非常好，您是我们的恩师……这时，我的眼泪也流了下来。我知道，先生一生处处为别人着想，为工作、为事业、为学生、为家人……只是从来不为自己。从先生身上，我明白了一个道理：为别人做得越多的人越觉得自己做得不够，而那些总想着自己的人是永远不会觉得对不起别人的。

2008年5月9日下午两点，在北国春城春意盎然的时候，先生永远地离开了我们。但先生的学术思想和人格魅力永远伴随着我们，激励着我们，先生留下的语文教育园地将会永远春色满园。

2012年4月15日于长春

作者系原吉林省教育学院教授。兼任全国语文学习科学专业委员会第二届学术委员会副主任。

恩重如山，情同父子

——写在朱绍禹先生逝世一周年

张文颖

大概国内除了从事语文教育工作的人之外，很少有人知道朱绍禹这个名字，但他却是改革开放以来国内第一个全国高校语文教学法专业研究学会——中国教育学会语文教学法研究会的创始人，并连任两届理事长；第一个全国语文学习科学研究学会——全国语文学习科学专业委员会的第一、二届理事会理事长；中国北方第一位担任高校语文教学法专业硕士研究生的导师（另一位是华东师范大学的谭惟翰教授）；第一位受国家教委委托连续开办三期语文教学法研讨班的导师。

朱绍禹先生，我的导师，恩重如山，情同父子。一年前——2008 年 5 月 9 日他与世长辞了。87 岁已然高寿，可就在先生辞世前的两个月，他依然谈笑风生，话语的抑扬顿挫仍那样讲究重音、逻辑缜密而连贯，与我第一次听他授课时并无二致。他把 2007 年付梓的书送给我，并仍然用漂亮的楷书给我写赠言……

在他生命的最后几天，依旧安然而沉静，似乎没有遗憾。作为毕生从事语文教育研究并有着卓越贡献的学者，他的人生简单而专注，没有更多牵涉……

2009 年 1 月，我在先生的两个女儿，也是我的两位姐姐的陪同下，来到了先生墓前拜祭。先生走完了它辛勤的一生，已静静地躺在长春市南新立城水库的山坡上。这里风水超卓，风景如画。先生的墓志铭是我和三个姐姐共同酌定的，并在先生墓碑的落款处落了“儿女立”三个字，其中

“儿”是指我。这是先生生前的希冀，也是几个姐姐的心愿。但我深知，我远未尽到作为儿子应尽的义务；而之所以认同，是因为在我看来这能真切地体现出先生爱生如子、尽心栽培晚辈以期成其后继的拳拳之心；也许正能体现先生作为新中国语文教育理论奠基人和中国当代语文教学研究队伍建设领袖人物的卓越品质；也许正能体现东北师范大学作为母校始终能使成千上万的学子怀着感恩之心在全国各地彰显着她的凝聚力所独有的特质。

第一次见到先生是1981年，东北师大中文系1978级有幸成为先生“文革”后重登讲坛执教的第一批学生。从此，我便感受到了先生的学者风范和高水平的授课，使这门不受重视——“其学科体系尚在形成之中”的课程得到了极为挑剔的同学的尊重。

记得一次先生批改过的作业发回来，班里的同学无不惊叹：全年级200多人的作业，先生竟把每个错别字和错误标点符号都纠正过来。于是，当他讲到“我很难想象一个不认真写字的人，做其他事情能够认真”时，我们就不会认为他是在批评和说教，而是深深地感觉到一个长者、一位老师对他学生发自肺腑的人生名言。

当年求学于东北师大，同学们经常为一些老师的治学风范、人生热情、忧国忧民的责任所感动。“一个好的教师，不仅能传授你知识，更能感染你的人格和品行”是我们当时的感言。而对我本人来说，先生无疑是他们之中最为出色的人师。

正是先生的治学风范和人格感召，我的毕业论文选题确定了语文教学研究方向，请朱先生做我的导师。从此，我便开始了与导师长达27年的交往，亲身感受到了这位学界宗师穷其毕生精力千方百计地发现、竭尽全力地栽培学科人才的用心。作为新中国语文教育理论队伍建设的领军人物，他太了解这个学科的积弱和人才的短缺了。

1983年，我在中学教书时，全国语文教学法研究会将于次年一月在广州召开学术讨论会。先生写信给我：希望能提交一篇论文去参加会议。当我写好论文寄给先生，先生的回信却让我颇为惊诧：“论文我未看，我想一定合格，请打印二百份寄到广州……”多年以后我才清楚，绝不是先生偏爱我而放弃原则，而是多么希望能尽快网罗一些有志于此道的人才。也许，这正是那个时代所特有的需求在先生那里表现出的强烈责任心。

作者（左一）与朱绍禹先生、吴老师合影

当我决定考先生的研究生，写信问先生专业课需看哪些著作，先生回信又让我再次惊异：“专业课你不必复习，把有限的时间用于其他课程的复习上。”这是他的坦荡所至：对于一个概念体系和学科结构尚处于形成之中的专业来说，实在没有必要死记硬背由他本人建立的、在他看来并不成熟的知识。他出的所有考题都要求用自己的观点分析极其常见的教学问题。这同样是他求才若渴的责任心所至，他生怕仅有的几个研究生指标由于考生准备时间不足而被挡在录取线外，耽误了培养人才的良机。

先生为人正直，原则性强，但对学生却极为宽容而温和。

记得我在中学执教时，去洮南监考回来时路过长春，带了两瓶洮儿河酒去看先生，心中忐忑，不知先生能否接受，也不知先生是否会嫌礼薄。可当先生笑容可掬地说道“我喜欢”时，我的心理障碍顿然消除。几年以后，我才知道，先生虽然啤酒有量，但却从不沾白酒。读研究生时，他每次带我们出门远行，都准备一瓶上好的白酒，为的是我和师弟……

我不能忘记当我在本科毕业前因为实习的点滴摩擦，先生给我的劝导和理解……

不能忘记当我在读研期间因商业迷惘给我的理解、指点与爱护……

更不能忘记在海南受到挫折时先生以长信劝导我调回母校从事专业研究的苦苦努力……

我崇拜先生，除了他的学品，更有他的人品。因而总是怀着一份对慈父的感情。毕业20多年了，这份感情非但没有随着时间的推移而淡薄，而是越来越深，越来越浓。因为越到后来我越觉得：先生的胸怀，先生对事业的态度，先生的人生价值，已经深深地沉积于我的心灵之中；这已经构成了如同父子般的精神遗传和承继；铸就了我多年来在社会上打拼的力量源泉。记得先生病重时盛连喜书记去看望他，说："我和朱先生都是当老师的。作为老师，能有这样的学生，也就知足了。"我深深了解，作为高等学府的书记，如此感喟的，绝不仅仅是单纯的师生情谊；也许更多的是对这所学府所特有的师道价值的自豪……

2002年12月13日在朱绍禹先生80寿辰宴会上，作者（中）与朱先生、吴老师合影

（本文2009年5月21日刊登在《吉林日报》上）

作者系北京探戈坞旅游开发有限公司总经理。

夕阳别样美，提携后学走一线

——回忆与朱绍禹先生交往的几件事

张占根

人生在世离不开与人交往，但芸芸众生，为人不同，性格各异，有的交往一生平淡如水，有的交往很多，功利至上，有的交往不多，但情真意切，终生难忘。我和朱先生的交往属于后一种，我们虽然交往不多，但情投意合，心心相印，成了无话不谈的忘年交。

我和朱先生的交往早在20世纪80年代初就开始了。那时我大学刚毕业，知道朱先生是东北师范大学中文系的著名教授，教育部中小学教材审订委员会的委员。直到20世纪90年代末，我才有机会认识朱先生。那时我从河北师院中文系副主任岗位调任河北师院附中校长，由于附中跟随河北师院几经搬迁，条件无论是在硬件方面还是在软件方面都很差。上任初始，我非常想找到办好学校的突破口，心想，大学的附中依托大学办学是天然的优势，通过课题研究，靠科研兴校，凝聚人心，提高教学质量是个不错的办法。一次闲聚，我和朋友们谈到我的想法，河北师大文学院的靳虎老师说：我在东北师大访学时我的导师是朱绍禹先生，我的大师兄王光龙先生申请了全国教育科学“九五”规划研究课题“语文学习方法的理论研究与实践指导”，你们可以参加子课题的实验研究，课题实验研究期间朱绍禹先生、王光龙先生还可以来学校指导。我一听，既有大专家来学校指导又有国家级课题研究，还能通过课题研究提高教学质量，促进学校的发展，岂不是一件大好事。于是，我校语文组通过慎重考虑，决定申报“阅读学习方法的指导”这项子课题。课题获得总课题组批准后，我们按要求成立了课题组，并针对中小学生阅读效率低、教师指导阅读方法旧等特点，在小学和初中部分班级开展实验。小学以学校开展的古诗文诵读工程为基础，运用自学——发现——联网——情智结合的阅读模式，初中开展感知——揣摩——综合——评价的阅读模式，选取实验班和对比班，开展了学校历史上第一个课题研究。

因为是第一次，在课题实验过程中遇到很多困难，诸如多读、速读、精读之间的关系，不同文体作品的阅读区别，不同学段学生的阅读特点及规律，原始材料积累和实验班对比班数据的测定等，一系列问题困扰着我们。恰巧这时朱绍禹先生应邀来石家庄河北师大中文系讲学，我听说后，带着问题拜会了先生。第一次见面，他给我留下深刻的印象。他面容清癯，精神矍铄，古稀高龄，声如洪钟，待人热情大方，毫无名人架子，初次见面就有情如师徒的感觉。他不仅对我提出的问题一一作了回答，还爽快地答应我和另一所课题实验学校校长的邀请，给两所中学的语文老师和课题组成员作一场报告，题目是《中学老师如何选择科研课题和课题研究》。记得报告选在石家庄市第42中学报告厅，报告厅不大，坐满了两个学校求知若渴的老师。朱先生的报告紧密结合中学语文教学实际，深入浅出，旁征博引，时而站在理论高度引经据典，时而熟举课堂实例生动论证。这次报告使我们学校课题组的老师们清楚了理论指导实践的重要性，

作者（左）与朱绍禹先生（左二）、黄麟生、孙国兴在四代会上合影

并且明确了课题研究的方向，学到了课题研究的方法，在关键时刻为我们的课题研究解决了困难，提供了指导。

这次见面和先生谈话给我留下难以忘怀的记忆。记得在报告之后我问他，您已年过古稀还不远千里深入中学一线，真辛苦您了。他说："不能说辛苦，这是我从事的学科研究决定的，语文教学论这个学科是实践性非常强的一个学科，它若离开中学教学第一线就成了无源之水，无根之木，就像医生离开临床一样没有了生命力。我虽然年岁大了，但是不愿放弃终身从事的事业，所以，只要身体可以，我就到中学来。"这是多么值得青年人学习的治学精神呀！

在总课题组和朱先生指导下，经过近两年的摸索实验，我们的课题终于取得了一定成果，课题组于2001年初向总课题组提出了结题申请。2001年5月中旬我们迎来了以朱绍禹先生为组长的课题鉴定小组。这次和朱先生见面既高兴又紧张，高兴的是又有了向先生学习的机会，紧张的是我们的课题能不能结题，专家会给什么样的评价。好在我们课题组做了充分的准备，课题实验总结、结题报告、实验原始材料、对比数据等一应俱全，实验老师的课统统按要求展示给鉴定组。朱先生仔细地看材料，并深入实验班认真听课，听课题汇报。整个鉴定过程朱先生对课题实验细节一一询问，对上课教师存在的问题尖锐地指出，对课题实验中的问题毫不客气，先生一丝不苟的工作态度让我更加紧张。但是，让我意想不到是课题鉴定组对我们的课题实验给予了高度评价。课题组认为：我们的课题实验，一是前期工作准备充分，在选择实验教师、实验班及分析学术背景和调查实际情况等方面细致充分；二是程序规范，方法科学，在实验的前、中、后三个阶段对实验班和对比班学生进行测试，根据结果排除干扰因素，检测学生的因变量获得了有效可信的实验效果；三是成效显著，成果突出，课题组实施的多读、速读、精读策略，效果明显，具有一定的科学性和推广价值；四是通过实验，教师们在教学观念和科研能力上都有很大提高。课题鉴定结束后，朱先生对我们课题取得的成果给予鼓励，欣然命笔为学校题词：

实验出经验，研究出理论，

经验加理论，教学必成功。

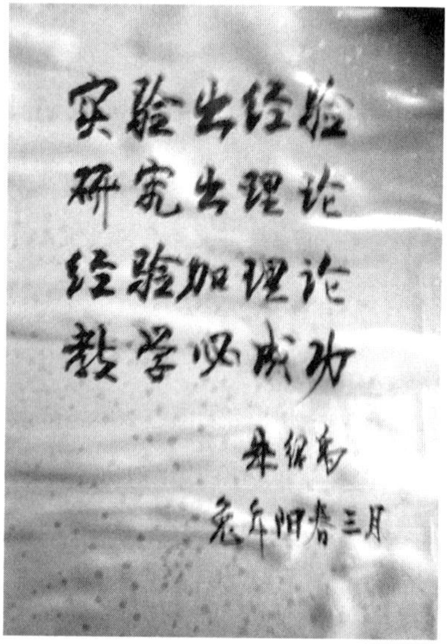

纵观我们学校课题结题的全过程，朱先生多么像一个治学严谨、要求苛刻的严师，又多么像一个和蔼可亲、对后学呵护有加的长者呀。

朱先生的题词和鉴定组专家的鼓励，大大激发了我校教师搞课题研究的积极性。后来我们的结题报告被收录在《语文学习方法的理论研究与实践指导》一书中，此书由河北教育出版社出版，课题成果荣获河北师大基础教育教学成果一等奖，小学部阅读教材由河北少儿出版社出版《小学生古诗文经典诵读》一书，共六册，学校形成的古诗文阅读特色远近闻名，形成的阅读模式历届学生受益匪浅。随着这些成绩的取得，学校的办学特色已基本形成，学校办学条件无论是在硬件还是软件方面都取得了长足进步，事迹在《中小学校长》刊物上作了长篇报道，慕名来学校求学的家长应接不暇。学校的成功，其实也凝聚着朱先生的心血，一个靠课题研究崛起的学校不会忘了这位知识渊博的老人。

一次，我参加全国语文学习科学专业委员会组织的学术年会，见到朱绍禹先生，向他汇报学校几年来取得的成绩和变化，他听后非常高兴，连连向我祝贺。当我提到这些成绩的取得也有您老很大功劳时，他立刻严肃起来，他说：“可不能这么说，主要是你们做得好，光龙他们总课题组的老师们指导得好，我只是陪他们转转把把关，没做什么事情。”

“十五”期间，王光龙先生又申请到全国教育科学“十五”规划课题“语文学习素质培养与人的发展研究”，我们学校又向总课题组申请子课题研究，题目是“中学生语文内驱力的培养”。课题立项后，有上一次课题研究的经验，实验研究进展顺利，很快就取得成果。到2005年底，课题基本完成，我们向总课题组提出结题申请，2006年1月以朱绍禹先生为组长的课题鉴定小组再次来到我校。朱先生还是那么精神，还是那么健康，还是那么风趣！课题完成鉴定后，朱先生应邀来到我办公室，在办公室里他除了褒奖我们的课题和夸奖学校变化外，又主动给我们学校题词。他说：“占根，我年岁大了，没有什么留给你们学校，再留幅笔墨吧！”大家知道当今社会名人题字是很昂贵的，可朱先生给学校题词从不说报酬，题完词后，我看着朱先生的墨宝，对朱先生的厚爱无以相报，心里很愧疚。心想朱先生几次题词，都没加盖过个人的印章，就给先生刻枚图章吧！我向先生提出我的想法，他连连说不妥，我一再坚持，就这样僵持着，先生离开了我们学校。

我们学校的新任书记老孟同志曾经当过河北师大美术学院的党委书记，他对河北美术界熟悉，我托老孟请河北篆刻家北原先生给朱先生刻了一枚图章。在一次学会学术年会上，我把图章交给先生，他见到图章异常高兴，但又很忐忑，一再问价钱。我连忙解释是朋友帮忙，他才略得安慰。

回到学校，我以为这件事就这样过去了。突然，有一天我收到一个邮件，一看是朱先生寄来的，打开一看里面有两本书和一封信。书是他主编新出版的《中学语文课程与教学论》，信是这样写的：

占根：

承你的盛意，委托北原先生为我刻就一枚图章，我对篆刻完全外行，只能说出真感：字形匀称，结构工整，笔画有力，给人以端庄整齐的美感。

无以为报，只好以拙编奉达，向你和北原先生致谢！

朱绍禹　8.8

我拿到书看完信，很受感动，区区小事先生想得如此周到，办事有始有终。先生只想到别人的馈赠，而不想自己的奉献，真是我们年轻人为人处世的典范。

以上是我和先生交往的二三事。这几件事让我深深地感悟到，朱先生虽然到了耄耋之年，但仍然孜孜不倦地追求着自己的事业，不辞辛苦地深入中学第一线，用“春蚕到死丝方尽”的精神鼓励着后学，用渊博的知识真诚地诠释着自己的一生，在朋友有困难的时候，无论老幼他都热情帮助，在成绩和功劳面前从不邀功，无论是为人还是处事都体现了一个老知识分子风范。

作者系河北师范大学附属中学原校长，语文特级教师，河北师范大学文学院硕士生导师。兼任全国语文学习科学专业委员会常务理事、全国语文学习科学实验学校校长工作委员会副主任。

感恩长存心间

王玉辉

朱绍禹先生是我国当代著名的语文教育理论家，是语文学习科学专业委员会的奠基者，是高师语文教学法界的一代宗师。他从事教学活动50余年，著述等身，为人谦和，提携后学，令人敬仰。

我不是先生的学生，但我的成长，与朱先生的教诲和帮助，与语文学习科学学会的发展息息相关。

1982年我大学毕业后，在辽宁省的重点中学里教学12年。1994年，我回到母校——沈阳师范大学中文系，从事语文教学论的教学工作。刚出茅庐的我对于高师教学法的教学很是迷茫。此时，我收到一封语文学习科学学会的邀请函，从这开始，我有幸与语文学习科学学会的理事长朱绍禹先生相识，得到先生无私的帮助和指导。

1996年8月，在长春召开的全国语文学习科学专业委员会第二届年会上，我第一次见到仰慕已久的朱先生。当我拘谨地自我介绍来自沈阳师范学院时，朱先生立即亲切地询问一些老同志的情况，慈祥可亲、平易近人的态度，打消了我的紧张和顾虑。当时我仅是一名讲师，一股暖流涌遍全身，暗下决心，一定不辜负朱先生的期望。以后的多年里，每当我向我的学生介绍朱先生时，总要说的一句话就是："这就是大师风范！"

2001年先生送我一本《语文教育科学导引》，并题字"玉辉存览"。2002年12月，我有幸参加了"朱绍禹从教55周年暨语文教育思想研讨会"。会上，朱先生作了谦虚而激动的讲话。他说，今天是他一生中最为荣幸、最为光辉的日子，也是他最为感动的和振奋的日子，他向到会的和未到会的朋友表示深深的谢意。他饱含深情地说：“我当初步入教师队伍，本是命运的安排。但如果问我今生最大的满足，我的回答必定是：当了教师。十多年前我曾用 16 个字自况：‘岁月蹉跎，来日无多，何以自慰，读书写作。’但愿今后再读点书，再写点什么，以不辜负时代，也不辜负各位今天给我的殊荣！”会上结识了来自全国各地的同行和名家，大开眼界，感受到朱先生在语文界的威望与大家的爱戴。

作者（右）在第二届朱绍禹先生语文教育思想研讨会上与朱先生合影

2004 年，我到东北师范大学作高级访问学者，在此期间，又拜见了朱先生，我把我讲授语文教材研究和语文教育科研方法的体会向朱先生进行汇报，聆听到他的教诲。

2005 年 8 月，在西安召开了全国中小学生语文学习素质培养研讨会，朱先生在开幕式上作了《我对语文课程标准的理解》的报告，先生声音洪亮，很有感染力。看到他依然精神矍铄，我内心十分安慰，先生的健康就是后学们的幸福。

2006 年，我的专著《语文教育发展论》出版在即，我诚惶诚恐请朱先生为我的书作序，先生欣然应允，令我幸福至今。

2008 年 5 月 11 日，突然接到王光龙老师的短信，说朱老师仙逝，感到很惊诧。13日，我到长春向先生最后告别，先生的音容笑貌历历在目，永远铭记。在我拿起笔准备写点什么时，十分为难，面对朱先生博大精深的语文教育思想，感到能力有限，唯恐误读了先生。在此深切缅怀先生的同时，我把指导我成长的先生的著作列出来，告慰朱先生:《中学语文教学法》(高等教育出版社1988),《语文教育科学导引》(东北师范大学出版社1996),《中学语文教材概观》(人民教育出版社1997),《语文课程与教学论》(中国社会科学出版社2007)等。

作为老师，他是完美的。几乎所有学生，都能感受到老师教学的睿智和人品的魅力，都能从点点滴滴的往事中得到许多追忆。作为长者，他是乐观和善的，似乎总有用不完的精力、数不尽的兴致，让人欣慰，让人放心。也许，是由于我们的逐渐长大和成熟，和朱老师的关系没了那份敬畏，变得亲近起来。 但对朱老师的怀念之情、感恩之情、敬仰之情却全在其中。

我想，纪念朱老师，就应该更好地工作，就应该像他那样有个健康乐观的心态，做一个对社会对他人有价值的人，成为学生成长中的良师益友。有一种感恩，会长存心间；有一种追忆，会穿越时空。

作者系辽宁省沈阳师范大学文学院教授、硕士生导师。兼任全国语文学习科学专业委员会常务理事、辽宁省中学语文专业委员会副理事长。

我所认识的朱绍禹先生

张德斌

我第一次认识朱先生，是1999年8月在承德举行的全国语文学习科学专业委员会第二次会员代表大会上。那时，我刚转到山西师大课程与教学研究所工作，所长卫灿金教授就向我介绍说，全国语文学习科学专业委员会的秘书处设在我所，学会理事长是我国著名的语文教育家朱绍禹先生。卫老师希望我能够兼任秘书处秘书的工作。我当时有点顾虑：第一，我从来没有这方面的工作经验，第二，与朱先生这样的大名人好相处吗？带着这种忐忑不安的心情，接受了这份额外的工作。说句实在话，当时对干好这份兼职工作，我的心里是没有底的。

1999年8月我同卫灿金、王光龙二位教授一同参加了在承德举办的第二次会员代表大会。在这次会议上我第一次见到了朱绍禹先生，他给我的印象是：精神矍铄，思维敏捷，态度和蔼，平易近人。

随着学会工作的开展，我参加了学会几乎所有的会议及活动，对学会有了更深的了解，对朱先生也有了进一步的认识。这些认识概括起来有三点：

一、执着追求，奠定了他的学术地位

朱先生是我国语文教育界老一辈专家学者的典型代表，是全国语文教学法专业委员会的创始人，是我国语文教育学学术殿堂的泰山北斗，是新时期中国语文教育理论研究的一面旗帜，是大家公认的语文教育家。

朱先生大学毕业后，就从事语文教育理论的研究，至今已经走过了半个世纪的学术道路。他治学严谨，孜孜以求，已经形成了自己别具一格的语文教育思想。他的语文教育思想同叶圣陶、吕叔湘、张志公等的语文教育思想一样，对于当代中国语文教育的理论与实践，具有同等的现实意义与深远的学术影响。

朱先生的语文教育学术思想事实上已经影响了几代语文教育工作者。我清楚地记得，在2000年4月广东中山市召开的学术研讨会上，辽宁的一位中学语文教师在发言时激动地说："我是读着朱先生的书长大的，我今天终于能目睹朱先生的大家风采，我代表我们学校的语文老师，今天要对朱先生深深地鞠上一躬！"我随同朱先生去过好多基层中小学，也多次看到这样感人的场面。

二、敬业精神，体现了一位大家的风范

在"九五""十五"期间，我们学会都承担有国家课题。朱先生当时年事已高，加上他在我们语文教育界享有极高的声望，按理说只要"发号施令"就是了。但是，他并没有这样，他还是在不断学习，不断地提高自己，并且和大家一起，深入到基础教育的第一线。

2001年4月我和王光龙先生随同朱先生一起去河南新野县实验学校检查课题研究情况。当时，新野县有我们学会9所实验学校，全部为乡镇中学，距离县城较远，且交通不便。我们原先计划安排他坐镇县城，我们同县教研室的同志下去，回来向他汇报情况。可是朱先生坚持要同我们一起深入下去，并说，我要亲自到基层去，要和基层的教师们接触，这样才能了解到最真实的情况。就这样，他同我们4天走了9所学校，每到一处都要亲自听课，与师生们座谈，看成果展览，使基层的师生深受感动。

三、平易近人，具有很强的亲和力

我最早的印象是，朱先生没有架子，很平易近人。随着交往的增多，这一点印象更深了。

朱先生的平易近人是大家公认的。我刚开始接触时，还以为名人都是这样，可能是在作秀。但朱先生不是这样，他是真心关心他人，没有夹杂任何私心杂念。我随同他去了许多实验学校，有大城市的，也有县城的，还有农村的，他不论碰到什么样的人，不管你是县长、局长、镇长，还是书记、校长、主任，或是普通老师、职工、学生，一视同仁。有许多基层的普通教师，见到朱先生这样的大家来到学校，总要问长问短，要签名照相，朱先生都一一满足，从不推脱。我记得，在河南一所学校，由于要朱先生签名的人太多，我恐怕他受不了，就和老师及学生们打招呼，不要再签了，结果朱先生说，只要教师、学生有要求就一定要满足，不能让他们失望。我望着朱先生疲惫的身子真有些心痛啊！但我从心底里更加崇拜朱先生了。

我自己因为认识了朱先生，从而对学会产生了兴趣，以致产生了感情并全身心投入。我这几年为学会做了一些工作，赢得朱先生信任，得到广大会员理解、支持及好评。说句实在话，我是非常心安的。我为学会工作，从不计较报酬、得失，心甘情愿去做，都是因为朱先生的人格魅力及感召力。与朱先生接触，改变了我的人生态度，使得我心灵得到进一步净化，更加尊重知识、尊重人格，更加热爱生活。我经常和我周围的人谈起朱先生，使得我的爱人、孩子、我的父母、我的朋友几乎都知道朱先生的名字，并为我感到自豪。

作者（左一）与王安琳教授、朱绍禹先生、黄麟生教授合影

朱先生离我们而去了，这是我国语文教育界的巨大损失，各位同仁为失去这样一位非常受尊敬的先辈而无比的悲痛。我们要化悲痛为力量，继承朱先生的遗志，为把我国的语文教育事业继续推向前进而努力奋斗！

作者系山西师范大学课程与教学研究所原常务副所长。兼任全国语文学习科学专业委员会第一届理事会秘书处秘书，第二、三届理事会常务理事兼副秘书长。

中国语文教育界的一代宗师

——悼念最崇敬的朱绍禹先生

许书明

2008年5月1日，听说我们崇敬的朱老病重住院了，心情万分焦急。急忙写一封短信安慰朱老："听说您老身体有恙，牵挂着我们的心。不过一想，您老那么硬朗的身子骨，那么乐观刚毅的性情，这点小恙算什么？衷心祝福您老身体健康、节日快乐！"是啊，在我们心中，朱老是一位性格刚毅、乐观开朗的东北汉子，身体强健，精神矍铄，永远不知疲倦。但这一次，朱老是真的病了，而且病得还不轻。毓明笠老师回信告诉我："朱老师的情况很不好。"当噩耗传来，我还是不敢相信这是真的：我们最崇敬的朱绍禹先生就这样离我们而去了！

作者（左）与朱绍禹先生合影

悲伤像洪水一样漫过了心的堤坝，泪水模糊了双眼……朱老熟悉的身影一次次清晰地浮现在眼前。

第一次见到朱老，是在江苏南通。2007 年 7 月 29 日，朱老作为理事长主持了全国语文学习科学专业委员会第三次会员代表大会预备会议。他在开幕式上首先阐明了本次会议的重要性："这是一次具有里程碑意义的重要会议。"我坐在台下喃喃自语：这是一位 86 岁高龄的老人吗！他中气十足，用他那带有东北味的普通话朗朗地说："我们学会同其他语文学会一样，都是为着提高我国学生母语学习的水平，大力推进语文教育事业的发展。"感觉得到，他太热爱语文学习学会了，他每时每刻都在为中国的语文教育事业倾注着他的心力。他强调说："语文学习科学的研究是一项十分有价值的研究工作，在研究工作中一定要注意理论观点的创新和研究方法的创新。"朱老不仅感情炽热、见解独特，而且思维清晰、充满睿智。最后，他热情地鼓励大家积极从事语文学习科学的研究工作，发表和出版语文学习科学的研究成果。我被朱老对语文教育事业的拳拳之心所打动。

端详着朱老与我的合影，我的泪水止不住地流……多么令人爱戴的先生啊！大名鼎鼎的学者，德高望重的学术领袖，却那么容易亲近，那么容易满足你的要求。凝视着照片上的朱老，他的笑容是那么纯真、那么慈祥，俨然像我感情深厚的父亲。不，他不是一般的父亲，谆谆教诲而温柔敦厚，虚怀若谷而童心未泯，好像一位涉世未深的青年，那么单纯，那么可爱。

会后，朱老与我们一道游览南通市著名的狼山风景区。崎岖的山路，不算陡峭，但对一位年近九旬的老人来说，无疑是一次巨大的挑战。朱老谢绝了所有想来搀扶他的参会代表，径自一人奋勇前行。这时，跟在朱老身后的我们更觉得朱老简直就是一个充满能量的青年人！时值七月酷暑，不少人已经气喘吁吁、汗流满面。我们劝朱老歇歇，可他笑着摇摇头说"不累"，又大步朝山上走去。大家都惊呆了，自惭形秽。到了山上，大家又纷纷邀请朱老合影，为朱老在狼山挑战生命的壮举喝彩！

真是太难忘了，第一次与朱老相识，就这么幸运，零距离得到朱老宝贵的言教和身教。我分明感受到朱老作为著名学者的巨大人格魅力。

是啊，怎能忘记！1991年我刚接受教学法工作时，发下来的第一本教材竟是朱老的专著《中学语文教学法》。从此，开始了我与朱老的忘年交往。在书中，我贪婪地吮吸着朱老对中学语文教学的真知灼见，在书信里自由地与朱老交流语文教育的思想感受。但“纸上得来终觉浅”，只能将这些东西囫囵吞枣地拿到课堂上交给学生。可这些学生都是一线的中学语文教师，提出不少理论和实践中的问题希望我解答。我着急了，竟斗胆地写信向朱老求教。出乎预料，朱老给我寄来了一叠厚厚的回信，里边有他对问题的见解，有他语文教育实践的体会，还有丰富的相关资料。我感动了，这是我生平第一次发自内心的感动。而令我感动的，却是一位陌生人，一位素不相识的人，而他竟是我顶礼膜拜的中国语文教育界大名鼎鼎的朱绍禹先生。我幸福极了！在朱先生的热情指引和帮扶下，我慢慢走上了语文教育研究之路。我在1992年以后发表的几篇论文，如《试论中学语文科的综合性》《中学语文课堂结构最优化探微》《阅读教学的典型结构及其变式》《语文课堂教学结构科学化之我见》《论语文学习目标的确立》等，都是在朱老的悉心指导下研究先生著作的心得体会。先生语文教育思想中的学科、教材、教学的三大性质观，是相互联系、相互渗透的，既对立又统一，形成一定的结构，成为朱先生语文教育理论体系的一块重要的基石。

第二次见到朱老，是在三个多月后的杭州，参加全国语文学习科学专业委员会第三次会员代表大会。见到朱老就如见到老朋友一般，令我心情激动，握住朱老宽大有力的手，说：“朱老，您还是这么硬朗！”朱老爽朗地笑道：“还行！”大会充分肯定了以朱绍禹为理事长的第二届理事会、第一届学术委员会所取得的巨大成绩，强调了朱绍禹理事长所倡导的“崇尚学术、讲究科学、开拓创新、服务社会”的会风。在这次会上，朱先生放心地把理事长的接力棒交到了杭州师范大学王光龙教授手中，顺利地实现了学会理事会的新老交接。大会还宣布：朱绍禹先生担任第二届学术委员会主任，领导新一届学术委员会的工作。

不曾想到，我与朱老十八年的忘年交情，仅二次见面，他竟匆匆离去！朱老，我生命的恩师和挚友，您一定多多保重！我期待您的第三次会见……

作者系四川师范大学教授。兼任中国高等教育学会学习科学研究分会第八届理事会常务理事，全国语文学习科学专业委员会第四届理事会常务理事、副秘书长。

朱先生在狼山

时金芳

从友人的电话里得知朱绍禹先生辞世的消息，意外，悲痛。地处长江北岸、黄海之滨的南通，刚入梅雨季节，雨断断续续地下，潮湿又闷热。

江边，狼山静穆地被锁在烟雨中。我撑着那把绿色小花伞，踏上上山的石径。去年七月，朱先生就是踏着这条石径登上了狼山！

那天，天气出奇的热！全国各地来南通参加语文学习科学专业委员会研讨会的专家们游览江苏省六大自然风景区之一的狼山。山不高，海拔 106.94 米。可这群游历甚广的专家学者却个个兴致勃勃，不等导游发话，就三五成群地向山上走去。我的两个助手在山脚张罗着为朱先生找轿夫。可找来了轿子，却不见了朱先生！太阳烤得人不停地冒汗，我心里急得要着火：快 90 岁的人啦，怎么耐得了这样的高温？万一出了什么状况，怎么得了！我拔腿向山上追去，追至半山腰，终于发现了他——那个瘦瘦的、满头白发的老人。灰色的短袖衬衫已被汗水湿透，但他的脚步看不出疲软与乏力。我喘着气，陪着他登上了望江台。江面上白茫茫一片，看不到什么。老人眯着眼睛，伫立凝望许久。我撑着绿色小花伞，站在他身旁。四周静极了，望江台上就我们俩，其他的游客全躲到庙宇里或树荫下。一丝风也没有，江水被银灰色的雾罩着，不见动静，没有声响。老人自言自语：壮哉壮哉！不见波浪影，不闻江涛声，老人感受到的“壮哉”是什么呢……

今天，望江台上只有我和我撑着的小花伞。雨打在伞上“噼噼啪啪”。山风在身后摇曳，呼呼作响。江水在风雨的推拥下向前奔去……

“金芳，我还有机会再来狼山吗？”去年，老人站在这里，问我。

今天，我该去问谁，朱先生为何这样喜爱狼山？

游览过许多名山的朱先生，不以狼山矮小而嗤之，可见其不以高矮论山势的智慧与练达。于无形无声中独感其壮阔，可见其超然物外的胸怀与气度。

狼山，静默在长江边。我对朱先生的记忆与狼山同在。朱先生对后辈的影响如江水源远流长……

2002年12月在朱绍禹先生80寿辰宴会上，作者（右二）与程顺之、陈学法、孙国兴、王柏勋等同朱先生合影

作者系江苏省南通大学教授。兼任中国高等教育学会语文教育专业委员会学术委员会副主任、中国高等教育学会学习科学研究分会第八届理事会常务理事、全国语文学习科学专业委员会第四届理事会副理事长。

我认识的朱绍禹先生

魏本亚

2007年暑假，在南通语文学习科学专业委员会研讨会上我第一次见到朱绍禹先生。2007年11月，在杭州语文学习科学专业委员会学术年会上我第二次见到了朱绍禹先生。本设想2008年暑假到长春拜访先生，不承想先生已于5月9日仙逝。先生走了，留给我的是一连串的记忆。

第一次知道朱绍禹先生是1981年，当时我在徐州师范学院中文系读大四，杨履武先生给我们开设了中学语文教学法课程，使用的是十二所师范院校合编的讲义。杨履武先生讲课时介绍过朱绍禹先生，我知道朱绍禹先生是东北师范大学的教授，是语文教育研究专家。1983年我在书店里买到了朱绍禹先生的《中学语文教学概说》，对朱绍禹先生的语文教育观有了直接的认识。

第二次听说朱绍禹先生是2005年12月南京会议与王柏勋先生的晤谈。王柏勋先生于2004年出版了大作《语文教学情趣论》，我在南京会议上得到了柏勋兄的赠书。书中就有朱绍禹先生的序，柏勋兄在后记中对朱绍禹先生的鼓励心存感激。交谈中柏勋兄对朱先生充满了敬意。我知道朱绍禹先生超常的胆识与学识，他作为学界的领军人物，对后学的帮助是无私的，对后学的爱是一种大爱。

第三次闻知朱绍禹先生是在2006年12月与曹洪顺先生的一次叙谈。鲁东大学曹洪顺先生、武玉鹏先生邀我参编一本书，我在寒假期间奔赴烟台。当晚瑞雪纷飞，我在宾馆里聆听着曹先生的教诲。曹先生谈到自己的发展历程，由衷地赞叹“黄埔一期”。因为1982年毕业后我一直在中学一线打拼，对学界的事情一无所知，我这一次知道了朱绍禹先生1986年在东北师范大学主办了语文教学法研讨班，这次培训班汇集了周庆元、王松泉、韩雪屏、曹洪顺等学界大师级人物。朱绍禹、顾黄初等先生主讲，曹洪顺先生任支部书记，韩雪屏既是学员又是老师。这次培训班被语文教育学界称为“黄埔一期”。据说朱先生还举办了“黄埔二期”。听了曹洪顺先生讲述的学界故事，我从心里敬佩朱绍禹先生，在学科发展的关键时期，主持这样的培训班，为学界做了一件大好事。

当这一系列耳闻连贯在一起之后，我对朱绍禹先生的敬佩之情油然而生。心中升腾起拜见朱先生的念头。

2007年7月，时金芳教授筹办南通研讨会。我在会上第一次见到了向往已久的朱绍禹先生。先生高高的个子，声若洪钟，思维敏捷，给我留下了深刻的印象。私下拜访朱先生时，先生对徐州师范大学吴奔星、廖序东、杨履武先生的贡献如数家珍。朱先生讲：吴奔星是一位学术大家，解放初出版了新中国第一部《语文教学新论》，廖序东于1953年翻译了苏联的文学教学法和语言教学法以及《海燕》《鹰之歌》等教案，杨履武先生在1980年前后翻译了大量国外母语文献资料。你们徐州师范大学语文教学论有过辉煌历史，你要把这面旗帜扛下去。朱先生对学界的情况了如指掌，可见其宽阔的学术视野。先生还说：你魏本亚这个名字，我在2003年就知道了。2003年长春国际会议上你提交了一篇《语文教育现代化的哲学思考》论文，我们本来安排你发言的，结果你在北师大裴娣娜老师处有事不能到会，只好把你的论文收入论文集。不曾想到我的文章却引起了先生的关注，我的缺席却给先生添了这么多麻烦，作为后学我感到了先生的温暖。

2007年12月，王光龙先生主持召开全国语文学习科学专业委员会学术年会，我有幸第二次见到了朱绍禹先生。朱先生这次主动从领导岗位上退下来，把火炬传给年轻人，受到了与会者的赞扬。会议间隙，朱先生问我近期的工作，我告诉先生我在华东师范大学叶澜教授处访学。朱先生十分高兴，说语文教学论专业教师要好好学习教育学原理，这个基础打牢了，研究语文教育才可能有高度。当听说我在撰写《语文教育研究方法论》一书时，先生语重心长地说，要沉下心，甘坐冷板凳，不要急功近利。先生告诉我书出版后一定要寄一本给他。一位八旬老人，诲人不倦，其情其景，令人感动。

2008 年 5 月 9 日，朱绍禹先生走了。2008 年 5 月 17 日我的《语文教育研究方法论》由高等教育出版社出版，我只好焚书一本以告慰先生的在天之灵。

朱绍禹先生走了，留给我们的是无尽的思念与美好的回忆。

作者系江苏师范大学教授、硕士生导师。兼任中国高等教育学会语文教育专业委员会常务理事，中国高等教育学会学习科学研究分会第八届理事会常务理事，全国语文学习科学专业委员会第四届理事会常务理事、副秘书长。

乐观追求　永远优秀

——朱绍禹先生对我的影响

王香芝

朱绍禹先生是我国当代著名语文教育家。我作为一名乡镇中学的语文教师，有幸结识朱老先生并得到他老人家的帮助，使我受益终身，是他老人家指引我走进了语文科研的新天地。

2001 年，我非常幸运参加了在唐山师范学院举办的河北省中学语文骨干教师培训班，有幸聆听了朱老先生的授课，课后认真拜读了他的《语文教育科研导引》一书。培训期间，我们经常围住朱先生问这问那，他老人家总是谈笑风生，非常和蔼地与我们海阔天空、天南地北地谈论一番，激励我们不能只做教书匠，要做科研新专家。当时他已经 79 岁，还那么健谈，那么有活力，那么有激情，谈起学术来滔滔不绝。有一次，我问道："朱教授，您的养生之道是什么？"只见他爽朗大笑："哈哈哈哈，乐观追求，就是养生之道！"

朱先生对学术的执着追求和乐观向上的人生态度，深深感染着我，成为我人生道路上的一个最重要的支撑点，有如沙漠上的绿洲，给疲惫的旅游者最美好的希望；有如长途中的加油站，给苦苦追求的人跋涉人生的力量；有如大海上的灯塔，给迷茫的人指明前进的方向，使正困惑于语文教改的我，学会了编织语文教学的美丽花环。

2002 年 10 月，我所从教的河北柏乡镇中学有幸成为全国语文学习科学专业委员会的一所实验学校，承担了全国教育科学十五规划课题"语文学习素质培养与人的发展研究"的子课题"语感的培养与人的发展研究"，我为该课题的主持人。

在总课题组的指导下，我们对语感教学法进行了实验研究，采取美读感染法、咬文嚼字法、语境品读法、切己体察法和媒体直觉法，培养学生的语感能力，促进学生的发展。

2003—2005 年，我代表课题组连续三年参加了学会在桂林、黑河、西安举办的学术研讨会。朱老先生作为全国语文学习科学专业委员会的理事长，特别关心我们乡镇中学的课题实验。每次见到朱先生，他总是关切地询问我们课题的开展情况，并给予具体指导。我每次听到朱先生的学术报告，都感到非常新鲜。

2003 年在桂林年会上，朱先生报告的题目是《以问题为纽带的阅读学习新理念》。报告分两大部分，一是问题意识的培养；二是提出问题的策略。在“提出问题的策略”中，结合阅读学习指导的实际，从有价值的问题、问题从哪里产生、提出什么样的问题三方面做了具体论述。朱先生的报告理论联系实际，论述旁征博引，思路严密清晰，语言生动风趣，让我们在笑声中顿悟语文阅读教学的真谛。

2004 年在黑河年会上，朱先生报告的题目是《我对〈语文课程标准〉倡导的学习方式的理解》。朱先生站在教育哲学的高度，具体分析了自主学习、合作学习和探究学习三种学习方式的来源、价值和特点，也指出了合作学习和探究学习的弱点。朱先生强调了三种学习方式与接受学习方式的相互补充作用，并对接受学习方式的特点和弱点，以及如何运用等做了具体阐述。朱先生的报告高屋建瓴，给了我思想上的启迪和理念上的匡正。

2005 年在西安全国年会上，朱先生作了题为《我对〈语文课程标准〉的理解》的专题报告。朱先生报告的内容，包括语文课程标准“对‘语文知识’的表述”、“对‘过程’的表述”、“对‘学习方式’的表述”三个问题，指出了“课标”在这三个问题上表述的主要不足。朱先生的报告，使我开阔了眼界，增长了知识，解开了我对语文课程标准理解上的诸多疑惑。

2004 年在考察俄罗斯教育期间作者（左）与朱绍禹先生合影

每次参加全国年会，我都把学到的新知识用到课题实验中去。在朱绍禹教育思想的指导下，我校的实验研究收获了累累硕果，总结出了“听、读、写、背、说、用”系列语感培养模式。实验教师共有 26 篇论文和教学设计在全国年会交流中获奖，凸现了我校的团队精神，展现了我校集体的科研能力和水平。我的录像课、演示课和实验报告均获全国一等奖。实验教师在省级以上刊物发表论文 18 篇，实验班的学生 2003 年、2004 年全县语文统测均获第一名，2005 年中考语文总评全县第一名，秦欢同学喜获全县中考状元。

2006 年元月 9 日，朱绍禹先生不顾自己年事已高，不辞远道奔波的劳累，与王光龙教授等一行 6 人组成的专家鉴定组，莅临我校作课题成果鉴定，观看了我们的科研成果展，深入课堂听汇报课，与实验班的师生亲切交谈，又为全校教师作精彩的报告，对我校的课题研究给予高度评价。他说：“你们学校，是我们在这次所结题的 12 所国家课题实验学校中，唯一的一所地处偏远、客观条件比不上其他学校的学校，你们所取得的研究成果，要比其他学校多付出几倍的努力。你们的精神令我感动，值得我学习。如果说，我在有生之年还想有什么建树的话，我将把你们学校写到我的文章里……”老师们倍受鼓舞，深受启发。我校的实验课题圆满结题，有6名教师被评为“全国先进课题实验教师”，我被评为“全国先进课题负责人”。

朱老先生尤其关心我的成长。我永远不会忘记，在2003年桂林年会上，我有幸做了演示汇报课，面对陌生的当地学生，面对专家们挑剔的目光，面对强大的参赛对手，我充满自信，胸有成竹。因为我看到朱老先生就坐在下面听我的课，这是他在16节演示课中听的唯一的一节课。所以我倍受鼓舞，沉着冷静，以别具匠心的教学设计，采用“听一听、读一读、评一评、背一背”的教学流程，指导学生运用“自主、合作、探究”的学习方式，成功地实施了语感教学法，培养了学生的语感能力。在座的400多名专家颔首赞许。我的演示课获得了“自主学习与学法探究”一等奖。

朱先生高兴地说:“一位极优秀的教师，一个从小世界走向大世界的人。”当时已82岁高龄的朱老先生为我挥笔题词:“心高志远，致力于教学改革，并已取得成果，可贺可敬。年纪轻，路正长，前途似锦，定能成为名师。书赠香芝。朱绍禹 2003年秋”我知道这是长辈对晚辈的殷切希望。

那年冬天，我又收到了朱老先生的一封信，打开一看，是一张用宣纸写的大楷毛笔字:“志向高远 心想事成 书赠香芝 朱绍禹 癸未年冬”当时我激动不已，立即找人去装裱，并自豪地说:“看，这是当代著名语文教育家朱绍禹先生专门给我寄来的！你要好好把它装裱一下，我要挂在我家的客厅里。”

每当我看到那个装裱着前辈厚爱的题词，我的心中就充满了感激，更加信心倍增，积极投入于语文教学，我唯有用一流的教学水平和科研业绩来回报关爱我的人！

2006年我光荣地被评为中学语文特级教师，并当选为中共河北省第七次党代会代表。10月25日《河北日报》以《因为爱，幸福着》为题整版报道了我的事迹。

2007年11月，全国语文学习科学专业委员会第三次会员代表大会暨

2007年学术年会在杭州召开。我在会上做了交流发言，现身说法谈了我校课题实验研究的体会，与会代表对我的发言报以热烈的掌声。当我走下讲台的时候，朱先生立刻起身握住我的手，夸我讲得好！我的心里甭提多幸福了。会议结束时，我向老人家握手道别："朱教授，祝您健康，永远健康！"他充满期待地说："王香芝，祝你优秀，永远优秀！"我载着他老人家的嘱托，满怀喜悦踏上了归途。谁知，这一别竟是与老人家的永别！

2008年4月28日，我得知先生病重的消息，心情非常沉重，夜晚我难以入眠，心中只有一个意念：愿他老人家健康平安！于是我写了封长信发给朱老先生的三女儿朱迎丹，很快就收到了朱姐的回信："谢谢王老师的惦记和关心！已把你的信息念给我爸听了，他记得你，点头微笑，我爸说他对你的印象美好！这是他的原话！朱迎丹"天哪！他老人家在病中还记得我一个地处偏远的乡村实验教师的美好！我受宠若惊！于是跪拜在神灵面前，点燃三炷香，双手合十祈求上天保佑老人家平安健康……

可是，2008年5月9日，曾给予我厚爱的前辈朱绍禹先生仙逝了。他老人家还是走了，我内心的震惊、遗憾、自责无以言表……我没能见他老人家最后一面！泪流满面的我，像木头人一样呆呆地静坐了一个多小时。憾恨之余，我望着他老人家给我充满期望的题词，抚摸着他老人家送我的著作《语文教育科研导引》和《朱绍禹文存》，凝视着我与朱老先生在一起的照片……这一切的一切，都成了永久的纪念！睹物思人，百感交集，思绪万千，千言万语汇成一句话——朱老先生，您安息吧！我会遵循您的教诲"乐观追求"，争取"永远优秀"！

从此，一种无形的力量鞭策着我，更加执着地研究中学语文课堂教学改革。2009年，我到北京参加了"中国名师大讲堂"，作为教学名师，先后到全省各地巡回讲学，上示范课数十场，培训教师数万人次。

2009年至今，先后受聘于唐山师范学院、保定学院、石家庄学院、邯郸学院、邢台学院等高校，为"国培计划"培训班讲学，受到培训学员的热烈欢迎。

从"乡村教师"到"国培专家"的经历，让我享受到了教育的快乐，体味到了人生的幸福。是朱绍禹先生引领我走上了科研之路，是课题研究成就了我，是我们的学会给了我发展的空间，如果没有他老人家的鼓励，就没有我今天的辉煌！

我已为自己定位：与名人为伍，与好友并肩，与时代同步，致力科研，学习朱先生，乐观追求，孜孜不倦，为我们的语文教学改革多作贡献！

作者系河北省邢台英华中学副校长，语文特级教师，全国优秀教师。兼任中国高等教育学会学习科学研究分会理事、全国语文学习科学专业委员会学术委员。

我心中的朱绍禹先生

张宝华

我知道朱绍禹先生逝世的噩耗很晚，心中震惊、悲痛，难以言表。王光龙教授约我写一篇纪念朱先生的文章，勾起我与朱先生相识的记忆。

1987 年 12 月，在东北师大文学学士学位论文答辩会上，我第一次见到朱先生。当时的朱先生年龄应是 65 岁，个子不高，上身穿着横排扣的灰蓝外套，瘦削略长的脸庞写满认真和严肃，给人不言自威的感觉。听我答辩时，朱先生边听边在不大的房间里背着手来回踱步，眉头皱着，眼睛似乎谁都没看，全神贯注地听着我的答辩，生怕漏掉一个字。我当时的答辩论文题目是《阅读方法在阅读中的地位和作用》，并非写得令人叫绝的文章，但朱先生认真的态度着实令我一个普通学员震惊和感动。在论述阅读方法在阅读中的地位时，我用了四个比喻："从阅读的哲学方法论意义上看，阅读方法是把人们的阅读引向正确的方向和道路，从而达到预定目的的指南针；从阅读的过程看，阅读方法是联结各个环节的纽带；从知识和能力的关系看，阅读方法是获取知识、发展阅读能力的点金术；从培养未来人才的角度看，阅读方法是杜绝未来文盲的钥匙。"朱先生在踱步中突然问我："这四个比喻是怎么想出来的？"我没想到朱先生会问这个问题，想也不想就说从别处搬来的。朱先生马上就问："从哪里搬来的？"我就举"点金术"一词，我从别人的文章看到"发财致富的点金术"等，我就用"点金术"形容阅读方法，意思还是快速成功的方法和技巧。朱先生赞许地点了点头。我暗幸这四个比喻是我自己费了很多脑子移植创造出来的，而不是抄来的。以后了解到朱先生对论文的抄袭是深恶痛绝的，我深深地理解了朱先生对论文的认真严谨的态度。

全国语文学习科学专业委员会是1995年8月在四川成都成立的，我有幸参加了成立大会，并成为学会第一届理事。朱先生没有参会，与会代表一致推选德高望重、学术精湛的朱先生为理事长。成为学会的一员，使我有更多的机会与朱先生接触，向朱先生请教和学习。学会在河北承德举办年会，我第二次见到朱先生。由于承办方在会议伙食上质量不好，服务态度差，与会代表意见很大。我记得在会议结束的晚餐上，近80岁高龄的朱先生带着学会其他领导到每台餐桌向各省代表道歉。伙食不好，并非朱先生的责任，但他没有高高在上，不管代表们的冷暖，而是以平民的心结，心中装着每一个老师。他有一颗金子般的良心，给老师们以真挚的人文关怀，我又一次震撼和感动。

参加各种研讨会多了，经常会听到有些专家、学者作报告时抓住别的专家、学者的某一点进行批评，把人批得体无完肤，说自己的观点时则抬得很高，几乎说得登峰造极，完美无缺。这不是实事求是、令人信服的研究，这是贬低别人，抬高自己的不良学术作风。我多次听朱先生的讲话和学术报告，发现朱先生很少指名道姓地批评别的专家的学术观点，在学术研究上，朱先生是冷静地、平等地、公正地看待与自己观点相左的人，在尊重他人的基础上提出自己的看法。对待自己做的工作，朱先生总是那么谦逊；对待别人做出成绩的工作，朱先生总是不遗余力地大力表扬。每次学会开年会，朱先生总结时都会大力表扬为年会组织工作做了很多工作的同志，谈到自己却说自己没做什么。在中山开年会时，朱先生在闭幕会上表扬我“组织能力很强”，给了我极大的鼓舞和鞭策。我与很多老师交流中，没有听到一句非议朱先生的话，朱先生朴实、公正、谦逊、无私的品格感染着与他相识的每一个人。

我听朱先生的“最后一课”是在2007年4月的东北师大，我带着中山市 20 名中学骨干教师到东北师大文学院参加中学语文骨干教师高级班培训。86 岁高龄的朱先生给我们作了“科研选题问题”的讲座。朱先生尽管是高龄老人，但身板笔直，精神矍铄，声如洪钟，底气十足，思维敏捷，出口成章。朱先生的语言秉承他的一贯风格，使用的都是逻辑严密、充满庄重色彩的学术语言，没有一句重复多余的话，写下来就一篇高质量的论文。我一再请朱先生坐着讲，但他始终不肯坐下来，一直站着讲了三个小时。朱先生讲课是全身心的投入，感情异常充沛。从他明亮的眼神中分明可以感觉到他已进入理性的王国中，我们也身不由己地跟随着他，在他构建的充满真知灼见、闪耀理性光辉的学术殿堂里徜徉。给我印象很深的是朱先生讲的“新课题”导引，如“学生口语中新词语调查研究”“不同年龄的学生阅读爱好变化的调查研究”“改变角色与写作训练”等，为我们开展课题研究打开了一扇新的窗口，给我们指明了一条微观化研究的学术之路。虽说朱先生退休了，但他退而不休，继续关注全国语文教学状况，每年都有一本学术著作出版。朱先生真正做到了活到老研究到老，生命不息，研究不止。我感觉到朱先生就是为研究而生的，他的研究，他的著作，是他生命的最重要的一部分。有些专家、学者退休后就偃旗息鼓、马放南山、颐养天年了，而朱先生却是继续点亮他的学术之灯，在语文教育研究之路上不断地前行，前行！

2007 年 11 月在杭州举办的年会上，朱先生将学会的领导工作交给了王光龙教授，他完全退下来。看到他一手创办的学会人才济济，后继有人，他是非常欣慰的。告别晚宴上，朱先生非常激动，眼角噙着泪花，走到我旁边时，将脸颊紧紧地贴着我的脸颊。朱先生的激动，我能感觉到那是他对即将离开的他所钟爱的事业的留恋，是他对交往多年的同事的友情的回顾，是他对学会全体同仁继续将学会做大做强的期盼。

如今，朱先生虽已驾鹤西去，但先生之风，山高水长，逝去的是暂时，留下的是永恒。先生的音容笑貌、道德文章永远铭刻在我的心中，永远铭刻在广大语文教师的记忆中。

愿朱先生在天堂中继续在他所钟爱的语文教育研究之河中遨游，尽情地享受研究的快乐，品味幸福的天堂人生！

作者系广东省中山市教育局教研室初中部主任、高级教师。兼任中国高等教育学会学习科学研究分会第八届理事会理事，全国语文学习科学专业委员会第一、二、三届理事会理事。

笑口常开　精神常在

——忆朱绍禹先生

李咏梅

2008 年 5 月 2 日 10 时 49 分，获悉“朱绍禹先生患尿道病已到晚期，很虚弱……”的消息，惊愕良久。先生那爽朗的笑声、诙谐的话语又回响在我耳边……我似乎想用这种方式拒绝这一让人难以接受的消息！

去年的金秋，我陪同 86 岁高龄的朱先生赴绍兴文理学院讲学，那一幕幕难以忘怀的情景一一浮现在眼前……

当白发稀疏、衣着朴素的先生走进学院礼堂时，室内语声嘈杂，人头攒动，我有点担心，担心这些不谙世事的 80 后的学子们与先生在年龄上、学识上、精神境界上的不相容。可是令人赞叹的瞬间连连呈现：一位耄耋之龄的老人的一个 90 度鞠躬，震撼了所有 80 后的学子们，顿时礼堂鸦雀无声，一种敬畏，我震撼了，先生！接下去，先生思路清晰的讲解，居然激起一次次精彩的师生互动，一次洗礼，我汗颜，先生！！“学术研究要有踏实的态度，端正的文风……”一场凝练、深邃的学术报告仅仅用时 40 分钟，一如既往的严谨守时，一种钦佩，我折服，先生！！！这种精神怎能不延续，您的风范一定会传承！

老师呀，您的学生的成长多么需要如此的熏陶与滋养，恭请您走得不要太匆匆！

5 月 3 日晨，我搭上去往长春的火车，中午与先生见了最后一面，可是先生已不能说话了，只是费力地点头。老师啊，您帮我字斟句酌的书稿我还带在身上，我想告诉您我已改好，我想告诉您请您不要再惦记，可是我不想再让先生耗费力气。几十年来您一如既往地为我们的专业研究推敲立意、斟酌字句，您太累了！而当我们过意不去时，您总是振振有词“这才是老师嘛！”老师呀，请您醒醒，我们还有那么多的困惑需要您来解除，我们还有那么远的路想与您同行……先生，我向您保证，我是听话的学生，我一定会比现在更用功！

离开长春回到家里直至老师离开我们这段日子内心忐忑不安，每一天在脑海里都回放着您。老师呀，您不仅是我们专业领域的旗帜，生活上，您更是我们精神的巨擘。

2006 年春天，我要回师大，打电话问您“我要去长春，给您带点什么呀？”“你那儿呀，我要的东西根本没有，只有我这儿有，哈哈，白小米，你有吗？如果你觉得心里过意不去，就给我带个哈尔滨的大列巴吧，哈哈哈……”当我真的扛着大面包出现在您面前时，您竟然像个孩子似的双手捧着它，灿烂的笑挂在脸上，那爽朗的笑声充满您那俭朴而充满诗意的小屋：满屋子的藏书，满屋子的山水画，满屋子的笑声……先生啊，您衣食简单，却笑口常开，也许这就是您的学问真纯、鲜活、不朽的原因？！

老师，您知道我们每一位女同学对您最耿耿于怀的事是什么吗？每次外出开会，我们几个女同学都记着赶快放下行李去帮高龄的先生做点什么，可每次都不免感叹，您不知什么时候总是以神奇的速度将自己旅途中穿的所有衣服洗得干干净净，当我们不得不“责备”您时，您总是眯起眼睛来得意地说：“我有洁癖！”看着那雪白的衬衫托起的那张安详的面庞，我们不得不赞叹：一位多么自律独立、自尊坚韧的老人！每每回味，我们都感受到一种精神上的激励，这种浸润，足以让您的学生享用一生！

2008 年 5 月 9 日 14 时，先生永远地走了，深深的遗憾与不舍只能化作片片记忆散落于这多难的五月，这和煦的春风中：

2007 年杭州的全国语文学习科学专业委员会的学术年会上，先生感人至深地完成学会的更新换代，如此理智，如此从容……

会后，我们在秋风瑟瑟中寻访西塘……路途漫长，您拒绝人力车夫的盛情，冷风嗖嗖，您手护头顶，扼腕感叹，诙谐镇定……

在鲁迅故里，您头戴阿Q小毡帽与鲁迅先生真情对话……

似乎就在昨天，您还在电话里述说着这一年的学术行程……

先生，每每忆起您的睿智谈吐、笑貌音容，我们都有说不出的不舍，道不尽的敬重！请允许我借用王光龙先生激励学会同仁的话语来表达我此时的心情："让我们继承先生的遗志，为语文教育研究事业作出更大的贡献，以慰先生在天之灵！"

老师啊，先生，您是谆谆长者，又似率真的孩童，我们从未认为你是耄耋之年的老人，在我们心中，您的音容常在，您的精神永生！

作者（后排右一）与朱绍禹先生（前排中）合影

作者系黑龙江省哈尔滨学院副教授。兼任全国语文学习科学专业委员会第三届理事会理事。

大师远行　日月长明

——深深追思朱绍禹先生

潘　涌

2008年5月9日16时左右，正赴温州上课途中，忽然接到王松泉教授的一个沉重短信：朱老已于当日14时病逝。我心灵猛地受到一击：先生身板硬朗，声音洪亮，元气充沛，怎一下走得这么急？……重击之下，不及细思，赶紧拜托松泉教授：谨以浙江省高师语文教育学研究会的名义敬献一个花圈和一副挽联。

然而，小小花圈怎能承载深深哀思？一纸挽联又怎能尽述无边追念？朱老是继叶圣陶、吕叔湘、张志公“三老”之后又一位汉语教育研究界的大师，他在母语教育的理论研究、实践研究和学人培养诸方面都作出了学界共誉、来者难追的特殊贡献。一代宗师之辞世，一国母语教育之创痛！

朱老不老！他毕生洋溢着学术青春的活力，生命的年轮禁锢不住超越者自由的思维。他穷毕生之功构建了一个丰富、深刻又充满创意的母语教育思想体系，又开拓性地培育了一批活跃在当今母语教育论坛上的年富力强的中坚力量，还以满腔的热忱引导遍布大江南北的中小学母语教师踏上了教研兼擅的发展之路。与前述母语教育学界的先贤相比，他集母语教育思想家、活动家和实践家于一身，其学术影响面和活动覆盖面广及高等教育与基础教育。他的睿智，开启了多少学术骨干的教学思维；他的开放，拓展了多少教学新人的专业视野；他的激情，点燃了多少基层教师的追求信念。朱老不老，薪火传照！

朱老的去世也给我个人留下了抹不去的遗憾。先生生前，与我虽只有一面之交，但他对后学的多次赤诚勉励使我感念不已。

早在 1994 年，东北师大主办的《中小学教师培训》举行全国性教学论文比赛，拙作《论语文教学激情》幸获少数几篇二等奖之一，并在该刊 1995 年第 2 期全文发表。事后编辑“泄密”：朱老荐此曰美文。这是朱老对我的第一次勉励，其后并无书信往返或电话联系。

2004 年 12 月，在浙师大举办的省高师语文教育学研究会年会上，王光龙教授转述：朱老对我那本未必为人看好的《语文新课程与教学的解放》称誉不少。这是朱老对我的第二次勉励，其后依然没有书信往返或电话联系。

2007 年 11 月 25 日，在全国语文学习科学专业委员会第三次代表大会暨学术年会闭幕式上，朱老面对来自全国各省市母语教育学专家和一线母语教师，又郑重表明他所看好的两位母语教育研究者，其中点及吾名；之后，王松泉教授再转述：朱老在绍兴文理学院讲课中间又专门对我作了公开褒奖。这是朱老对我的第三次、最热切的勉励。其后，通过与宋祥君交流得知：其实朱老长期以来一直在褒奖远方的我……但除了通过致宋祥君的电子信转达对先生的新年问候外，我依然未及直接书信请教或电话联系——只是已向松泉教授相约：争取在 2008 年请朱老再来浙江，特别是要来浙师大走走。

然而，岁月无情，我的这份心愿尚不及实现，大师已经悄然远行……一位德高望重的前辈对几似素昧平生的后学如是奖掖，这种纯净剔透的勉励，这种超越世俗的情怀，令我油然而生无尽感慨！非我有才，先生厚道，如此而已。而今，我的感激、我的歉疚、我的深深遗憾……只能与这位先贤的稀世情意融合在一起，长种在青葱心田，化作匆匆步履下的激情，化作披荆斩棘中的坚忍，与春夏秋冬默默远行！

一位高人的价值往往更多地显现在他身后，或者说只有在他的身影消失后人们才能更加深切地体验到其所留下的那片空白——今天，朱老的遽然陨落，再次印证了这条屡试不爽的朴素真理。他离去后在母语教育学界留下的空白，也许悠远的时间难以填补。因忠于信念、泽被杏园、热爱未来、扶掖新人而耸立起来的人格威望，因不辞晨昏、锲而不舍、横贯学林、纵越世纪而累积起来的学术资质，因爬梳剔抉、阐幽发微、慧眼洞察、心血灌溉而浇铸起来的专业高度……这一切的一切，吾辈可仰之而不可企及，可憧憬而不可追攀矣。

大师远行，日月长明……

作者系浙江师范大学教授。兼任中国高等教育学会语文教育专业委员会常务理事、全国语文学习科学专业委员会第三届理事会常务理事。

哀思缕缕　师恩难忘

宋　祥

先生离开我们已有四载，而先生的音容笑貌和谆谆教诲却依然清晰地沉淀在我的脑海中，一直激励着我不断前行。

1995 年，我考取东北师范大学中文系语文学科教学论专业的硕士研究生，有幸成为朱绍禹老师的关门弟子，当时先生虽已离休，但被系里返聘为研究生导师。2000 年 8 月在先生的极力推荐下，我从外地调入东北师范大学中文系工作，因而我更加幸运地能经常陪伴先生左右，拥有了更多的机会亲聆先生的教诲。而今提笔追忆恩师，不觉哀思缕缕而生，往事历历难忘。

刚投到先生门下的时候，先生给我们留下的第一印象是严厉，无论是读书查阅资料还是讨论问题和完成作业，先生总是严格要求，一丝不苟。记得一次自己花费十几天时间写了一篇有关素质教育的文章拿去请教先生，本以为先生会加以赞许并给予指点，但先生没有当面表态，而是留下来让我过几天去取。当我将文章捧在手里的时候，发现朱先生在文稿上做了大量的修改标记，严厉地指出了文章的不足之处，告诫我对问题进行研究要下苦功夫，不仅要多读书、查阅资料，更要深入到语文教育实践中进行调查访谈，切不可夸夸其谈。听了先生的话顿觉醍醐灌顶，羞愧、感激之余也更加深了对先生的敬畏，深切地感受到严谨务实的态度对于治学的重要性。1998 年 6 月，我们如期进入毕业论文提交的环节，当时先生一共带了我们 5 个学生，其中 4 人是边工作边读研，自然论文写作上欠些火候。大家为了慎重起见，先把论文提交给其他几位导师审阅，修改后才拿给先生看。结果先生只允许 3 人参加论文答辩，其他 2 人缓期毕业，任学生如何恳求和他人说情，先生仍是毅然决然，毫不改变。之后的每届研究生都会请先生审阅论文和参加答辩，他总是严格细致地指出问题，小到标点、注释，大到框架思路，并提出具体的修改意见，参加答辩会的研究生及所有人都获益匪浅。

朱先生的严格不仅是对学生，对自己更是如此。2005 年前后先生主编了多部教材，相继在高等教育出版社、中国社会科学出版社、东北师范大学出版社出版。先生不仅组稿、统稿，还亲自撰写一些重要章节。那时每次去先生家，总是看到先生腰缠一条围巾趴在地板上改稿，因为当时先生已是八十几岁高龄，腰疼病很严重，已经无法长时间坐着看稿改稿，只好在地板上铺得满地稿纸，反复审阅，精心修改。记得其中一本书的几位编委书稿令先生非常不满意，先生就退了回去，令其重写，还不合格就重新换了几个人重写，直到满意为止。

先生作为学界泰斗，其学术思想博大精深、影响深远，但更令人敬佩的是他坚毅执着的治学精神和关爱后学、乐于助人的高尚情怀。先生一生著作等身，研究领域涉及语文课程、语文教学、语文教材、语文教师及母语比较研究等各个领域，先后创建了全国语文教学法研究会和全国语文学习科学专业委员会，率先成为教育部教材审定委员会委员和语文学科教学论专业硕士生导师，先后培养了研究生、高校教师、中小学骨干教师等各层次人才数百名。离休后，先生仍然是离而不休，撰写书稿论文，奔赴各地讲学，指导年轻学者成长，甚至比离休前还要忙碌。

2007 年 11 月，我陪先生同去杭州参加学术会议，本来应该坐飞机去，但先生说："还是尽量给学会省点经费吧，我辛苦点没关系！"就这样我们从长春坐了近 30 个小时的火车到上海，然后再去杭州，一路上和先生聊了很多话题，从先生的童年、求学及工作经历到学科建设、学术研究、学会发展。在这次旅途中，先生详细介绍了他的求学经历。先生的话语间充满了对学生的期待和勉励，没想到杭州之行成为陪伴先生的最后一次旅行，难以忘怀而又令人感伤。

先生对年轻学者总是给予无私的关怀和帮助，研究生出去访学、考博，先生总是热心推荐和帮助，凡是有学者慕名请教或求文稿、序言，先生也总是欣然答应，为后学撰写书序上百篇，直至先生最后住院的前一天，先生还在为成都的一位学者改稿作序。先生一生节俭，却无数次捐助失学儿童和受灾群众，少则几十，多则上千，记得 2008 年 1 月，先生从新闻中听到南方雪灾的消息，在第一时间冒着风雪和严寒步行到红十字会捐出了 500 元钱，后来又送去棉衣棉被，而这也成为先生生前的最后一次捐赠。

得到先生最多关怀和爱护的学生就是我，每每想起，感激和惭愧就油然而生。毕业前夕，先生把我和另外一个研究生请到家里吃饭，不仅对我们的毕业论文给予了悉心指导，也谈到以后的工作学习，先生充满期待地告诫我要走出自己的小天地，要开阔视野。在他的勉励和指导下，自己的职业信念和学术水平有了很大提高，加入了语文教学法和语文学习科学两个学会，后又调入东北师大工作。

四年前的今天——2008 年 5 月 9 日，先生永远地离开了我们，带着对家人的眷恋、对学生的牵挂、对学术的热忱、对病痛的坚毅，先生安详地去往了天堂，学生再也不能聆听先生的教诲，但先生的音容笑貌犹在，先生的精神永存！我们坚信先生开创的事业定会薪火相传，不断光大！

深切缅怀敬爱的朱绍禹先生！

作者（后排右一）与朱绍禹先生（前排中）、佟士凡教授（前排左一）等合影

作者系东北师范大学教授。兼任中国高等教育学会学习科学研究分会第八届理事会常务理事，全国语文学习科学专业委员会第三、四届理事会常务理事及副秘书长。

先生走好

宋　祥

朱绍禹先生从事语文教育学科的教学和研究工作近60载，不仅以其坚实的教学实践培养了一大批语文教育研究的拔尖人才，还凭借其丰厚的学术功底出版了大量的学术著作，成为当代语文教育研究的一面旗帜，被公认为继叶圣陶、吕叔湘、张志公“三老”之后的著名语文教育理论家。他学风谨肃，师德垂范，以其卓越的建树写就了一代宗师的辉煌人生。

朱先生作为语文教育研究的开拓者，曾于1980年10月参与创建全国语文教学法研究会，这是以全国高校语文教学法教师为主的第一个学术组织，对于推进语文教育学科的发展和学科教师队伍的建设都具有里程碑的意义。朱先生先后两届任学会理事长十余年，多次组织召开学术会议及各种学术研究活动，极大地促进了学术团队及成果的形成，尤其是多次举办全国语文教学法讲习班，带动和培养了一大批语文教育研究的专家和学者。1995年，朱先生又创建了全国语文学习科学专业委员会，先后担任第一、二届学会理事长。在他的主张下，学会成员仍然以高校语文教学法教师为主体，但吸收了大量的一线语文教师和实验学校参加，开展实验和实证研究，取得了丰硕的学术研究成果，推动了中小学语文教育的改革和发展。目前，这两个学会日益发展壮大，成为语文教育理论与实践研究的主阵地，先生带起来的新一代学者已成为学会的骨干和主力，先生铺就的路会有更多的人越走越宽广！

朱先生是国内首位语文课程与教学论专业的硕士研究生导师，他的严谨、务实给我们以深深的影响和触动。虽然生活中他总是和蔼、慈祥，又不失幽默，但对学生却非常严格，向高标准看齐。记得毕业前，他带的我们五个研究生把论文交给他审阅，他硬是把其中两篇退回，责令延期毕业并重新撰写，侥幸通过的我拿到先生批阅后的论文，一种从未有过的敬畏和感动油然而生。先生用红笔密密麻麻地在我的论文上圈点、修改，连一个标点符号都不放过，修改之后定稿时先生又提出了一些意见，直至满意为止。先生做事情总是一丝不苟，每次给学生上课，总是带着许多本夹着纸条的书籍，一一引用，生怕遗忘或不确切。近几年，先生仍经常参加研究生论文答辩，除了详细认真地审读论文并提出恰切的意见外，还要在答辩的结束环节对学生的论文进行整体总结和具体指点，鼓励学生继续将课题研究下去。

朱先生一生勤奋治学，著作等身，形成了独特而丰富的学术思想。中国高等教育学会语文教育专业委员会、中国高等教育学会语文学习科学专业委员会、人民教育出版社、高等教育出版社、东北师大出版社、语文报社等多家单位共同发起，曾于 1999 年和 2002 年两次在长春举办“朱绍禹语文教育思想研讨会”，出版了两本《朱绍禹语文教育思想研究论集》，朱先生成为语文教育学界当之无愧的学术泰斗。不仅如此，更加让人敬佩的是先生的为人，他的正直、磊落、谦恭、无私都为我们做出了表率。先生自己省吃俭用，却经常到红十字会或救灾现场捐款捐物，还经常深入到老少边穷地区义务讲学，有时还给贫困生捐送书籍和学习用品。先生虽然离休多年，却对学术研究更加执着，记得仅 2005 年先生就主编了三本教材，而且每本都亲自统稿、改稿并撰写几章的内容，观点之前沿，思想之深邃，令人叹服。先生一直非常支持和关心教研室的建设和发展，每次出门讲学回来，都要和我介绍国内各个高校本专业教师队伍建设和学术研究的状况，提出引进人才和课程开设的建议。学院的事情，只要找到他，总是热心参与。最让我愧疚的是在先生住院的前几天，还请先生为温州骨干教师培训班上了整整一个上午的课，先生的声音依然是那么洪亮，思维依然是那么敏捷，博得学员的阵阵掌声。

最敬爱的朱绍禹老师离我们而去了，他带着对语文教育研究的执着和热忱走了，带着对教育事业的忠心和赤诚走了，留给我们的却是无限的思念、极度的哀痛，更有先生的殷殷关怀和期望。我们一定会把先生开创的事业薪火相传，发扬光大！让弟子们共同地说一声：先生走好！

（本文曾发表于《东北师大校报》2008 年 5 月 22 日第 1119 期）

师恩难忘

——怀念恩师朱绍禹先生

韩向东

在我一生中，对我影响最大的老师就是导师朱绍禹先生。朱老师离开我们近五年了，但他那可亲可敬的面容依然常常出现在眼前。与恩师相处的一幕幕深深地铭刻于我的心间，默默地温柔地滋养着我的生命，转化为我前行无尽的动力和巨大的能量。

与朱老师第一次相识，是我在东北师范大学中文系读本科的第四年。天赐机缘，我毕业论文的导师便是朱绍禹老师。我战战兢兢地把我平生第一篇论文初稿交给了朱老师，让我没想到的是，先生在我的论文上密密麻麻修改了多处，他的字极具个性且充满了书卷气。他在一些抒情化的句子下画上了红线，前后竟有十多处。他严肃又不失亲切地对我说："教学论文要务实，力戒空谈！"这句话点醒了我，在我以后多年的科研道路上时时响在我耳边，鞭策着我。"力戒空谈！"让我远离了浮华和雕饰，实实在在地阐述自己的思想，使科研根植于教学，服务于教学。

大学本科毕业后，我幸运地考上了东北师大教学论专业的研究生。先是师从于亚中先生，后转到了朱老师门下。读研期间能够得到教法界的两位泰斗级大师的教诲，是我人生最大的福分。我和朱老师再续师生之缘，朱老师不仅对我们的学业很关心，而且对我们的生活也十分关心。先生听说我有了男朋友，便邀请我们去他家，要替我"把把关"。刚到先生家，我男朋友还有些紧张拘束，但朱老师谈笑风生，风趣幽默，不断地和我们开玩笑，说到高兴处便像孩子一般开怀大笑，我们很快就放松下来，仿佛找到了家的感觉。我男朋友顺利地通过了朱老师的“审查”，成了我终身相伴的丈夫。

我的研究生毕业论文选题是“语文教育与人的自身发展”，得到朱老师的肯定和赞扬，说我“很有眼光”。在当时20世纪80年代末的社会背景中，我国在教育、社会与人这三者的关系上，认识十分狭隘，片面重视社会的需要，而对于人自身发展的需要却十分忽视。朱老师能对我这个颇有“资产阶级自由化”色彩的论文选题给予充分肯定，至今我心中仍然充满敬意和感激。我将3万多字的论文交给朱老师时，心中惴惴不安。因为我知道，里面有太多对我国教育现状的批判，对传统文化的反思，以及对人的自身发展的呼唤，这在当时是不合时宜的。让我惊讶的是，第二天朱老师就打电话让我去他家面谈。当我敲开朱老师的门，就看到他满脸灿烂的笑容，他很激动地对我说：“你的论文内容好，语言好，有思想，有深度，一个字也不用改！”能得到朱老师这么高的评价，真让我喜出望外，浑身热血奔流，我对教学研究的热情一下子被点燃了。现在回想起来，我对语文教育的热爱、对科研的自信、对创新的渴望都是从那时开始的。朱老师包容豁达的修养品格、开放超前的学术视野开启了我智慧的大门，唤醒了我创造的激情。

从那以后的一年中，我便荣幸地成了导师的助手，目睹了朱老师编书、审稿、写作……那么忙碌却又那样充实愉快。有一次我刚迈进朱老师家的门，他说：“我这几天忙死了，忙的……怎么说的？什么后脑勺？”我说：“是脚打后脑勺。”他大笑，说：“对对对！”朱老师就是这样充满了生命的活力和趣味。那段时间，朱老师经常留我在他家吃饭。师母做的咸肉他最爱吃，每次都热情地向我推荐。每当想起这些往事我心中洋溢着无限的温暖和感动。

毕业以后，我和爱人来到大连工作，常和朱老师保持着联系。有一次朱老师去南方开会，特意经过大连来看我们。那时我们还没有自己的房子，住在爱人单位12平方米的宿舍里。恩师的到来让我们不知如何是好。我们的小家空间那么小、条件那么差，又是炎热的夏天，我们怕老师不习惯，但朱老师却像是我们自己的家人一样，一点也不嫌弃，非常随便。问他想吃啥？他笑呵呵地说："就想吃鸡蛋糕。"我们真的给他做了鸡蛋糕，他一边吃一边夸我们做的鸡蛋糕好吃。多么可敬可爱的老人，多么宽容大度的人格！现在想来让我们既惭愧又感动。

2008 年 5 月的一天，惊闻朱先生病重垂危，我在家中失声痛哭，连夜赶到长春，可还是晚了一步，朱先生已经离开了我们，永远地离开了我们。看着朱老师临终前忍着巨大的疼痛伏案写作的书桌，看着他满书架的藏书，看着他简朴的生活环境，我又一次泪流满面。在朱老师的追悼会上，我不再流泪了，因为我感觉到一颗伟大的灵魂升入了天空，他在与他生命中的朋友、学生、亲人们挥手告别。在广袤的宇宙中，我相信，有一个被称为天堂的神圣而美好的去处，我相信，恩师的灵魂在那里得到了安息。

作者系辽宁师范大学副教授，硕士研究生导师。兼任中国高等教育学会语文教育专业委员会理事、全国语文学习科学专业委员会学术委员。

永远的遗憾

——写在悼念朱绍禹先生逝世的日子里

欧阳芬

当听到朱老先生不幸辞世的消息时，我倍感震惊！仿佛就在昨天，我还和先生交谈过，先生对我的教诲和鼓励，先生精神矍铄的面容历历在目，我还曾答应过先生：一定把我和他的合影寄给他。可是没想到，先生竟这样匆匆地离开了我们，照片没能寄出，竟成了我永远的遗憾！

认识先生，是在2007年7月江苏南通会议上。我作为江西省的代表参加了全国语文学习科学第三次会员代表大会预备会议。朱先生是本专业委员会的理事长，他在会上做了两次重要讲话。他的讲话充分显示出对于语文学习科学研究的丰富性、深刻性和权威性，不愧为当代中国的语文教育家！

这次开会使我第一次走近了先生。素来先生的名字对我是“高山仰止”，没想到竟有机会和先生面对面交流，有当面聆听教诲的幸运！记得那天饭后正好和先生坐在一起，他穿着一件白色短袖衬衫，精神饱满，慈祥地问我是哪个地区来的，现在在做什么研究？当听说我正在读博时，就不断地鼓励我，要好好努力，要做好语文教育理论与实践的研究，并说做这一行很有意义……先生当时已经86岁高龄，但思路清晰，见解深刻，不愧为语文教育界的前辈和著名学者！先生平易近人、宽厚热情的姿态以及对晚辈的谆谆教诲让我终生难忘，也更坚定了我要一辈子做好语文教育事业的决心！

朱先生是继叶圣陶、吕叔湘、张志公之后我国语文教育界又一位语文教育家，他一生情系教育，学风谨肃，师德垂范，成果彰著，国内曾两次举办“朱绍禹语文教育思想研讨会”，奠定了他作为语文教育理论研究一代宗师的地位。他的逝世，是我国语文教育研究领域难以估量的损失！

这次初识先生本以为还能再见，没想到竟成了永诀！先生驾鹤而去，带给我永远的遗憾，先生的道德文章、谆谆教诲、音容笑貌，将永远铭刻在我的记忆之中！

愿先生的在天之灵安息！

作者系江西师范大学教授。兼任中国高等教育学会语文教育专业委员会常务理事，全国语文学习科学专业委员会第三、四届理事会常务理事。

怀念朱绍禹先生

乔桂英

朋友们，我想说……

——为朱绍禹先生而作

朋友们，我想说
不要把我的每一张相片珍藏
我只愿留下孩童般纯真的笑容。

朋友们，我想说
不要让我的文字成为名言
我只愿分享和你交流的时光。

朋友们，我想说
不要总在人前将我提起
我只愿成为一个平凡又平凡的生命。

朱老师，我们想说……

——给朱绍禹先生

朱老师，我们想说
不需要翻看你的相片
纯粹的学者最纯真的笑容早已定格在我们心中。

朱老师，我们想说
不忍心回忆与你的交往
温暖的手谆谆的教导竟然成为永恒。

朱老师，我们想说
不渴望观看大海与天空
睿智的眼睛琅琅的声音已经见证了一个博大的心胸。

作者系山西省太原师范学院教授。兼任全国语文学习科学专业委员会第三、四届理事会理事。

远去的恩师背影

王雅萍

忆起恩师朱绍禹先生，常常情不自禁地想起先生那清瘦而挺拔、步履坚定的背影。

那是2007年11月24日，我们语文学习科学专业委员会在杭州召开第三次代表大会暨学术年会，朱老师作为学会理事长宣布卸任，会上做了简短而十分精彩的发言，让与会者不得不佩服耄耋之年的先生思维之敏捷，措辞之恰当，声音之洪亮，情感之真挚。会议结束的26日，不少人去了西塘村，当时并不知道先生也去了那里。小镇虽然不大，但石头小路走来却很累人。当我和几位朋友买完纪念品出了商店，一回头，看见了朱老师正在不远处眺望，便急忙跑过去迎接。大家又走了挺远的路，仍然望不见归途。我见先生有些疲惫，又起了大风，就建议给他租辆人力车代步，哪知先生发了火，说什么也不要租车。那时先生已经86岁高龄，怎能和我们这些三四十岁的人相比呢？虽然知道先生最爱看风景，坐车观看没有走着瞧的感觉好，更重要的是先生一贯不愿给别人添麻烦，违背他的意愿肯定不好。但是，善于观察的我还是从先生的步态和眼神中发现了问题的严重性，就不顾他老人家的反对，跑到前面去租好了车等着他。记得当时的古镇游览条件不好，好半天也找不到一辆车，大约过去了20来分钟才恳求一位师傅骑车过来。先生那时倦意更显，却仍然执拗地不肯上车，像个不服输的大男孩儿，我也顾不得情面，硬是叫师妹帮忙把朱老师拽到了车上。毕竟是走了近两个小时，连我们年轻人都拖不动腿了，先生坐到车里就迎着大风睡着了。我看着心疼不已，又不敢叫醒他，只好用手给他挡住风寒。人力车跑了十几分钟，我流了一路的泪。

终于到了目的地，先生还浑然不知，直到车主再三催促才怯怯地叫醒熟睡的先生。先生还半怨半爱地瞪了我几眼，用指头点着我一字一顿地说："今天你干了一件好事。"说完就嘿嘿地笑了起来。先生非要自己走向旅游大客车，不用我的搀扶，我只好目送他过去。望着先生那清瘦而挺拔、步履依然坚定但有些微驼的背影，我的泪又下来了。

载着先生的大客车飞驰而去，我因为要直接赶往火车站而没有随大家返回杭州。一路上挂念着他老人家的身体。后来听说先生又受王松泉先生之约去绍兴讲学，有诸位学兄悉心照料，想无大碍，就稍稍放下心来。哪知这一次离别竟是我与恩师的永别。

2008 年春天，我 71 岁的生父因为常年卧床身体愈见孱弱，时不时就打针输液以维持生命，身边只有我一位长女照顾他。虽然父亲经常连自己的亲女儿也不认得，却对我有着强烈的依赖，喂饭、吃药、翻身等，事无巨细非女儿不可。每每这时我就想到了孤单生活的恩师，他老人家是多么令人敬佩：偌大年纪还能够自己洗衣、做饭，更不用说笔耕不辍了。4 月末，我在医院抢救老父，突然接到学兄王光龙短信说朱绍禹先生病重住院，慌乱中以为是看错了。待父亲被救过来进了重症监护室，我才定过神儿来再读短信，方知消息确凿。恩师与家父同时住院，我两边都想尽孝又分身无术。那种牵挂无奈的情绪至今记忆犹新。安排度过危险期的老父匆忙出院，在一天之内从网上找来了能够替代我的护理员，做了简单的交代，联系了师妹韩向东就一同奔赴长春。

然而，天命难违，在我们匆匆赶去的路上，先生就溘然长逝了。我们只好在清晨的花店门前等待新鲜美丽的菊花，然后到熟悉的先生家中，亲手将几盆象征品行高洁的菊花供奉在先生的灵前，聊表寸心，告慰先生：学生不孝，我们来晚了……在晶莹的泪光中，看见遗像中的先生笑眯眯地坐在书架前，笑而不言。

追悼会三天后才能举行，这期间我们不能去打扰先生，我只好又坐上北去的火车看望脑出血手术的大姨。在吉林市的出租车上，我听到了电台播报：汶川发生强烈地震。我惊呆了：难道世上真有巧合？朱绍禹先生的离世无疑是我国语文教育界无可估量的损失，先生的故去令山川震撼，使天地动容。几天后新闻报道才逐渐明确汶川地震的破坏性之大，伤亡人数之多。而对数万人的同情与关注也难掩导师离去的悲伤与思念。厚爱如山，关怀似父，几篇小文，难抒尽千般师恩；照片常翻，著述勤读，梦牵魂绕，排不开万种情肠。

追悼会上，终于看到了恩师安详而凝重的慈容。那一刻，我感受到了恩师的再度叮咛："该说的早已说清，不需要赘言，你自然知道该怎样完成你的学术人生。"我们爷俩早已心有灵犀，即使我在您的床头，病重虚弱的您，也不会多说一句的。我一直在努力着，您也早就知晓了我的多方面变化……

东北师大校领导的悼词，让我产生了对您更高的崇敬以及深深的不安。恩师，您是一座中国现代语文教育界的丰碑，目前无人能够企及；您是语文课程与教学论专业的楷模，后来者须时时效法；您是著述等量齐身的学者，学生们应终生努力追赶却难以超越。恩师啊，我将怎样继承您的遗志，为您争光？

光阴似箭，恩师朱绍禹先生辞世不觉已近四年。得知先生病重匆忙前去探望却阴错阳差终未能见恩师最后一面的懊悔与愧疚，在 1420 个光阴荏苒中未有一丝消减，反倒随岁月的流逝日渐清晰与深刻。

几个月的寝食难安终于让我在梦中见到了您。您还是一句话不说，带着我穿过了崎岖不平的山路与陡峻的台阶，站在那尽头默默地看着我，似有鼓励、支持，也似有不满。醒来后，我常常回味梦中之意，工作更加努力，言行更加谨慎。在我不断地修身养性中，是您的教诲让我时刻不忘自己的缺点，去努力做一个您最满意的学生，一个日臻完善的人。

记得 1998 年春天，朱老师来烟台为由曹洪顺老师主持、我和武玉鹏老师参加的世界银行贷款“师范教育发展”项目“高师学科教育学及学生教学技能训练的实验研究”课题作结题鉴定。闲暇时间，恩师详细询问了我各方面情况，时而带着满意的微笑，时而如慈父般“严厉”地批评，更多的是语重心长的叮咛与嘱咐。直至2000年，我曾有多次机会与朱老师见面，每次相见，恩师都是从生活上关心的多，家人各个问到，唯独不提他自己的生活起居，让我一家都深受感动。

我感恩啊！您用您一生的教训告诫我如何学会与人更好地合作，您用您一生的智慧教导我如何搞科研做学问。学生自知，没有哪一个人能够像我这样近水楼台，从您那里得到了远超出别人的东西，不只是学识，更有为人处世之道。看着您给我修改的红刺刺的一篇篇文章（毕业论文、书稿等），我不敢在自己的任何一篇文章中随意使用一个标点符号；读着您一本本的著述，我不能在自己的著述中轻易下笔敲定某个字句；琢磨您问题研究的思路与角度，我打心眼儿里佩服您博大的胸襟与广阔的视野；品味您文章中一句句智慧的话语，我感受到您缜密的思维与严谨的文风。重读您从教50周年的自写文《与书结伴慰平生》，似乎回到了读研时的课堂，您正谈笑风生，忽而严肃地谈论起一个学术问题，脸色一沉，令我们几个女生不知所措。当您看到我们的窘相时又开怀大笑，像安慰小孙女般柔声细语地讲起课来。

三年多，您时常入梦来，从未说过一句话。但我也不清楚是为什么，每每您出现，根本用不着您开口，我就完全知晓您的意图：有时是您有事来找我帮助，我当然竭尽心力去做我应该做的；有时是在盯着我做什么事情，直到我做完。恩师啊，您的教诲已经深入到我的骨髓。白天工作，有您的精神力量做支撑；夜晚写作，有您的著述榜样做示范；梦里思考，也离不开您的慧心光明相陪伴。可以说，我的工作生活中几乎没有一天能够离开先生。恩师留给我的精神财富，每时每刻都在发挥着无与伦比的作用，其价值之大只有靠时间这个度量衡来考量了。

恩师虽已逝去，但那清瘦而挺拔的形象却愈来愈高大清晰。每当我想念恩师，那张朱迎丹老姐送我留作纪念的先生照片就会立时映现在我的脑海，先生那刚毅、睿智而慈祥的目光也会在我的眼前闪现，爽朗而洪亮的笑声也似在长空中久久回荡……

2012 年 3 月 31 日

作者系辽宁省大连大学教授。兼任全国语文学习科学专业委员会第三、四届理事会常务理事。

一代宗师　风范长存

王雅萍

朱绍禹先生是我的研究生导师，也是我本科语文教学法课的主讲教师之一。当时的本科生们都有点儿惧怕这位身着线条笔挺的扣襻褂、说话响亮、目光犀利的先生，上课时一般不愿坐在前面。读研时，师妹们也每每在见导师时躲在我的身后。先生表面给人以严厉的印象，加之学识渊博、德高望重，为语文教学法研究界的泰斗，更是让弟子们在刚接触他时望而却步。但与先生接触久了，就会被他那严谨的作风、谦虚的治学态度、辩证而谨严的逻辑思维和风趣幽默的性格所吸引和折服，使你在感受到大师级威严的同时，也能时时感受到父亲般的慈爱。

朱绍禹先生和学生合影。左起：赵宏梅、王雅萍、朱绍禹先生、李咏梅、栾贻爱

先生最让人佩服的是他那与众不同的学术研究视角和方法。先生的学术视野极宽，涉及学科性质观、学科内容观、学科方法论、中外比较研究等诸多研究领域。他敢于创新，善于创新。他的著述一经出版，短时期内难有人能够超越，其学术观点往往被后学频繁转述。著述中的新意，也常常为学界朋友们乐道，让人难以想象耄耋之年的他还能够拥有年轻人一样的创造意识和超前思维。先生对国外母语教育研究十分重视，从国外母语教育研究中汲取营养，在学习中创新，在参照中超越，是先生语文教育研究的视角之一。记得读研时先生就多次跟学生们强调，“要学好外语，能够直接查阅外国母语教育研究的资料，就像是打开了一扇通向另一世界的窗户”，“应重视研究国际教育教学的经验和理论，研究不限于国内”。1983 年起先生就先后主编了《国外语文教育资料》《九国语文教育资料》《美日苏语文教学》《中外母语课程教材比较研究》等多部介绍外国语文教育的论著，发表了不少评介文章，为我国语文教育借鉴国外母语教育的理论与经验，起到了引导和促进作用。可以说，先生是位学贯中西、编译国外语文教育资料最权威的语文教育学科领袖。

就是这样一位堪称语文教育研究界杰出领袖的他，不仅谦逊平和，更不居功自傲。当有人欲将他列为语文教育研究界继叶圣陶、吕叔湘、张志公“三老”之后的又一位语文教育家时，先生马上列举诸多人的名字及其成就，以证明自己还远不如这些学者和特级教师，劝说别人千万不要这样做。其态度之谦逊，其劝阻之诚恳，令人慨叹，他也由此更博得了学界的爱戴。先生常常利用短暂的会议余暇，与我恳谈人生感悟，自己大半生的经验教训，教给我许多课堂上学不到的人生道理。先生为人耿直，乐于助人，提携后学不遗余力，许多学界小有成就者都把先生视为自己终生的导师。这正印证了先生在《语文教育科研导引》一书所说的那句话：“己愈予人己愈多，己愈教人己愈多。”

先生有着高超的演讲口才。不仅有声语言悦耳动听，语调节奏俱佳，而且内容简洁新颖，有极强的感染力。即使是听他 86 岁时的报告，也仍然让人感觉其思路清晰，思维敏捷，论证严密，一般的年轻人也自愧不如。先生的论著讲究严谨的结构，其总体与局部内容的论证都缜密清晰，有内在的逻辑力量。读者很少能从先生的著述中看到频繁引用他人之处。这并不是说，先生不借鉴旁人，而是说先生总是能够把其他研究者的相关研究成果吃透，化为自己独到的精神食粮，并将其融入到自己的学术体系当中去，形成融会贯通的最高境界。而这正说明了先生早已凭借自己深厚的理论功底和长期的教学实践经验，把中外最新教育教学理论的精华通过自己独到的学习方式和研究方法化为了个人独创，超越了一般研究者照抄照搬名人名言来支撑自己观点并提高自己理论论据的层次，真正成为语文教育研究领域的一代宗师。

先生的著述语言洗练，有别于很多研究者，读过他文章的人都能够感受到。文章简约繁丰往往恰到好处，该简洁处绝不多一字，该深入论证阐释处则不惜笔墨。有些研究者纠缠不清的问题，先生往往一语中的；有些争论不休的问题，先生三言两语即入木三分。应邀撰写的大量序言，大都短小精悍。阐述定义，辨析概念，大都要言不烦，寥寥数语切中肯綮。先生著述中的诸多观点阐释，已成为学界公认的语言运用典范。为我等论著审稿，更是能够以独到的眼光发现优点与不足，用语极简，评点恰切，表现出非凡的智慧和学术功底。

先生的思维方式充满辩证唯物论色彩。打开先生的著作或论文，都可以找到观点阐释的思辨性、结构安排的合理性、层次段落的逻辑性等特点。如先生关于语文学科性质的阐述，对语言和思维、语言与文学、知识与能力辩证关系的论述，对于语文教育与文化、语文教育与科学艺术、语文教育与其他学科关系的辨析，对于语文教师科研和教学关系的论述等，都能让读者体悟到辩证法的活用之妙。这也是先生取得辉煌成就的哲学底蕴。可以说，跟先生学做学问，懂得了用辩证法的思想去看待一切，这是我获得的最宝贵的财富。

先生的学术品质及治学态度深深地影响了我。可以说，要跟先生继续学习的东西太多太多，尽其一生也难以学完。回首自己近20年的成长历程，点点滴滴无不凝聚着导师的心血。先生是“学高为师，身正是范”的楷模，我当加倍努力，才有可能不负先生厚望。

照片上，书房里抚镜微笑着的先生：听说您在住院前不久还因腰疾跪在地板上为他人改稿，为学生的新书作序，听说您在发病前十几天还在忍着腰痛给研究生讲课，听说您在病床上还历数看望者的种种好处。现实中，先生 87 岁高龄还在著书立说之余自己打理生活中的一切。送您时亲见您做饭使用过的简单碗盘，女儿刚给装修一新还未使用过的现代化厨房，收拾得井井有条、一尘不染的房间，先生的一贯作风俨然再现……曾经，欲助不能；而今，欲哭无泪。恩师，您活得清贫，过得辛苦，做得磊落。此时，在连云港、在杭州，想帮您洗衣服而总也找不到机会的原因，我终于找到——“不给别人添麻烦”，这就是您的为人处世之道；洁身自好，要强惜时，就是您的生活准则。

先生还有那么多未能完成的稿约，还有那么多的大事未做，病魔无情，先生不甘地走了。虽然您没有给我这个弟子最后的叮咛，但我一看到恩师的照片，泪水模糊中就会看到先生的言谈举止，就会想起您平时嘱咐过我的千言万语，忆起为我亲笔改过的无数稿子。师恩重重，刻骨铭心。驾鹤西行匆匆去，何需赘言再叮咛！泰斗风范永存世，宗师道法荫后学。

先生之风　山高水长

闫宏斐

2008年4月26日晚得到朱绍禹先生病重的消息，我第二天从哈尔滨匆忙赶到长春，在医院见到了先生。看到先生受到病魔的折磨，我的心在流泪。他用微弱的声音呼唤着我的名字，让我感受到了那份牵挂与不舍，泪水模糊了我的双眼，一幕幕往事浮现在我的眼前。

先生是严厉的。在学术研究上他不会有半点妥协；对学生的教育不会有一点放松，不论是做人，还是做学问。

我是工作后又去读研究生的，脱产学习两年，第三年边工作边写论文。在学习的两年中，我完成了论文的初稿，但是要进一步研究和提升，遇到了很大的困难。当时我是左右为难：论文写得水平不高对不起先生，一心写论文又怕影响工作耽误学生。先生已经明确表示论文不合格决不允许答辩。而我回到学校后既当班主任又教两个班的课，工作十分紧张，真的不想再改了，内心十分矛盾和纠结。先生在电话中鼓励我："我相信你还能改得更好，重要的是过程，提高自己研究问题的能力。写好论文不仅是培养研究能力，也是在磨砺自己的品质。"在先生的鼓励、鞭策和指导下，我把论文修改了三稿，最后如期通过了答辩，并被评为优秀论文。能遇到这样的人生导师的教导和激励，真是我莫大的幸福。

这段时间的学习让我感受到走向一个新的人生境界，我不再只局限于教材的理解和讲解，而是从语文教学的根本去考虑如何培养学生的能力。我的教育理念的改变，也是得益于先生的教育和指点。无论是在学习时，还是在工作时，我遇到疑惑就去请教先生，他总能为我指点迷津，让我少走弯路。

先生是慈祥的，慈祥得像一位父亲。为了更好地完成论文，我利用寒假回到东北师大查资料，马上就要过春节了，我还在图书馆忙碌着。一天，先生约我去家里指导我的论文，我赶紧把问题准备好，准备汇报论文写作的进展情况。我怀着忐忑的心情到了先生家，担心先生不满意我写的论文。让我没有想到是先生竟然冒着严寒，亲自去市场买鲫鱼来招待我，那时先生已经70多岁了。这样一位学术大家，原来在我心目中有的只是一种敬畏之情，没想到先生是这样平易近人，和蔼可亲。先生用一颗仁爱之心为我们做出示范，教导我们以一颗仁爱之心对待每一位学生。

作者（右）和朱绍禹先生在哈尔滨第三中学合影

一日为师，终身为父，表达的是学生对老师的尊敬和爱戴。而先生是一日为师，终身为师，就是在我们毕业后，他还在指导我们，引领我们，激励我们。他带领我们参加教改实验，我校参加了全国教育科学“十五”规划课题“语文学习素质培养与人的发展研究”的研究，他亲自到哈尔滨做结题的验收工作，听我的课题汇报课，并给予细致中肯的指导。而这时他已经是80多岁的高龄了，仍然是精神矍铄，思维敏捷，声音洪亮，语言简洁而富有感染力。他的笑容是那么灿烂，那么纯洁，笑得像个孩子一样。他的笑容永存在我的记忆，给我温暖和鼓励。

作者（右）与朱绍禹先生在哈尔滨第三中学合影

毕业后，先生督促我参加学会的活动，接触语文教育的大家，开阔视野，拓宽思路。在学会的活动中，让我更加热爱语文教学，更加努力地进行教学研究。在与老师们的交流和切磋中，我的内心也慢慢变得丰盈起来，逐渐地去探索语文教育的真谛。每次聆听先生的演讲，都让我感受到一种古典圣贤心灵的再现，一种崇高的人生境界，一种伟大的人格魅力。

先生是执着的。他把自己的一生都献给了语文教学法研究和语文教学改革，这就是他挚爱的事业，这就是他生命的全部。许多教师都是学习朱绍禹先生的《中学语文教学法》成长起来的，他是语文学科教学论研究方面的一面旗帜。晚年他致力于走出学术研究的象牙塔深入到中小学，带领老师们搞研究，并且给予科研方法的指导，循循善诱地引导中小学教师进行探讨和交流，使许多教师在课题的研究中成长起来，推动了语文教学的发展。他的足迹遍布大江南北、城市乡村。

在学术会议上，每次讲演他都是脱稿的，包括引用文章，他能一字不错地把原文背诵出来，有时是大段的古文，并且极富感染力。在2005年西安年会上，我惊讶和崇敬地问道："先生，那么长的文章您是怎么记下来的呀？"他笑道："我也是要备课的，也准备了好长时间。"先生用自己的治学态度为我们做出表率，教导我们要严谨治学，踏实做人。

在课题结题时，为了提高论文水平，他把交上来的结题论文逐字逐句地修改，修改了几个月才完成。他久坐腰疼，就跪在地板上，把论文放在床上修改。看到他受苦受累，我们心里很不是滋味。当我们要求帮他分担一些工作时，他总是说：“你们都有自己的工作，我是闲人，这个工作我做最合适。”他说这些话时，神情是那样的平和、快乐。可是他从来没有想过他应该是个颐养天年的老人。每当我拿起这本论文集，我的眼前就会浮现先生跪在地板上修改论文的情景。先生用自己的行动为我们做出榜样，教导我们要用坚韧不拔的毅力、无怨无悔的精神去努力工作。

先生走得那样匆忙，使我无法接受这个事实。我还总在幻想，当我往长春打电话时，还能听到先生那亲切的声音；当我遇到困难时，先生还能为我指点迷津；当我有一点点进步时，先生还能同我一起分享喜悦。

我一直以有先生这样的老师感到骄傲和自豪，我一直以为先生会永远引领我们前行。一次闲聊时，先生说：“宏斐，等你写书时我给你写序。”我说：“一言为定，不许反悔。”我心里明白这是先生对我的希望和激励。我一直在努力着，希望有一天写一本书请先生写序。没有想到我的书还没有踪影，先生却离我们远去了，这也成为我心中永远的遗憾！

先生永远活在我们心中！

先生之风，山高水长！

作者系黑龙江省哈尔滨市第三中学副校长、高级教师。兼任全国语文学习科学专业委员会学术委员。

你就是我第四个女儿了

——追思朱绍禹先生

肖晓燕

“原来晓燕这么笨啊，早知道就不要你了，又要教读书还要教做饭。好了，你就是我第四个女儿了，哈哈哈……”十几年过去了，先生教会了我很多很多，然而，看似一句玩笑话，至今想来心里依然暖暖的。

还清晰地记得，那天先生邀我去家里吃饭。他让我洗西红柿、切西红柿，一直在旁边看着我的先生说出了上面这句话。以后的日子里，先生真的如此做了，关心我的生活、引领我的学术。

“太瘦了，多吃点。”还记得王雅萍老师跟我说过一件好玩的事情。当年她考先生的研究生时，因为她能吃饭所以被先生录取了。笑话归笑话，其中蕴含着先生对学生发自肺腑的关心与爱护。我比较瘦，饮食也挑剔，给先生的印象就是太柔弱，所以，他每次见到我都劝我多吃饭。还清楚记得2004年的那个冬天，我回长春参加他主编的一本专业教材的编写会，临行前他打电话嘱咐我要多穿点，长春很冷。其实，我在那儿生活了三年，心里有数的，可他老人家就是不放心。更让我感动的是，80多岁的人，冒着严寒亲自帮我预订宾馆，因担心我的安全，还让师大附中的大师兄开车来接我。可是他对待自己却是“吝啬”得很。依然清晰地记得，2002年他应邀来南师大给文学院教育硕士做讲座，结束后我送先生到火车站，他竟然说：“坐公交车就行了。”事实上，南师大离火车站很远，且没有直达车，还要换乘另一辆公交车，那天又下着大雨，若不是我送他，他肯定坐公交车了。

“一起努力，教育好宝宝。”先生非常关心我的生活，甚至我毕业离开东师，依然如此。清晰记得他第一次见到宗海时的那番话：“这人是谁啊？哈哈哈……我女儿比那个叫什么宗海的强百倍，把他甩了，我再给你介绍个更好的。”过了些日子见面，又说：“怎么还没甩呀？”然后就是哈哈哈大笑。紧接着来了个180度大转弯，严肃认真地说：“宗海，晓燕，你俩生活中要互相理解，学术上也要一起努力。”工作以后，不能经常见面，甚是想念先生，每次的通话就成了我非常开心的事情。一拿起话筒，就会传来先生爽朗的笑声，然后就是对我一贯的“调侃”：“这是谁呀，是不是南京那个谁谁，我可不认识这个讨厌的人。总也不给我打电话……”紧接着就是一串开心的笑，足以感染我的情绪；然后就是不厌其烦地询问身体怎样了，工作怎样了，南京是不是总下雨，是不是太潮湿，还适应吗，房子买了吗，装修好了吗，宝宝长多高了，会说话了吗……当我告诉他要送宝宝上幼儿园时，他当时很紧张，关切地说：“才两岁，能适应吗？”我说宝宝很愿意和小朋友玩，基本具备上托班的条件，他又语重心长地说：“能上就早上吧，你是搞教育的，要好好用心教育宝宝。”

“先博后专，有个专攻。”先生是我国当代著名的语文教育家。自从1998年我顺利考上东北师大文学院语文教学论的硕士开始，一直到今天，都深深记得先生对我学业和学术的引领。他那渊博的学识、一丝不苟的治学精神给我留下了深刻的印象。还清晰地记得，有一年冬天到先生家，发现他趴在书房的地板上修改书稿。询问才知，原来他坐久了身体吃不消，所以经常趴在地板上工作。我上前要扶起他，他竟马上认真地询问起我的学习情况，全然不顾自己已经趴着工作好久了。先生一直乐于提携后学，幸运的是，我得到了先生的耳提面命、谆谆教诲，他严谨朴实的治学精神丝毫不敢淡忘。从最初见面，他要我好好读书，阅读面要宽，做科研要先博后专然后有个专攻，十几年来，先生“见缝插针”，不仅指点我做研究，教给我科研方法，还推荐我加入语文教学法专业委员会和语文学习科学专业委员会，给我提供了广阔的学术交流平台。他几次主编专业教材都不忘带上我。在写作过程中，经常打电话、寄书信，逐字逐词帮我修改，而且字迹清晰、书写认真。要知道，先生因为年龄大，不会用电脑，他每次给我修改，不知要在椅子上、地板上轮换多少次。每每想到这，我的心里就酸酸的。尤其让我感动的是，就在先生逝世前两个月，他还亲自给我寄来一本他主编的教材。依然清晰地记得2006年，我们夫妻俩共同编写了一本小学语文课程与教学论教材，他听说后，让我们把书稿寄给他。不久，我们收到他的回信，稿子上勾勾画画、圈圈点点，从标点符号到遣词造句，从编排样式到内容观点，先生都做了仔细的修改，并提出宝贵的修改建议。先生这种严谨的治学精神和对后学细心的教诲也深深影响着我。工作至今，在学术研究中，我不敢有丝毫的马虎懈怠，更不敢不求甚解，要做就踏踏实实做。在教学过程中，我也一直秉持教书育人的原则，时刻不忘我的教学对象是未来的基础教育师资，学习中严格要求，生活上尽心帮助。因此，每学期结束时的“学生评教”对我评价较高。当然，我清醒地知道，这些都是先生留给我的人生财富，一辈子受用的财富。

点点滴滴，历历在目。2008年春节打电话时曾经和先生说，等他90华诞时，我们夫妻俩一定带着宝宝一起去看望他，可是这却成了我们永远无法兑现的诺言。

2008年5月9日14时，至今已近四年。相信天堂里的先生一定还是那么乐观幽默，一定还一如既往地惦记着他的“第四个女儿”。放心吧先生，我们一定会开心地生活，认真地研究！

真的好想您！

2012年5月1日

作者系江苏省南京师范大学副教授，硕士研究生导师。兼任全国语文学习科学专业委员会第三、四届理事会理事。

深切怀念朱绍禹先生

雷桂萍

对朱绍禹先生的怀念，永远是我心中一首低回的歌。

当想念他的时候，却已是天人永隔，这种无奈是不能用语言形容的。所以，对逝者越是怀念，在情感上就越是想回避。想着念着却再也见他不着，情何以堪！而事实上，越是想回避就越是常想起，因为他已融入了我的精神和事业。朱先生为师的风范、为人的境界、为学的成就已成为激励我前进的高标，使我在迷惘时、快乐时都会自然而然地想起他。

我曾是语文教育的一个迷路人，2002 年进入山西师范大学攻读语文教育硕士学位，才找到一点门径，也有幸在硕士论文的评审过程中开始结识朱先生。虽然老师们平时也多提起朱先生，但终究因我之粗疏没太在意。在外审时，朱先生亲自审阅我的论文，并给予了很高的评价。这对一个初入研究之门、心怀惴惴的晚辈学生来说，真是莫大的鼓舞。后来在答辩会上第一次见到了先生，83 岁的朱先生身体硬朗、思维敏捷、见解深刻。先生的学者之风，使我敬佩、使我仰慕，也使我开始特别关注先生，从多个方面对先生有了了解。朱先生是我国当代著名语文教育家、中国语文教育学理论的奠基者。他一生从事语文教育学理论的研究和教学，是我国语文教学论专业首位硕士研究生导师。他作为语文教育学的拓荒者，付出自己毕生的心血精力，终于使这个园地桃李欣欣、硕果累累。相识恨晚，我只能多多学习先生的著作文章，领教先生的嘉言懿行、博学高德了。

从山西师大毕业后，为了不中断对语文教育研究领域的关注，我加入了中国高等教育学会语文学习科学专业委员会。当时由朱先生任理事长，所以每逢年会，都能见到朱先生。加之王光龙先生的引荐，朱先生认识并记住了我，我也能够向我尊敬的长者当面请教学问，聆听教诲。朱先生作为“语文新课程学习指导丛书”的主审之一，逐字逐句地审阅并修改我撰写的《文学作品学习论》写作提纲，提出了宝贵意见，使我对一些问题豁然开朗。我从心底感念先生，想到他不论亲疏远近，对需要帮助的晚辈后学都能做到认认真真、全心全意，令人崇敬感佩。每次开会，我和乔桂英都会专门拜访先生，老人的幽默开朗、大气豪爽，特别是他对我们这些“小学生”的理解和关心，丝毫没有高高在上或拒人千里的感觉。先生因年事已高，听力下降，每次谈话他都会和我们坐得很近，甚至把头探过来，用手拢着耳朵来听我们说话，倍感先生的慈祥和亲切。朱先生泰而不骄、宽厚仁爱，这是我喜欢并愿意亲近他的主要原因，也是他对我为学做人的最大的影响。

我没有到过朱先生生活的地方，但朱先生给我强烈的直觉印象，他一定是淡泊名利、宁静致远，固于穷、执于道的谦谦君子。翻看先生的生平履历，除了两个学术团体的任职外，没有任何行政职务记载，更多的是在语文教育理论研究领域的卓越成就和教学中对学生不遗余力的培养。东北师范大学先后两次为先生举办“朱绍禹语文教育思想研讨会”，能享此学术殊荣，足见先生是如何固守着学术研究的神圣，如何执着于自己的学术人生。每次见朱先生，他都是穿一件干净整洁的黑夹克衫，和他清癯的面容、稀疏的华发映衬，一种别样的魅力触心扑面。每想起朱先生，我就会少一些浮躁，多一些安静；少一些怨气，多一些执着；少一些俗气，多一些雅致，虽不能有先生那样的境界，但有一份向往之心也是幸福。

做君子，是中国古代士人一生修身以求的最高境界，也是当代知识分子最理想的人格典范。也许我不可能准确地评定朱绍禹先生，但想起先生，他在我心中的形象就高大起来，就想起博学高德、宽厚仁爱、固穷执着等一些高尚的词语，也正合于国人对君子学养和品性的评价，这是先生留给我们的又一笔精神财富。

朱先生离开我们整整四年了，我的确怕想起这种痛苦的死别，椎心泣血，都不可改变的诀别。但我的确又常常怀念着先生，先生在天国一定很关心语文教育研究的繁荣兴盛，一定在默默地勉励着我们，温暖无言，激励无声。

先生之风，山高水长！

作者系山西省财贸职业技术学院教授。兼任全国语文学习科学专业委员会第三、四届理事会理事。

您不会走

——悼念敬爱的朱绍禹先生

雷桂萍

2008 年 5 月 9 日下午 14 时
噩耗传来——
您永远离开了我们
可是，您是答应要为我题写座右铭的呀
可是，您是答应再次为我修改稿子的呀
可是，我还一直在期盼今年会议上相逢的呀
可是……
许多的期待就这样被您匆匆地带走了

我怔怔地望着天空
　　望着远方
　　望着眼前川流不息的行人、车辆
您真的走了
您不会走
有谁能察觉我内心的不安
有谁能明白我内心的悲伤

您走了
不，您不会走

您给我的学位论文写的评语，油墨未干
您给我的书稿提纲还没有全部修改完

您走了
不，您不会走
您刚刚还握着我的手亲切地叙谈
您激昂动情的演讲仍在会场上余音绕梁

您走了
不，您不会走
您关于语文教育的真知灼见已凝固成一座书山
　　屹立在当代语文教坛上
您关于语文教育的深沉思考已融化为一脉清泉
　　流淌在语文学者的心间

您走了
不，您不会走
您桌案上的书稿才写到一半
您床头展开的书页还未读完
您的学生还需要聆听您教诲
您的亲人不能没有您陪伴
您的思考还在继续
您的事业还会有新的辉煌
……

我恍惚地行走在熙攘的人群中
我深深地俯首在古老的大树旁
眼前闪现着您矍铄的身影

耳边回响着您爽朗的笑声
您，永远不会离开我们
朱先生，安息
朱先生，永恒

高山仰止，景行行止
风范长留人间
悲痛化作力量
事业后人承传
您，不会走
一切必将重生，成为希望

师恩难忘

蔡美云

1987 年 9 月 12 日，这一天对绝大多数人来说是个再平常不过的日子，而对我这个刚毕业一年的教学法队伍的新兵却具有划时代的意义，因为这一天朱绍禹先生在东北师范大学研究生楼的三楼给语文教学法高级研讨班第二期学员上课来了。他抖擞的精神、笔直的腰板、敏捷的思维和幽默的语言让我无法判断他的真实年龄，尤其是他在讲授《中学语文教学概论》时，把唯物辩证法运用到教学法课程的研究与教学中，辩证地思考语文教育教学的问题，让我受益至今。9 月 17 日早晨，先生上完 3 节课后，不顾疲劳，专门询问了我的学习和进修计划，给了我一张中国教育学会语文教学法研究会会员登记表，并亲自做我的推荐人。先生的厚爱和提携，让我这个工作以来一直想当逃兵的人第一次有了专业归属感，坚持教学论的教学和研究到现在。

接下来的日子，先生和东北师大语文教学法教研室的老师们给我们这十几个省市来的年龄相差 20 几岁的学员安排了丰富多彩的教学科研活动：9 月 19 日至 30 日，我们在陈永芳老师带领下分别到辽宁鞍山市第十五中学和盘山县实验中学，听了欧阳黛娜和魏书生两位老师的教改报告和语文课，切实感受到了特级教师“特”在何处。回长春后，先生和我们的班主任于亚中老师一起磋商，充分利用东北师大在教师教育方面的丰富资源，聘请了在心理学、教育学和语文教育教学研究方面很有造诣的学者给我们开设了一批与语文教育学有密切联系的专题课。通过这些专业基础课、专题课的学习和语文教育教学调研活动的开展，我们这群特殊的学生学在其中、乐在其中。紧接着先生又给我们布置了《中国当代教育史》的撰写任务，我虽然接受的任务很少，但林松年、叶杏笙、王光龙、刘占伦、王安琳、毓明笠等学长们的研究态度和热情让我知道学问就应该这样严谨认真地去做，也许这就是“研究性学习”“合作学习”和“探究学习”相结合的具体体现吧。

课堂上的先生讲起课来是那样严谨质朴，是个典型的学者。如果不是那次在轩辕老师的送别晚会上看到先生潇洒的舞姿，如风的转速，我怎么也不会把先生与“舞者”联系在一起，以至于我现在只要听到《莫斯科郊外的晚上》那首乐曲，眼前就会浮现先生和上海来的成雅明老师在东北师大教师餐厅跳舞的风姿。您是舞厅里的舞者，更是语文教育教学研究这个大舞台的“舞者”，生命不息，蹁跹不止。

1987 年 12 月 12 日，先生再一次给我带来了惊喜和幸福，听说我未婚夫前来长春接我完婚时，先生亲自到宿舍来看望我们，并欣然做我们的主婚人，邀请我们合影留念，把东北师大欢送全体研修班学员的宴请几乎

作者（后排右一）夫妇与朱绍禹先生合影

变成了我们的婚宴。两天后我和丈夫前去与先生告别时，先生手拿中国地图，让我们从地图上找到我们生活的地方——汉中。当我们说到汉中就是“萧何月下追韩信”“刘邦明修栈道暗度陈仓”“诸葛亮六出祁山”等历史事件发生的地方时，先生眼睛一亮，说如果到西安开会，一定要到汉中看看。我当时兴奋不已，希望这一愿望早点变为现实，而现在却成了永久的遗憾。

1992年11月在山东泰安召开的全国语文教学法研讨会上，听完程翔老师执教《孔乙己》的观摩课后，我与组委会的一位负责人在交谈中，得知先生也来泰安了，下午作完报告后就将直接去机场。于是我和丈夫有幸在先生下榻的宾馆见面了，先生一眼就认出我们来了，并拉着我俩的手问长问短。看到先生消瘦的面庞，我们很是为先生的身体担心，询问先生身体有什么不舒服的地方。先生却轻描淡写地说，前段时间做了胃切除手术，现在一切正常。我知道先生是反过来安慰我们来了，不知该说什么好，先生真是一个善解人意的长者。为了不影响先生的会议活动安排，我们依依不舍与先生话别，他给我们留下了一句“要做一个学者”的嘱言。就是这句话一直激励我们在各自的学科领域辛勤耕耘，取得了一些成果，并双双获得了教授任职资格，我多么想把这一消息亲自告诉先生呀。2008年5月9日，毓明笠老师给我发来邮件说：“朱老师已于今天下午两点离世……”我不相信先生就这样离开我们了，学生还没有把您老人家请来汉中看看。但王光龙学长将5月13日上午先生遗体告别仪式照片发给我时，我又不得不承认这就是事实。我擦干泪眼，仔细辨认先生的遗容，是的，是您，就是您，我尊敬的朱绍禹先生……

先生您现在虽然离我们而去，但先生的思想、灵魂和智慧将永远激励我在教师教育教学与研究领域里不断向前、向前，您永远活在我们心中！

作者系陕西理工学院教授、硕士生导师。兼任全国语文学习科学专业委员会常务理事。

科学严谨，学者风范

——忆朱绍禹教授指导我校教学科研

隆廷凡

2012 年 3 月 22 日，广西师范大学教授黄麟生到平果高中（2003 年前为平果中学）讲学，我以平果县教研室主任身份聆听了黄教授的精彩学术报告。会后，黄教授郑重地对我说："现在要出一本关于朱绍禹教授的集子。朱教授曾三次到平果高中讲学，并指导了平果高中的"十五"教育科研全国课题的子课题研究，对平果高中所承担的课题成果相当赞赏，对校园内的山水人文印象颇深，你就写他三次到平果高中讲学、指导科研课题的文章吧。"我欣然答应。

朱教授第一次到我校，是在 2002 年 4 月 28 日。他给人的视觉印象是瘦高的个头，前额略秃，头发花白，未作染色以掩饰，不苟言笑的表情下透出知识分子深邃而冷峻的思考。这一天，朱教授在我校的活动是整整一个白天。上午参加了我校的全国语文学习科学实验学校的揭牌仪式，亲手为我校的实验学校牌匾揭牌。当主持人向参加揭牌仪式的人员介绍教授时，我才知道他除了东北师范大学教授的身份以外，还有多种社会兼职：我国当代著名语文教育家，中国语文学习科学专业委员会理事长，教育部中小学教材审订委员会委员。我是语文教师，从事高中语文教学，对高中语文教育教学有一定的见解。广西历年使用的高中语文教材是人教社的全国通用版，多次修订再版，从中无法找到一点的纰漏，原来是有朱教授那样具有高深学识和科学严谨的专家严格审订把关，这是我们语文教育事业之幸。当天下午，朱教授参加了我校"作文学习指导与人的发展"的课题开题仪式，并代表课题专家指导组宣布开题。他的开题讲话主要包括三个意思：一是肯定课题具有较强的理论支撑和学术价值。作文与做人是很值得进行理论与实践探讨的课题，以此为切入点可寻求符合高中生成长的规律，从而引导学生树立正确的世界观、人生观和价值观。二是肯定课题实施方案具有可操作性，具体步骤明确。三是学校领导重视科研，组织保障和经费保障到位。时间的流逝已有十年，如今再品嚼朱教授在开题仪式上的简短讲话，深感其仍闪烁着一位资深学者的理论与实践的智慧。

时过一年之后，2003 年 4 月 22 日，朱教授偕夫人第二次来到平果高中。几千公里的行程，难以想象两位老人如何从遥远的黑土北国来到红土南疆。这一天上午，朱教授不顾旅途劳累，给我校课题组全体成员作了《怎样做好学术研究课题选题》的学术报告。朱教授给我们阐明了教育教学研究课题选题的有关理论和观点，既具有前瞻性，又深入浅出，颇具实践指导性。他大致讲到以下几个方面：一、为什么在教育教学上也要进行学术研究。他列举了教育史上有关教育改革、课程改革的诸多例子，指出教育的任何改革都是在学术先行的基础上进行的，没有学术上的理论探讨，就没有改革，而没有理论上的可行性研究的改革，其实践上往往是盲目的，可能就会导致改革的失败。二、学术研究课题选题的方向性。选题要讲究方向，他列举了一些科研的例子加以阐明，也作了一些比喻性的说明。他说，如果我们要在一座山的两头同时打开一条隧道，其中一方的方向偏离了对方，这条隧道可能就是畸形的，不仅耗时还会耗财耗力，这就是失败。三、选题要具有针对性，重在解决教学中碰到的实际问题，尤其是实践中的难题。没有针对性的课题是缺少应用价值和学术价值的。四、选题要注重创新。所谓创新，就是尽可能不选别人已做过研究并已有了成果和结论的课题，内容新颖，方法创新，以免步人后尘。五、要对比，有所选择。值得研究和探讨的课题是很多的，所以必须加以选择。原则是上述第三点已阐述的“针对性”的观点。六、选题之后要做好实施方案。包括确定立项级别、人员组成、实验实施、经费安排、资料积累、结果验收等。朱教授的报告，开启了我校学术研究的先河，对未曾进行过学术研究的我校教师来说可谓豁然开朗。

当天晚上，为解除朱教授夫妇几天来的旅途劳累，我们把两位老人带到平果最好的壮医理疗院作推拿理疗。两个小时的理疗，朱教授夫妇顿感疲劳全消，当我们向在场的医务人员介绍朱教授的身份时，他们投以钦佩的目光，并向朱教授索取墨宝。兴致之极，朱教授挥毫题字。此前，朱教授为我们作完学术报告之后，也曾为我校《浪花》文学社题字“浪花”，同时还以我校“红旗山”之名题“红旗飘飘”四个字，可见朱教授对我校红旗山的险峻峭拔与青翠秀美留有深刻的印象。朱教授的题字，书法功底深厚，飘逸有致，至今他的字幅仍珍藏在我校的图书馆内。

在我校研究课题实施四年多的时间里，朱教授始终给予密切关注，以至关注到我校的每一位语文教师。他强调：学校一定要重视学术研究，教师要做学者型、研究型的教师，这是提高教师的理论水平、业务素质的唯一途径。客观地说，时至今日，平果高中形成浓厚的教育学术研究风气，是自朱教授莅临讲学开始。朱教授非常关心我校年轻教师的成长，给向他请教的一些年轻教师赠送自己的学术著作，如给当时刚参加工作的许梅春老师送了《语文教育科研导引》一书，为她日后读研、做学术研究、写学术论文指明了方向，提供了方法，使她很快脱颖而出，成为学校骨干教师。

2005 年 12 月 27 日，我校课题以现场会的形式接受全国教育专家的结题鉴定与验收。朱教授踏着一路风雪，再次从白雪皑皑的东北来到温暖如春的南国铝都。这一次，除朱教授以外，同行的验收专家还有：

全国语文学习科学专业委员会常务副理事长兼秘书长，中国高教学会语文教育专业委员会常务理事，杭州师范学院教授，硕士生导师，学习科学研究所所长王光龙；

全国语文学习科学专业委员会副秘书长，山西师范大学教授，课程与教学研究所所长张德斌；

全国语文学习科学专业委员会学术委员会副主任，全国语文教育专业委员会理事，广西语文教学法专业委员会理事长，广西师范大学教授、硕士生导师黄麟生；

全国语文学习科学专业委员会常务理事，广西语文教学法专业委员会副理事长兼秘书长，广西师范大学副教授、硕士生导师陈玉秋。

此外，广西几所高中名校校长也随行参加我校的验收评估工作。验收评估工作历时两天。我代表学校向评估组专家作了结题报告。

我校的学术研究课题按照朱教授指引的路子，树立人文科学教学理念，以“以人为本”作为理论支撑，以在阅读、文摘、观察中砥砺学生的思想道德情操，促进其思维品质的提高，从而“感悟为文”，作为实验研究方法。在课题研究的近四年中，我们重视实验实践过程。学校建立专门的课题阅览室，开设课外阅读辅导课，以班为单位派出本班语文教师进行课外阅读指导，在广泛阅读的基础上指导学生观察各种社会现象和生活现象，体验人际交往的情感关系，领会人际世界观、人生观、价值观的生活流露，从而引导学生进行理性判断与归纳，在此基础上创办学生手抄报，建立学生个人文集《文海拾贝》《生活撷英》《悦读悟语》。学生通过拓展阅读扩大知识视野，通过观察体验领会生活的真情实感，充实个人的情感世界和人格精神，阅读能力和写作能力得到大幅度提高。当年毕业的2002届学生，参加《文海拾贝》这个阶段的实验只有半年时间，但由于进行了大量的课外阅读，高考语文成绩十分优异，全年级语文平均分在当年百色地区（当时尚未设市）的12个县中位列第二名，仅次于百色城区重点高中——百色高中。这样的实验成果，本是真实可信，无法造假的，但朱教授带领验收组进行评估时，对我们提出了质疑：均分第二名，何以为证，前两年的原始资料为什么不保存？当我们从学校教务处出示2002年广西招生考试院印发的《2002年广西高考白皮书》，并从已毕业的学生原班主任手中出示部分已毕业学生未领走的学生个人《文海拾贝》等文集时，朱教授方显心悦诚服之容。经专家小组合议后，朱教授代表专家小组，对我校的科研课题作出评价：一、领导重视科研，组织管理得力；二、实验方案切实规范，内容具体；三、选题富有价值，理论支撑较强；四、实验程序规范，实验方法科学；五、实验效果明显，实验成果突出。最后，专家组对课题实验作出结论：“该子课题较好地完成了课题实验任务，达到了预期的实验目标，一致同意该子课题结题。”朱教授始终以学者严谨缜密的科学精神关注并挑剔着课题每一个细节和过程，这使我想起一位伟人说过的一句话：“科学是老老实实的学问，任何一点调皮都是不行的。”如今的网络和报端不时曝出很多造假抄袭的学术丑闻，功利与浮躁困扰着学术界，而朱教授身为局内之人却能坚守严肃的科学态度，堪称学者风范，难能可贵。

为我校的一个学术课题，朱教授三次往返于北国与南疆的遥远空间，尽管时光早已流淌，但他的学者人格和治学精神仍然在这一空域里回荡，激励着我们不断向上攀登。

作者系广西壮族自治区平果县平果高中原校长。

往事·记忆·感恩

徐　鹏

每次回顾自己的专业学习和成长之路，内心就充满对朱绍禹先生的感激。2008 年汶川地震让我无法及时从四川赶来送别先生，让这种感激又混合了一种永远的憾恨。

在我的记忆中，总是有明亮的阳光洒进先生的书房。靠窗的书桌上摆放着笔、墨、纸、砚，书桌前有一张褐色的印花木椅。与书桌平行的书架紧贴墙壁，上面整齐地排列着各类书籍。墨香与书香在空气中飘荡，我常常嗅着这种独特的香气，聆听先生的教诲。每次我只请教一个语文教育方面的小问题，先生就会从研究现状、研究方法等视角拓展、延伸，令我视野大开、受益匪浅。临别时，先生总会取出相关书籍，推荐我阅读。若是近日写了新书，先生立刻无私签名赠送。我就在一次次的请教和聆听中，逐渐将文学院引以为豪的先生与现实中和蔼可亲的先生融合起来。静静聆听先生的教诲，成为我硕士学习期间最美好的回忆。

在先生的指引下，我对语文教材产生了浓厚的兴趣。硕士论文选择从教材视角来探究语文课程的多元文化特性，这一选题得到先生的认可。2006 年 5 月，先生已经 85 岁高龄，仍然亲自来到硕士论文答辩会场，对每一位硕士生的论文作详细点评和总结。同时，为我们今后如何从事语文教育研究提出具体建议和殷切希望，一如既往地认真、严谨，又不失温和。我们既认识到自己的不足，又被先生鼓舞得充满自信。当天中午，我们邀先生一起在东师会馆小聚。先生依然不忘与我们分享自己的研究体会，以及在全国参加语文教育活动的有趣见闻，饭桌上笑声不断。每次欢聚，先生都会让我们在享受美食的同时，也享受一顿精神大餐。

2006 年 6 月，我去拜访先生并顺便道别。依然是在那间熟悉的书房中，先生叮嘱我工作后要继续阅读、学习、研究，要把本科和硕士期间学到的理论知识与语文教育实践相结合，做出更加鲜活的研究。听说我有继续深造的打算，先生立刻写了一封介绍信，详细描述我的个人情况，向国内知名的语文学者引荐。写毕，先生先将介绍信对折，然后在左边折出一个小边，再对折，最后工整地放入信封。临别前，先生又把自己珍藏的《中学语文教材概观》《中学语文课程与教学论》《朱绍禹语文教育思想研究论集》《朱绍禹文存》等书籍，从书柜里找出，颤抖着手，用毛笔仔细地签名，最后盖章。出门前，先生一边递给我，一边说这些书可供我日后研究参考，有的观点比较陈旧，阅读时要学会审视。先生的率真、坦诚，以及对年轻人的关爱和鼓励，总是从这些细节里散发出来，充盈着关于先生的记忆。工作后无数次地翻阅这些书籍，每次看到扉页上先生的亲笔签名和赠语，内心总是温暖地感动着，同时又充满无限的动力。

2007 年 12 月，我终于鼓起勇气报考北京师范大学的博士生。当时着急邮寄报考材料，从四川打电话给朱先生，烦劳先生写一封推荐信。先生爽快答应，然后关切地问我的备考情况。挂电话前，先生突然说，我给你写两封推荐信吧，要是今年没有被录取，留一封明年用。四天后，我收到快递来的推荐信。字迹工整，内容简洁，客观而又全面地介绍了我的个人情况。2008 年 5 月 1 日，我得知自己没有被录取，情绪很低落。随后，又深感先生的远见之明，我立刻把第二封推荐信里原本空白的时间填写为 2008 年 12 月 7 日，准备再次报考时使用。但是，我没想到这封推荐信永远也用不上了。5 月 9 日，先生仙去的噩耗传来，我甚为震惊和悲戚。深夜无眠，看着先生的旧照，我独自回想着关于先生的往事，潸然泪下。两天后，汶川地震袭来，成都双流机场航班全部关闭，我无法从四川及时赶到长春参加 5 月 13 日上午先生的告别仪式。只能委托师弟帮我带去鲜花一束，以表达对先生的敬意。一场地震，让我更加珍惜生命，也更加深刻地领悟到先生的生命历程对自己的影响与启示。在连续失眠的几个夜晚，我在电脑前敲打着键盘，回忆了与先生有关的点点滴滴，在博客里发表了名为《天堂里，有没有学术讲堂？》的小文，希望先生在天堂中能够继续自己喜欢的事业。

2008 年 12 月，我再次报考了北京师范大学的博士生。2009 年 5 月，我收到来自北京的博士录取通知书，心情并没有预想的那么激动。如果，我能和先生分享被录取的喜悦，那该多好！两个月后，我有幸从四川调回东北师范大学文学院工作。整理行李时，我又看到先生亲笔写的那封推荐信，赶紧小心地收藏起来。2009 年 8 月，我正式回到先生曾经战斗过的地方，内心百感交集，一种责任感驱使着我继续先生未完的事业，为中国语文教育贡献个人的绵薄之力。

2009 年 12 月的一个午后，我与导师郑国民教授谈起先生。他说，朱先生的仙去实在令人痛惜，很惭愧自己以前竟没抽空去长春拜访先生。就在先生离去的两个月前，先生不顾身体有恙，还到北京参加洪宗礼老师“母语教材研究”的课题鉴定会。也就是在那次会议上，导师第一次见到朱先生。刚见面，朱先生便激动地捧着导师的脸说：“国民，我没想到你这么年轻！”先生的可爱与纯真，以及对青年才俊的喜爱溢于言表。导师沉默了一会儿又说，真没想到，与朱先生的第一面成了最后一面。走出导师办公室，北京冬日的阳光依然那么灿烂，可我却在这灿烂的阳光下潮湿了眼眶。

我至今还记得 2008 年 5 月 10 日，东北师范大学校园网主页上为先生登载的那篇讣告，从题目到落款一共有 1052 个字。先生出生于 20 世纪 20 年代，一生走过 87 个春秋，经历了中国最为动荡、最为混乱的年代。这 1052 个字实在无法真正描述先生人生的深度与厚度。在我的心里，留存着对先生温暖的、丰满的记忆，这些记忆并不像讣告里的文字那样冰冷。每次路过自由大路对面的师大一教，我总会仰望先生的故居。就好像先生还在那间书房里，正坐在那张褐色的印花木椅上，安静地阅读……

攻读学位的这些年，我总是想起 2000 年 12 月先生在“朱绍禹语文教育思想研讨会”上的那段致辞，“岁月蹉跎，来日无多；何以自慰？读书写作”。我将铭记这段告诫，学习先生勤奋读书、写作的精神；我将珍藏先生赠送的书籍、名片，以及那封推荐信，还有那些记录先生生活点滴的照片。带着有关先生的美好记忆以及先生的谆谆告诫，我将继续前行，行走在语文教育研究之路上！

作者系东北师范大学文学院讲师。

怀念先生

孙　芳

朱绍禹先生走了，走得那样突然，我甚至都来不及告别。

我是在汶川大地震那天得知先生去世的消息的。整个下午，我呆坐在电脑旁一遍遍地翻看着先生的照片和书信，与先生相处的一幕幕情景不断浮现在眼前。

作者（右）与朱绍禹先生在乌镇合影

我虽与先生只见过两次面，但我们的“交情”可不浅。

2006 年 10 月，“当代语文学习理论指导”丛书编写会议在杭州召开。受王光龙老师的委托，我负责朱先生的接待工作。久仰先生大名，早已心向往之，但作为一名刚踏入语文教学法大门的后生，对于先生这样的大家，除了尊敬，还怀着一种畏惧。所以，虽然事先做了一些准备，但心里还是惴惴不安。先生这次是从长春到上海，再转杭州。火车缓缓靠近上海站，车上走下来一位精神矍铄、笑声爽朗的老人。这就是先生。没有想象中的严肃与不苟言笑，亲切得就如我慈祥的老祖父。在先生的感染下，我紧绷的神经慢慢松弛下来，我们的对话自然而轻松。先生当时已是 85 岁高龄，但在上海逗留参观，以及转杭州的行程中，他从不愿麻烦我们，却处处为我们着想，出行自己要提包，吃饭总是照顾我们的口味。所以，我能为先生做的事情并不多，倒是跟先生学习了不少做人和做事的学问。那次会议结束后，先生很快就要回长春了。临别前，没有严肃庄重的嘱托，依旧是朗朗的笑声，还有一个“时髦”的拥抱。这就是先生与晚辈亲切告别的表达方式。

先生回长春后，邮寄给我几本他的著作并附信一封；我也时不时打个电话问候他老人家，先生一如见面时那般亲切和热情。

2007 年 11 月，全国语文学习科学专业委员会第三次会员代表大会暨 2007 年学术年会召开。先生像上次一样，仍从长春到上海，再转杭州。应先生的要求，我仍负责先生的接待工作。我陪先生在上海待了一天。会议期间还陪先生去了杭州丝绸市场。这时，我已经进入学年论文的写作阶段，因为担心先生的身体，我没有提及论文。先生却主动问及论文的进展情况，并要走我的论文提纲及部分文稿。他不顾旅途的劳累，连夜看完，对每一部分都做了详细的批注。这令我深受感动！在后来的写作过程中，我不断向先生请教，先生也总是耐心解答。我的毕业论文顺利通过答辩，离不开先生的精心指导。

在这次会议期间，还有一件事让我记忆深刻。一次，我陪先生回房间，在电梯里遇见几位美国留学生，出于礼貌，我用英语向他们问候。回到房间，先生便建议我尝试翻译英文教学论文章，并结合自己翻译日语论文及著作的经历教给我外文翻译的方法与技巧。之后，先生在电话里也多次询问此事的进展。但由于毕业在即，事情比较多，翻译一事便一拖再掩。直到先生去世，也未见只言片语，实在有愧于先生的一片苦心。

望着眼前的照片和书信，回想起先生一生对语文教育事业的贡献和追求，我知道了最好的纪念方式，便是沿着先生所追求的方向继续向前！

作者系浙江省嘉兴学院平湖分校讲师。

此情可待成追忆

——忆我与朱先生的一面

姜　虹

朱绍禹先生作为我国当代语文教育界的一面旗帜，一生著作等身，桃李满天下。在我的大学阶段，就在恩师王雅萍先生的引导下，读了先生主编的很多著作；在研究生阶段，又在导师王光龙先生的帮助下，确立了朱绍禹语文教育思想研究的论文选题。能够当面聆听朱先生的教诲一直是我莫大的心愿，2008 年 2 月 12 日我终于如愿以偿，见到了朱先生。

那天先生身穿黑色马甲，高瘦的身材，花白的头发，浓浓的眉毛下炯炯有神的双眸透着深邃的目光。一进门，先生便关切地问："很冷吧，快进来。"当我问候他的身体状况时，先生微微欠身，一边俯首倾听，一边面

在朱绍禹先生家中作者（右）与朱先生亲切交谈

带微笑，连连点头，和蔼而又谦逊的态度令我肃然起敬。虽然以前有过与先生谋面的机缘，可如此近距离的接触这位可敬的老者，却给我带来了另一番感动：先生的学识是何等的渊博！先生的为人是何等的诚恳！先生的态度是何等的令人折服！

本来，作为晚辈这样冒昧地来打扰先生，我的内心是忐忑不安的，甚至诚惶诚恐。然而，在见到先生之后，在与先生慈祥的目光相接的瞬间，这种感觉早已跑到九霄云外了。不仅如此，先生还为我的来访做了充分的准备，在认真听取了我的毕业论文选题——朱绍禹语文教育思想研究之后，还向我详细介绍了他个人的研究领域及研究成果。

二月的北国长春虽已到了初春时节，但丝毫没有让人感觉到春的气息，凛冽的寒风还是那么咄咄逼人。此刻，我的心却如早春般的温暖，先生的热情深深地感染了我。我从先生铿锵有力的话语中，得到了写作的灵感与勇气；先生望着我那渴望的眼神，倍感欣慰与希望。随后，先生把我带到了他的书房。先生的书房给我的感觉是：少了几分浮华与绚丽，多了几分朴实与凝重。望着书架上种类繁多、排列整齐的中外书籍，我的眼前不禁浮现出先生每天伏案写作的情景。先生从书架中抽出《朱绍禹文存》等几本学术著作，说道："这几本书就赠予你了，本想整理了给你寄去，现在你来了，就不用麻烦了。另外还有几本书，我没有存本了，你能借阅的就借阅，借不到的就到北京的各大出版社购买吧。"先生还仔细询问我知不知道北京的各大出版社的地址，我说不太清楚，先生便拿起笔在我的本子上写上如何乘公交车去出版社，甚至帮我画了简单的路线图。先生写起字来手已经在颤抖了，但是写出来的字看起来仍然很有气势。虽然我当时有些不解：为什么一定要到出版社买书呢？但我并没有打断先生，因为我知道先生做事与做学问一样认真，这让我实在不忍心打断他的思路。接着，先生缓缓地走到书桌前，开始研磨，然后拿起毛笔，翻开《朱绍禹文存》一书的扉页，郑重地写上"姜虹存阅"几个大字，透过先生那专注的目光和慈祥的脸庞，我分明看到了先生对我的关怀与期望。

临别前，先生与我互留了通讯地址，嘱托我认真写作毕业论文，并于日后将初稿寄给他。我高兴地答应先生，并祝先生健康长寿。先生显出十分高兴的样子，竟像我的祖父那样伸开双臂将我拥入怀中，亲切道别！然而令我万万没有想到的是，这一别竟是我见到先生的最后一面。三个月后，可怕的病魔将这位可敬的老人带入了天堂。而就是这珍贵的最后一面让我终生难忘，永远怀念！

后来，我的硕士学位论文《朱绍禹语文教材思想研究》获得外审专家（盲审）A 等，并出色地完成毕业论文答辩。我想如果先生泉下有知，也一定为我感到骄傲和欣慰！

如今，毕业后参加工作近三年了，每每想到当初与先生会面时的场景，仍然不免有种茫然若失的感觉，既为先生的离去而感到惋惜，更为我当年有机会与先生面对面地交流而感到庆幸，真应了那句“此情可待成追忆，只是当时已惘然”！

作者系辽宁省大连市金州新区东居小学高级教师。

渊博热忱为人师　乐观豁达引路人

安图县两江“五七”中学师生

如果健在，朱绍禹老师今年应该是90岁了。学生孙淑琴接到朱老师女儿晓鸽要给朱老师写回忆录的电话邀约后，先后召集在当地的同学、电话采访外地同学并把当年和朱老师共事的部分老师请到一起，共同追忆朱老师在安图县两江“五七”中学工作生活的片段。捡拾记忆，穿越时光，朱老师鲜活的形象展现在我们面前：中等个头，国字脸上镶嵌着一双睿智慈祥的大眼睛，一身蓝灰色便服透出整洁朴素。一说话笑意荡漾在脸上，给人平易近人没有架子的感觉。大家印象最深的就是朱老师的博学、热情、乐观、助人。虽然和同学们相处了不到一年的时间，但朱老师却用他独特的人格魅力感染了一批人，改变了一批人，成就了一批人。每当熟悉两江历史的人提起朱老师教过的那批学生都有出息时，会赞不绝口地说：没有朱老师就没有他们的今天。

——题记

20世纪60年代末，神州大地掀起一股“五七”干部下乡、支援农村建设的热潮。身为东北师范大学讲师的朱绍禹携妻带女，于1969年枫叶醉染山岗的时节，来到长白山脚下的两江公社东江一队，开始了他人生旅途的一段特殊经历。

刚到两江时，朱老师一家住在河北岸靠山根的土坯房里，仅隔一条小河家住河南岸的学生李胜华对此记忆犹新。两江人的淳朴加上朱老师的热情很快使两家人熟悉起来，李家做了好吃的要送给朱家品尝，朱家缺什么家什也到李家来借。俗话说：远亲不如近邻，近邻不如对门。两家人的相帮相助没有因为相处的时间短暂而淡薄。李胜华说：生活中互相帮助的事情太多了，记忆最深的还是朱老师家回城的那一幕，我母亲和朱师母相拥而泣，我们也都跟着垂泪，依依惜别啊！

1970 的夏秋时节，两江公社“五七”中学缺老师，作为高校教师的朱绍禹被派到中学担任高中部语文教师。这一岗位为朱老师搭建起施展才华的舞台。

朱老师所教的这届学生，受“文化大革命”的影响，小学初中阶段基本没学到什么知识，底子薄基础差，缺少良好的学习风气，学生逃学、气老师的现象时有发生。面对此种境况，朱老师运用他渊博的知识、幽默的教学风格和对学生的关心鼓励很快赢得了学生的尊重和喜欢。回忆起朱老师当年上课时的音容笑貌，学生们一致的评价是：朱老师上课认真，能与学生打成一片，课堂气氛生动幽默，讲解深入浅出，同学们都爱上他的课。

曾经当过安图县地税局局长的尤连启同学深情地回忆道：“朱老师特别热情，教学严谨有特色。他看我们班同学字写得歪歪扭扭，连一些常用字都写错，就让我们像小学生一样每天写一篇田字格字，写不好就要挨训。朱老师不管多忙，都认真批改，哪怕只是一点的错误也逃不过他的眼睛。记得有一次，一个同学写‘走步’的‘步’字右下多了一点。其实，我们班同学多数都这样写，可是谁也没发现是错别字。朱老师批改时给画上红圈，第二天早自习发下习字本，这个同学脾气急，同朱老师争执起来，‘步’字不带点，朱老师怎么说他也不信。最后朱老师拿来字典让这位同学查，查完后才服了。这件事也教育了同学们，那段时间，同学们没事就查字典，掀起了查字典消灭错别字的热潮。这件事我印象特别深刻，也培养了我严谨认真的习惯。”朱老师回城后，有几次尤连启去长春开会，都要去拜会老师。而每一次，朱老师都会抓着尤连启的手不放，问两江中学的情况，问同学的情况，关切之情溢于言表。

朱老师不但治学严谨，对待学生更是满腔热情，关怀备至。让学生王书萍至今记忆犹新的是：那时学校的条件太差了，在南坎上的土坯房，草屋顶。夏天是“外面大雨，里面小雨。外面雨停，里面照下”。冬天是四面透风，冷得不行。冬日里的每个早晨，朱老师都会早早地来到学校帮助生炉子，学生们带着霜花走进教室就会感觉到温暖。每到课间休息，朱老师就会来到同学中间，和大家一起聊天唠家常。因为朱老师的平易近人，同学们都愿意和他说知心话，还经常到他家玩，每次去，同样待人热情的师母都会给同学们冲白糖水喝。那时候，一碗白糖水，对于住在深山的农村孩子来说，是多么奢侈多么幸福的饮料啊！说起这些，王书萍一脸的幸福。她还回忆起一件幽默的事，有一次朱老师来上课，同学们发现他脸上有一条血痕，便问老师是怎么搞的，朱老师看看同学们，板着脸很严肃地说：“不听话，被你们师母挠的。”说完自己笑了，同学们也跟着大笑起来。我们都知道他们夫妻相当恩爱，从不吵架的。忆起这些，朝鲜族学生成京淑更是感慨万千，她说：“我们几个朝鲜族学生汉语都不好，中文基础更差，可是朱老师教我们时特别有耐心，一遍不会两遍，两遍不会三遍，从不发脾气，也不会说伤害我们自尊心的话。有时下课时他就来到我们身边说，朝鲜族能歌善舞，你们给我唱个歌听吧！刚开始我们都很拘谨，张不开嘴，朱老师就鼓励我们，后来一到休息时就唱歌，朱老师也跟着学，唱跑调了我们就哈哈哈大笑，真的很快乐。

朱老师教学的高明之处还在于他对学生如何做人的培养教导，对怯弱的学生帮助树立自信心。他上课时经常给同学们讲“仁义礼智信”，讲如何树立正确的人生观、价值观等。对此受益最深、感触最多的当数孙淑琴同学。孙淑琴天生胆小，不善言辞。朱老师接这个班后，对每个同学的性格爱好和潜能进行了研究。他发现孙淑琴喜欢上语文课，但不愿意发言，他就经常提问她，鼓励她。有一次，朱老师把孙淑琴写的一篇读后感作为范文在全班朗读点评，给了孙淑琴莫大的鼓舞，增加了自信。朱老师看到她的进步，就表扬她说：“你很有潜力，好好写，多写，写完我给你批。”这使孙淑琴更加爱上语文课，并带动了其他学科，后来考上了长春邮电学院。有了这段师生情谊，孙淑琴到长春后，每个周日都要到朱老师家，如果哪个周日没去，朱老师就会到学校来看看是不是出什么事了。每次朱师母都会做好多好吃的款待孙淑琴。吃饭时，朱老师怕孙淑琴拘束，不敢夹菜，就会端起盘子把一大半菜拨到她的碗里，逼着她猛劲多吃。现在想起这件事，孙淑琴还感慨不已。

对孙淑琴的成长关怀，朱老师不是亲人胜似亲人。有一段时期，孙淑琴情绪低落。朱老师问她原因，她哭着说，有一个年长她几岁的老师想和她处对象，她胆小害怕不敢拒绝，又不想答应。朱老师安慰她说不要害怕，如果那个老师真的做出什么伤害她的事情，他就去学校给那个老师贴大字报。这件事体现了朱老师的侠义心肠。临近毕业，朱老师多方奔走想把孙淑琴留在长春，却因为诸多原因没有成功，但这种帮助却在孙淑琴心中留下了刀砍斧凿般的印记。此后多次，只要孙淑琴出差到长春，都会去看望朱老师。有一次，她听朱老师说起曾住在长白山脚下却未登过长白山的憾事后，马上组织几个同学，把请朱老师来长白山游玩的住宿和行程安排得妥妥帖帖。但在向朱老师发出邀请时，朱老师的家人担心已经 80 高龄的他会出什么意外而婉拒了。至今提起，孙淑琴还觉得这是一件对不起老师的遗憾之事。朱老师在离开两江中学直到辞世的近 40 年时间里，只要有专著出版都会给孙淑琴签名邮寄，她至今珍藏着。每当想起朱老师，她都会捧出老师的著作看一看，老师的音容笑貌就会展现在眼前。

朱老师以优秀的人格魅力影响着学生、关爱着学生、教育着学生，以博学笃行、严谨治学的精神指导着、带动着身边的其他教师。

曾经和朱老师一个教研组的陈家贞老师还清晰地记得当年的快乐时光。陈老师动情地回忆道：“朱老师给人的第一印象就是温文尔雅，平易近人。我们是高中毕业来当代课老师的，而朱老师是师大教师。但他和我们在一起从来没有架子，我们有不会的都向他请教，他无论多忙，都会不厌其烦地指导我们。还记得朱老师曾经送给我一本他写的关于语文教学方面的书，那时候像这样教学方面的指导书特别少，我如获至宝地阅读，并在教学中运用书中讲的方法，真的是受益匪浅啊！记得刚参加工作时，我和朱老师的女儿朱晓鸽年纪相仿，我俩经常在一起打乒乓球，也经常到朱老师家去。有一次去他家，朱老师爱人看我穿的衣服有点旧了，就对我说：

‘孩子家也不在这，没人管没人问怪可怜的，姨给你做件新衣裳。’听朱老师说过，姨在长春服装厂上过班，手巧。至今想想，那身新衣服曾给我带来多少欢乐和自豪啊！还记得1975年的夏天，朱老师到延吉讲课，我去延吉听课。期间朱老师问：‘安图两江中学有没有老师来？’虽然那时我已经调到安图三中任教，但我还是站了起来，并在课后和朱老师聊了好久，朱老师关切地问起学校的情况。那份牵挂，那份关切就仿佛当年一样。后来听说，朱老师离开两江中学后，曾经多次给学校寄钱资助办学。现在想想，人家仅仅在两江待了那么短短的两年多，就对第二故乡留下这么多念想牵挂，真是我辈学习的楷模啊！”

讲到这，陈老师动情地说：“其实，朱老师为人也特别豪爽，喜欢喝点小酒。那时‘五七’干部是分期分批回城的，每走一个，大家都要送行，我的酒量就是在那时练成的。”

回忆起和朱老师在一起的快乐时光，曾经是班主任的张权哲老师打开话匣子就一发而不可收了。

那时学校经常组织勤工俭学，春去插秧，秋助收割。班主任张老师经常要带同学们去附近的白河屯帮助农户插秧。因为朱老师等几位老教师已经50多岁了，学校不让他们去。朱老师就说：“我们弯不下腰，插不了秧，我们可以给学生牵线绳啊！”其实朱老师更在意的是感受山水所带来的乐趣。由于插秧的活并不多，有时半天，有时个把小时就干完了，有经验的学生都会带着渔网、鱼挂子、钓竿等到白河里抓鱼。那时候鱼也特别多，一会儿就可以捕到斤八两以上的几十条细鳞鱼。学生们每次都送给老师一些。朱老师把鱼炖上，又去供销社买来烧酒，映着湖光山色，品着鲜美鱼汤。朱老师就会吟诗作赋地赞叹：“真是神仙过的日子啊！”

就在朱老师即将回城的1971年春节期间，一场大火把本已破旧不堪的校舍化作灰烬。盖新校舍需要大量砖石白灰，学校就组织学生去几公里以外的石场砖厂肩背爬犁拉，愣是靠师生的共同努力建起了新校舍。这期间学校不让朱老师等几位老教师干活，但他们没有一人退居二线，总是抢着干一些力所能及的工作，所以有人戏称：两江中学是师生背出来的学校。可惜的是，学校尚未建完，朱老师就返回了长春，一别就再也没回过两江。

尽管朱老师在两江的时间很短暂，尽管朱老师在两江中学仅仅教过这一届学生。但对朱老师渊博热忱为人师、乐观豁达引路人的优良品质，学生永远不会忘记！两江的山山水水永远不会忘记！

口述回忆：

当年的教师：陈家贞　张权哲　孙天富

当年的学生：孙淑琴　王书萍　成京淑　李顺任

尤连启　李胜华　姜世君　胡宝玉

整理撰稿：唐晓伟（中共安图县委宣传部外宣科）

2012 年 3 月 8 日

忆朱绍禹先生的最后十年

吴素贞

那位身姿挺拔、健步如飞的老人，离开这个世界已经快 4 年了。

香港回归的前夕，在北京我俩商定：牵手晚年，互为拐棍。那年他 75 岁，我 71 岁。

朱先生是一本书，我读到的是最后章节，未必读深读透，也算读懂。朱先生一生拼搏，我看到的是“加时赛”，短暂、精彩。

朱绍禹先生从东北师范大学中文系离休后，也卸去全国语文教学法学会理事长的头衔。此时，全国语文学习科学专业委员会聘他为理事长。他欣欣然，浴火重生。

该学会，每年一次年会。每次年会朱先生都作主题报告。每次发言他

朱绍禹先生和吴素贞老师

都激情澎湃，也得到与会者的热情赞扬。

学会一度得到国家的科研课题。他为此万分高兴，他说学会会更加兴旺。他认为这是秘书长王光龙先生工作有方，有能力有魄力争取来的，功劳苦劳应归于他，自己为学会做的具体工作太少，而享受的荣誉太多。在桂林召开的那次年会上，他说：语文学习科学专业委员会给了他辉煌的晚年。

学会的实验学校遍布各省，有的在城市，有的在县镇。开题与结题时，他都乐于前往。所到之处，所有针对性的发言，思路清晰，语言幽默，都能获得认同与嘉许。

朱绍禹先生晚年仍孜孜不倦地学习，吸取新知识。时常阅读一些外国资料，报章杂志不离手。《语文学习》《中学语文教学》《语文报》……从不间断的赠刊中捕捉语文教改的信息和动向。这是他能站在语文教改前沿持有话语权的源头活水。

东北师大文学院办的各种培训班，先生都担当一些讲课任务；也指导

朱绍禹先生和吴素贞老师

在校研究生写论文，修改论文。自己也一直笔耕不辍，一直在编书。朱先生腰肌劳损，坐久疼痛，读写时常常跪地，以床为案。他自己以“跪地甘为孺子牛”自嘲自慰。

朱绍禹先生晚年是幸福快乐的，福禄寿齐全。学会是他的精神支柱，心灵依托。方方面面的关爱与呵护，无不为他增精神，添活力，加油充电，助他的天年潜滋暗长，高龄而不龙钟。

多位忘年交好友和在师大进修过的各地教师精英，为他提供学术交流到各地讲学的平台。他能老有所为，风光体面，其乐无穷。

2002 年，他 80 岁生日，一百几十人从全国各地赶来为他庆生。享此殊荣，能有几人。

他授业过的研究生视他为父执，与他亲如父子（女）。张文颖、高丽、姜丽平、闫宏斐、王雅萍、韩向东，还有张蕾……（有的人名字我记不清了）他们为先生做子、效力，无条件，全力以赴。以张文颖为例，这些年先生外出路经北京，迎送的都是他。迎必到车门口，送必进入车厢；肩扛手提，充当脚夫，安排食宿。2007 年，从南通返程，到北京时，朱先生胃肠不适，文颖把他请到刚入住的新居下榻。他曾亲自驾车陪先生游海口、三亚。在北京，春天陪登长城，秋天陪看香山红叶。先生的晚辈到北京，文颖都全面照顾。文颖回舒兰探亲，经过长春，只要时间允许，或到老师家看望，或请老师出去一起吃顿饭。有一次还把他的宝贝小儿子领到先生家，让老师看看……当然朱先生也十分珍惜、疼爱、记挂他们。“师以生贵”，先生有一种独得天下英才的豪情。

学生事业有成，青出于蓝，他顺心、遂心、开心。

“春蚕到死丝方尽，蜡炬成灰泪始干”，是朱先生生命最后的写照。

2008 年春节前后，他日以继夜地阅读成都刘永康教授的书稿，准备为他出书作序。他说人家急于付印，得抓紧时间。二月中旬去北京参加《母语教材研究》出版座谈会，并在会上即兴发言。回来后，他想配上助听器，说年内有两次外出，还想去日本等地看看。但没几天，发现了病情。

最让人不能忘记的是：手术的前一天，他起早把自己换下的衣服洗好，晾上。他平素勤快、整洁、爱干净、事必躬亲。还热心公益，乐善好施。

2008 年 5 月 9 日死神抓住他不放，他无奈地不甘心地走了。

值得回忆的事太多太多；逝者音容宛在。

2012 年 4 月 20 日

作者系朱绍禹先生晚年伴侣，吉林省教育学院副教授，从事语文教研工作。

追忆我最敬爱的父亲

朱大雁

朱先生大女儿朱大雁

父亲离开我们已经四年有余，在这几年的时间里我常常沉浸在对往事的回忆当中，父亲的音容笑貌、举止言谈在眼前一幕幕地掠过。睹物思人，凡是爸爸的物品，包括他写的字，看过的书，用过的笔，种过菜的地，去过的地方……只要感官触及，缅怀之情、伤感之情就难以自控。当然这情绪有失理性，人总要正视现实。爸爸一定希望我们快乐地活着。

在与我父亲情同父子、与我们情同手足的父亲的研究生张文颖的感染和督促下，我终于提起笔来写回忆父亲的文章，因为文颖坚持一定要出一本有关我父亲生平及教学生涯的书。在构思本文过程中我领悟到写追忆父亲的文章虽然有痛苦，但父亲是一位为社会作出贡献的人，一位受人尊敬的学者，作为一个被父亲呵护一生的女儿，写写追忆父亲的文章在精神上也是非常有收获的。

就写写那些让我刻骨铭心的家庭琐事吧。

父亲是个孝子，也是一个知恩图报的人。

父亲是爷爷奶奶最小的儿子，也是兄弟中唯一受过高等教育的。病中的父亲仍念念不忘和爷爷奶奶在一起的幸福时光。爷爷早年去世，父亲没有孝敬爷爷的机会，这让他感到终生遗憾，他常说“子欲孝，父不待”。工作后的父亲把奶奶接到城里，常常在为数不多的工资里拿出一些给奶奶零用。奶奶喜欢看戏，平日里只要师大礼堂演戏、放电影，爸爸一定买票，让我陪奶奶看。我印象最深的是我陪奶奶看了由梅兰芳和周信芳二位大师合演的《游园惊梦》，还有话剧《一仆二主》，电影《十字街头》等。爸爸钟爱巴尔扎克，他给奶奶讲《欧也妮·葛朗台》《高老头》等，还讲《雷雨》《儒林外史》《三国演义》《红楼梦》。尤其是爸爸给奶奶讲《红楼梦》的场面，让我至今难以忘怀。

那是20世纪50年代末的一天，晚饭后爸爸手捧《红楼梦》站在书房中央，兴致勃勃地一口气读了第三回王熙凤出场的一大段描写：

一语未了，只听后院中有人笑声，说："我来迟了，不曾迎接远客！"黛玉纳罕道："这些人个个皆敛声屏气，恭肃严整如此，这来者系谁，这样放诞无礼？"心下想时，只见一群媳妇丫鬟围拥着一个人从后房门进来。这个人打扮与众姑娘不同：彩绣辉煌，恍若神妃仙子。头上戴着金丝八宝攒珠髻，绾着朝阳五凤挂珠钗；项上戴着赤金盘螭璎珞圈；裙边系着豆绿宫绦，双衡比目玫瑰珮；身上穿着缕金百蝶穿花大红洋缎窄褃袄，外罩五彩刻丝石青银鼠褂；下着翡翠撒花洋绉裙。一双丹凤三角眼，两弯柳叶吊梢眉，身量苗条，体格风骚，粉面含春威不露，丹唇未启笑先闻。

……

爸爸读得语速很快，但又不失抑扬顿挫而且又有极强的表现力。读罢又逐字逐句解说，边解说边不断地打手势，讲解什么是"金丝八宝攒珠髻"，什么是"五凤挂珠钗"，什么是"缕金百蝶穿花大红洋缎窄褃袄"等。奶奶始终笑盈盈地听着还不住地点头。最后奶奶还评价了王熙凤："多好的穿戴，多俊的人哪，还有本事，赶上皇娘娘了。"爸爸说："嗯，真跟皇娘娘差不多呀。"

爸爸讲奶奶听这是常有的事，从中母子俩都得到了极大的满足。三十几年后，当我在课堂上给学生朗读讲解这篇课文时，总想模仿爸爸，但无论如何也达不到他老人家那么流畅，那么绘声绘色，引人入胜。

父亲有时小酌一杯，但一定是和奶奶一起分享，也从未忘记用酒祭祀已故亲人。一家人坐在一起吃饭时从来都是奶奶先动筷子，爸爸才动筷子。父亲对自己的母亲一向满怀深情。我的奶奶的确像父亲说的那样，勤劳、善良、宽容、智慧，虽不知书但达理。直到垂暮之年只要提及自己的母亲，父亲的眼睛仍然是湿润的。父亲在80高龄时还亲自去老家为父母迁坟、立碑，修缮墓地。

对供自己读书的大哥和资助过自己的姐姐，爸爸始终心存感激。记得一次我大爷来信需要用钱，爸爸毫不犹豫地把当年的大件心爱的自行车卖了，把钱给我大爷寄去。爸爸工作后虽然工资收入不高，上有老下有小经济负担重，还是尽力帮助亲属上学治病；对在农村生活困难的两个哥哥及其子女，爸爸始终给予特殊的关照。

2006年春节，85岁高龄的父亲冒着严寒带上礼物亲自登门看望他大哥的女儿。其实爸爸已经做得很好了，但他对自己所做的这些却只字不提，也不允许我们提，直到父亲生命最后的日子，他还觉得欠哥哥姐姐的情，我知道这是爸爸的一个心结，我安慰爸爸说这个情您已经还上了，爸爸用很微弱的声音说："不对，你不懂。"

父亲对其他亲友也是一往情深，他曾多次带钱物到农村老家看望亲属，每次回老家前都给我们姐妹几个打电话，让我们一定也要拿些东西，还在饭店热情款待那些亲属。

父亲本打算2008年清明再回老家一趟，一方面祭祀亲人，一方面招待所有朱姓的亲属，但却突然病倒，再也没有起来。我们几个子女为完成父亲的遗愿，在料理完其后事之后就赶到农村老家继续资助有困难的亲属并款待他们，让在场的亲属无不动容。

我父亲曾为许多老师的著作写了序言，为此，他专门出了一本序言集。这本集子是在他的研究生张文颖的资助下出版的，为此他曾多次和我们提及，说他借了文颖很大的力，一再嘱咐我们日后要回报。

父亲是一个对子女孙儿辈有着深厚感情的人，也是对后代影响极深的人。

我现在已年过花甲，像我这个年龄的人能上幼儿园的大概为数不多，从小就能经常看电影，接触世界名著的大概也为数不多。特别是在20世纪50年代末能像我拥有一把属于自己的小提琴的更是微乎其微了。20世纪60年代初我戴上了手表，骑上了自行车，我拥有的这一切曾经让很多同学羡慕不已。

我还记得父亲带我看的第一部电影是《白毛女》，那次爸爸还给我买了冰糕，那也是我第一次吃冰糕，也是我生平吃到的最好吃的冰糕，而爸爸却没有舍得给自己买。

1968年我们三个孩子下乡插队，父亲顶风冒雪为我们每个人买了毛毯。每个月都按时给我们寄零花钱，对我们十分惦念，家书不断。

我就是在深深的父爱中度过的，更确切地说是在父亲的光环笼罩和庇护下长大的。这充满父爱的一幕幕让我至今记忆犹新。特别是在父亲去世的一年多后我们整理遗物时发现爸爸的日记。有的日记是专门写我的，情之深、意之切让我感激涕零。

摘抄一段吧，让天下的为父的为子的共享深深的父女情吧。

1953年1月30日　星期五

昨晚躺下后，虽已过十一时，但许久仍未睡着。

母亲和雁回家已半个多月了，仍未见信，心里有些不安，难道是出了什么事吗？怎么还不来信？甚至想到了很坏的地方去，心里也就越发不踏实。虽也明知是胡思乱想，但隔一会儿就又想到是否是什么原因才未来信，因此今夜就写了封家信，并希望给我回信。

想起也似乎好笑，为什么忽然想起这些来了？想来想去，感到恐怕是爱子心太切了吧，小雁实在是太可爱了，我真恨不得马上把她接回来。我的好孩子，爸几天看不到你，就想起你来了，难道你此时在家也想到你爸爸吗？我今日才体会到，“不养儿不知父母恩了！”

整天精神不好。备写了修辞学的内容及其教学目的一部分，晚上写了杂文的特征部分，总起来算，比哪天都少。

爸爸的整篇日记就贯穿一个字“爱”，而且爱到极致。父亲的这种爱是足以让我享受一生一世、幸福一生一世的。

爸爸还在日记中写了关于我的“学习报告”，详尽之极包括早操、游戏、体操、认识环境、口语、歌谣、画画、故事、手工、计数、唱歌、舞蹈、纪律、团结友爱、诚实、礼貌、卫生、饮食，总体一切都好，只要再求活泼大方。爸爸还详细地记载了他对我的教育计划。那一年我五岁。

成年后的我走上了中学语文教育工作岗位。20 世纪 80 年代初我讲郑振铎的《石湖》一文时，父亲给我画园林、画湖心岛、太湖石。讲范成大的祠堂《四时田园杂兴》的石刻，讲得饶有兴致。后来我参加了卫星转播的面向全国教师的课堂教学实践，还多次参与了电视讲座，讲座的讲稿由我父亲一一过目，后来我被评为长春市的教学新秀，这让父亲感到很欣慰。

50 岁以后的我身体状况不是很好，总是莫名地出虚汗，有时甚至虚脱。父亲为我很是担忧，经常问我病情并不止一次地从报纸上细心地剪下治病广告，爸爸还通过邮寄形式给我寄往珠海。

2000 年初我得了一场重病，还晕倒一次，后脑摔了一个大包。这期间父亲曾两次到医院看望我，一位耄耋之年的老人到医院看望自己的孩子，让医院的医生、患者都感到震惊，晚辈的我又是何等的感动呢。在病中我做了一个肠镜检查，我刚到检查科，父亲随后就到了，见到此景我顿时语塞。一位白发苍苍的父亲能陪自己年过半百的女儿看病，在这个世界上也许是绝无仅有的吧。

病愈后的我第一件事当然是给父亲报平安，我清楚地记得，我刚一进门他老人家竟然高兴得张开双臂把我搂住。然后不止一次地让我详细说说晕倒的过程。过后一再叮嘱我日后千万要注意保养身体。那一次的拥抱和叮嘱是一个让我永生永世不能忘却的，那是一种超越生命的爱。

总之我成长的全部过程得到了父亲极大的关注，这其中倾注了父亲很多的心血。我虽然没有让爸爸太失望，但比起爸爸对我的期望相差甚远，觉得辜负了父亲，为此常常自责。

爸爸日记写我离开他十几天他的感情就经受那么多折磨，而现在爸爸却永远地离开了我们，可想而知我又是承受着怎么样的一种悲痛啊！正因为如此，失去父亲后我越来越深刻地体会到，你得到的父爱有多深，你失去父爱时就会有多痛，而且我越来越相信世界上有一种爱叫永恒，有一种思念也叫永恒。总之儿女情长的事太多、太多了，特别是父亲与我这个老大之间的感人故事是说不完、道不尽的，写平了、写淡了恐怕辜负了父亲，想深了、想远了思父的情绪难以自拔。

还是回忆一点轻松的吧。

我清楚地记得30年前于亚中老师的一句笑谈，他说："朱老师有三宝，教法、啤酒和大宝（大宝是我的女儿）。"父亲在教育界的成就和影响一些人是了解的，但父亲对我女儿的钟爱程度只有周围熟悉他的人知道，因为父亲常在熟人面前忍不住夸大宝。据说爸爸在课堂上也曾以大宝举例说事。

大宝从上幼儿园到小学、中学一直住在姥姥家，姥爷为她的成长花费了不少心思。父亲亲自为大宝联系上东北师大幼儿园、东北师大附属小学、东北师大附属中学，为孩子提供了最好的受教育环境。

父亲向大宝传授很多知识，上至天文，下至地理，更多的是讲如何做人的道理。父亲每次出差必定给大宝带礼物。吃的、穿的、玩的无所不有，一次为了让大宝吃上新鲜的螃蟹，父亲不顾旅途的疲劳，夜间火车停经山海关站时亲自下车买螃蟹。

大宝美满的婚姻也是姥爷促成的，姥爷以主婚人的身份参加了大宝的婚礼并为两个孙儿送上深深的祝福。后来大宝在深圳安了家，姥爷到深圳讲学还特意到大宝家看看，并住了一宿，让大宝感动不已。

在姥爷的影响下，大宝刻苦学习，学有所成，在工作岗位上取得了可喜的成绩。这对姥爷是极大的安慰。2008年春节大宝和姥爷交谈中提到自己继承了姥爷八分之一的特点，姥爷打趣地说："太少了，太少了！"大宝马上说："不对，不是八分之一，是四分之一。"姥爷笑着说："嗯，这还差不多。"大宝的确继承了姥爷的许多优秀的遗传基因：勤奋、智慧、善良和健康乐观。

父亲对大宝整个成长过程的影响是巨大的，也是深远的。

父亲是个凡事为他人着想，也是一个最怕麻烦别人的人。

我记得20世纪80年代初，教育部将一位日本学者南本先生介绍到东北师大中文系与我父亲进行学术交流，当时中文系给南本安排了一个教研室。我父亲发现与南本交谈时他总是躲阳光，又发现他不断地捂鼻子。后来在父亲的安排下给南本换了间离卫生间较远的、安了窗帘的教研室，让南本很是感激。

在这期间有位脑子活的老师提醒父亲说，应该和南本换些美元到免税店买家用电器，能省不少钱。父亲听了后淡然地笑了笑说，他没有那个想法。

20世纪90年代初，一次父亲到北京参加学术活动后回长春。因临时安排和一位老师交谈险些误了火车。上车时站台已空无一人，列车员就要关门了，这时父亲匆匆赶到一下抓住火车把手不放，无奈列车员只好把父亲拉到车上，瞬间火车开动，父亲跌倒在地，幸好并无大碍。事后父亲跟我们提及此事，还说列车员跟他开玩笑说："这老爷子还能飞车呢。"父亲当作笑谈，可我听了很是后怕，我说："爸呀，多危险哪，好吓人哪！"爸爸说能省就省点，如果再住一宿，再退票、买票给别人添麻烦，给会议增加经济负担。这些年来凡参加学术活动，只要能坐火车就不坐飞机，能坐

朱绍禹先生（左）与外甥王绅及大女儿

硬卧就不坐软卧，为的是节省学会开支。

在父亲80大寿会议期间，会议组给父准备了车，父亲执意步行，他很坚决地说，完全没有必要这么安排，没有多远的路，不能给会议添麻烦。

父亲有时到北京开会，得知文颖很忙，不忍心打扰他，父亲就不联系他。

总是心里想着他人，又不愿给他人增加负担，这就是父亲的一贯思想品格。

父亲是个视事业为生命的人，也是个伟大的人。

在教育界，父亲被视为我国语文教育学科建设的旗帜，是继叶圣陶、吕叔湘、张志公之后的又一位杰出学者，当代语文教育理论研究的一代宗师，是新中国第一代语文教法专家。

20世纪80年代初，教育部把全国语文教学法研究会的牌子挂在东北师大中文系大楼上。这不仅是对父亲的肯定，也是东北师大的荣耀，当时的中文系主任杨荫浒教授盛赞父亲给东北师大和中文系争了光。对于这些盛誉父亲始终认为是对他的厚爱和抬举，对他的褒奖和鼓励。

这不久，就是我前文提到的日本学者南本来到东北师大和父亲一起探讨中国语文教育有关问题的时候，为与日本同行南本先生交谈方便，父亲在花甲之年又捡起多年未用的日语，他用一个小本子，记满了日汉对照的句子，以便能流利地与南本交谈。父亲向南本先生传授了中国语文教学成果及中国教育的先进经验。和爸爸在一起的日子，南本感到受益匪浅，他对父亲十分敬重，曾两次登门拜访。日后南本来信一再肯定父亲的教育思

朱绍禹夫妇及大女儿（摄于1948年）

想，教育主张，并说其有很高的学术价值，表明一定要把父亲的研究成果写到自己的书里，介绍到日本和其他国家去。由此看来父亲的语文教育思想不仅对国内学术界有贡献，在国际上也颇有影响。

父亲的一生是勤奋的一生，他治学严谨，努力钻研，从事语文教育实践和理论研究的时间近半个世纪。他著书立说，专著达十九部之多。在整理父亲的遗物时，我们发现了他大量的有关语文教育方面的手稿。他的一生就是读书、教书、写书、评书，从无一日偷闲，父亲伏案写作的形象长期以来已经深深地印在我们的脑海里了。他为他的事业奋斗了一生。在父亲身上充分体现了“生命不止，奋斗不息”的顽强、执着的精神。回忆父亲的一生，使我的心灵再次受到了强烈的震撼。

写到这里，我不由自主想起我小外孙女上幼儿园时说的一句话。她说：“我的太姥爷一看就是一个伟大的人。”

爸爸的确很伟大，我们子孙后代一直生活在他的光环下。父亲的离去对我们而言就是失去了人生的一个支柱，割断了连接这个世界的一条纽带。我们现在即使生活美满，一切顺意，但失去了父亲的亏缺感却是无法弥补的。父亲给予了我们生命，抚养我们成人，看着我们成家立业。在父亲生前特别是病倒后我们曾尽力照料呵护过。但这些和父亲给予我们的相比，我们所做的一切显得那么微不足道。现在回忆起来我们还有很多事想得不周到，做得不到位。遗憾总是很多、很多。

父亲留下的是一生为之奋斗的事业。

再就是为亲人、为学生、为朋友也可以说是为人世而留下的最美好的真情。

回忆父亲的一些零星琐事，但愿父亲的在天之灵得到些许慰藉。还要让父亲知道女儿是那么深深地怀念他，敬爱他，景仰他，直到永远。

作者系朱绍禹先生的长女，中教高级职称，长期从事中学语文教育工作。退休前于长春市职业技术学院任教。

对父亲的点滴记忆

朱大雁

戊子春节是十年来我们这个四世同堂的大家庭的第一次大团圆。年初南方遭遇冰雪灾害，春运期间一度交通受阻，但我们老少三代还是下定决心，想方设法终于从南海之滨回到北国春城，回到了父亲的身边。特别是年过花甲的我，能享受着融融的父爱，上苍对我是何等的厚爱。

朱绍禹先生在外孙女新婚庆典上。右一为作者（摄于 1998 年）

一向健康乐观、一直工作着的 87 岁的父亲，却在我离长春仅一周的时候查出患有重病。听到这令人猝不及防的消息，我努力支撑几乎垮了的身心匆匆飞回父亲身边。尽管采取措施积极治疗，却无回天之力。老人家身体日渐虚弱，晚辈们心痛不已，难以面对这个残酷的现实。尽管我们夜以继日地悉心照料病中的父亲，却也无法报答那沉甸甸的父爱。

父爱让我们永远铭刻在心中。

父亲的书橱里至今仍摆放着一张父母与我幼年时的合影。父母把我捧在他们中间，可见对我的爱是多么甜蜜，多么深沉，也可见我在父亲的心中有多么重要。

记得我还是学龄前儿童时，一次家里停水，我偏赶上口渴，又哭又闹非要喝水。我看见爸爸站在卫生间的凳子上，往高处的水箱里为我取水。

上中学时我住校了，父亲担心我不适应集体生活，亲自到学校找老师给予关照。又担心我营养跟不上，给我的伙食费要比一般同学的高出很多。

我插队落户时，父亲还给我买了块上海牌手表。当时那可是昂贵的日用品，三个孩子中只有我一个拥有，父亲说因为我是老大。

父亲对孙儿辈更是疼爱有加。他给他们买好吃的、好穿的、好玩的不说，还抽出时间讲故事，稍大一点就领他们去北京、南京等地旅游观光，长知识，长见识。我的女儿第一次去北京就是她姥爷领去的，当时只有6岁，故宫的森严，天安门广场的壮丽，动物园的乐趣，全聚德烤鸭的浓香，山海关螃蟹的鲜美至今记忆犹新。父亲还为他所钟爱的外孙女促成了一桩美满的婚姻。

这些生活琐事比比皆是，不一而足。但父亲对子女的关心远不止这些，他更关心的是我们做人，做有益于社会的人。

自从我当上语文教师起，父亲对我严格要求，教我如何教书育人，做事如何精益求精。从阅读教学到写作教学，从教学实践到撰写教学论文，从校内教学到参与社会上语文专题讲座，我的每一点成绩、每一步提高都离不开父亲的指导和鞭策，都凝聚着父亲的关爱。

父亲坎坷的一生，积淀成对中国共产党的深厚感情，热爱党、热爱党的教育事业矢志不渝。在他的教育影响下，我们几个子女包括孙儿辈都先后加入了党组织。

父亲一生为人耿直，善良，厚道，真诚，对人民对社会怀有一颗感恩之心，不忘回报。

据我所知，对于那些素不相识的生活上有困难的人，父亲无数次献出关爱之心，伸出援助之手，资助钱款大概在万元以上。我向病中的父亲提及此类事，父亲说不要对别人提。

去年冬季的一个大雪天，父亲从报纸上得知一个患白血病的儿童急需医疗费的消息，86 岁的老父亲毅然要亲自到红十字会捐款。碰巧我在外地与老人家通电话，表示支持他的义举，同时告诉他不必亲自去，可以通电话告知红十字会，他们会派人到家中接受善款。父亲采纳了我的建议，完成了资助白血病患儿的心愿。

近年来父亲为他工作几十年的东北师大文学院捐献了上千册图书，还为他少年时读书的母校——永吉县蒐登站乡的一所学校和“文革”期间下放劳动过的安图县某学校捐赠了上千元的图书。

父亲为社会为他人做了许多不为我们所知的善事。父亲也希望我们这样做，病榻上的父亲叮嘱我的最后一句话是：“你要帮助有困难的人。”他知道我也会这样做的。

父亲一生博览群书，勤奋治学，手不释卷，笔不辍耕。老人家的书房里有一块“全国首届朱绍禹语文教育思想研讨会”18 个筹办单位（包括全国语文教学法专业委员会、全国语文学习科学专业委员会、东北师大文学院、高等教育出版社等）赠的匾，上书“一代鸿儒 后学之师”。父亲的语文教育思想成为同行探讨的内容，成为相关领域研究的课题。在学术界常有学者把父亲与教育家叶圣陶、吕叔湘、张志公相提并论。这无疑是对父亲在学术界地位及其品行的首肯、褒奖。

父亲一生在学习，一生在工作，一生在提携后学。2007 年 86 岁的父亲还主编了《中学语文课程与教学论》一书，高等教育出版社表示还要再版。直到住院前十几天父亲仍然不顾腰部剧烈疼痛给研究生讲课。这对 87 岁高龄的老人来说实属罕见，没有坚强的信念和毅力是支撑不住的。

突然变故，思绪万千，点滴记忆，寄托怀念。他为父亦为师，为子孙后代留下了丰厚的精神遗产。父亲是我们的榜样，是我们的骄傲，是我们整个家族的骄傲，我们永远怀念他。

深切的怀念　由衷的敬仰

——忆我的父亲朱绍禹先生

朱加丹

朱先生二女儿朱加丹

常言道，时间会冲淡记忆，抚平创伤。然而对父亲的怀念非但没有被冲淡，被抚平，反而更加强烈，更加刻骨铭心。

父亲把他的一生献给了祖国，献给了党，献给了他所热爱的教育事业，献给了他的学生、朋友、同事，也献给了他的家人。

在整理父亲遗物的过程中，我们发现了父亲从 1950 年在东北师范大学参加工作直到 2008 年去世前的大量工作笔记、书稿、日记。使我们对父亲一生献身语文教育事业有了进一步的了解。

父亲从东北师大毕业后一年便由资料员转为助教，成为语文教学法课程的教师。当时教学法这门学科在高师院校属于新建学科，从教学内容到课程体系都处于探索阶段，几十年来教学法教研室的教师基本没超过三人，教师很不稳定，前后陆续更换十几人。最不景气时要数“文化大革命”后期，父亲从下放的安图县两江公社被调回师大继续工作期间，当时师大中文系在一座三层小白楼办公，第三层只有教学法一个教研室，也只有父亲一名教师教授教学法课程。当时系里的一位老师开玩笑说父亲是天马行空，独往独来，还有的老师说父亲是太上皇高高在上，父亲听了哈哈大笑说："太上皇好啊。"父亲从未有放弃，未有退缩，始终坚守着心中这块圣地，经过几十年的努力，真的成为语文教学法的"太上皇"。

要坚守阵地谈何容易，既要有超常的付出，更要有远见卓识。就连在"文革"极其恶劣的环境下父亲仍旧是坚持研究，执着探索。那时父亲白天跪在地上接受"造反派"的批判，晚上解下绑在膝盖上的棉花（为减少跪地时的痛苦而采取的保护措施）继续他的学术研究。母亲曾对我说她担心父亲承受不了这样的精神摧残和肉体折磨，因此在家时不离父亲左右，甚至父亲去厕所时间长了母亲也要敲门听到父亲的应声。可是父亲的内心竟是那样的坚强！父亲不仅坚强还非常宽容，他从未提及"文革"中哪个人整他，从未说起自己曾受到什么样的屈辱，更谈不到有什么怨恨。父亲有一颗博大善良的心。父亲以他的坚韧不拔的精神和超常的智慧，迎来了学术研究的春天。

在父亲和全体同仁的共同努力下，1980 年全国语文教学法研究会应运而生，父亲实至名归地做了研究会的主要领导人。研究会开始运作时缺少经费，没有现代化通信工具，与各地联系全靠信函，父亲写信从来都用毛笔认认真真、工工整整地书写，一写就是十几封甚至几十封，然后与家人一起装信封上邮局。

1986 年父亲主编的《语文教育辞典》启动，当时全国各地的教师不断寄来书稿，对于稿件中的每个词条父亲都要反复修改，不但内容的解释要准确，而且语言要简单明了。总共一百多万字的稿件，他都要逐一审阅修改，哪怕是一个字，一个标点符号都不放过。那时我们姐妹三人甚至连我们的子女都齐上阵，帮助父亲抄写修改过的稿件，这本辞典直到 1991 年才出版，整整用了五年时间。在这五年的时间里父亲夜以继日地工作。辞典终于出版了，原以为父亲可以松一口气了，哪里知道这只是繁忙工作的开端。从此父亲一边教学一边著书立说。在父亲的日程中从没有"休息"二字，连大年初一也不例外，这一忙就是整整二十年哪！这二十年是父亲从六十四岁到八十四岁的二十年，是许多同龄人颐养天年的二十年，而父亲用他的心血铸成了二十几部著作。晚年父亲有多少个日日夜夜是跪在床沿前写作。这是父亲无法医好的腰肌劳损所致，医生要父亲不要伏案，要养好腰。父亲想尽办法对付自己的腰，把热水袋系在腰上，把电热垫缠在腰上，用坏了多少热水袋、电热垫无人知晓。此后我们常常看见白发苍苍的父亲跪在地上伏床写作，我们非常心疼，甚至不忍多看一眼，只能含泪默默离开。如今父亲已经离去，可此情此景却定格在我的记忆中。父亲辛劳一生，从未说过累，快乐一生，从未说过苦。

父亲不仅自己著有大量著作，还为全国各地许多老师写了大量的书评。每次为人写书评前，父亲都要认真阅读原著，然后提出中肯的意见和建议。记得一次给一位老师写书评前与其通话，不仅仅是提出了建议，而且在某些方面提出的意见甚至是很严肃的，家人曾再三劝阻父亲不要太直白了，担心人家不能理解父亲的真诚与善意，可父亲却说："人家让我写书评是信任我，我怎么能不负责呢？发现问题不指出来，那不是我的作风。"我想那位老师是会理解父亲的苦心和正直的为人的。

父亲为人写书评从不计报酬，记得一次父亲为一位老师写书评后，那位老师给父亲寄来了一条领带。我们的一位亲属为父亲不平，说父亲写书评是件非常辛苦的事，要认真看，仔细分析、归纳、总结，要恰如其分地评说，既要为著书人负责，又要为读者负责。这位老师怎么可以这样轻视一位八十多岁老人的付出呢？父亲却毫不计较并劝阻亲属不要这样说。

父亲一生不仅与书结缘，更与人结缘，尤其是与他的研究生们。

1986 年父亲成为我国语文教学论专业首位硕士生导师。那时父亲既要完成学校的教学任务，又要做学会的工作，还要著书立说，其繁忙程度可想而知。可是不论父亲在忙什么，只要是研究生到家里来了，父亲都要立即放下手中的工作，与他们促膝长谈，既耐心又细致。父亲不仅关心他们的学习，更关心他们的生活，经常留研究生在家里吃饭，视他们为自己的孩子。父亲与他们之间的感情真挚而热烈，二十几年来始终与他们保持着纯真的师生情谊。父亲的研究生王雅萍教授曾在回忆父亲的文章中写到 2007 年在杭州开会时的情景："深夜与我们几个研究生谈天说地不肯让我们早回，说起帮我亲自修改书稿提纲时，先是孩子似的微笑不语，转瞬就哈哈大笑，气震四方。”可见他们之间是何等的无拘无束，是师生更似亲人。父亲为自己有众多的得意门生而高兴，学生为有父亲这样亦师、亦友、亦父的老师而自豪。

父亲不仅培养学院安排的研究生，还热心帮助那些慕名而来的研究生，对他们同样是尽心尽力辅导，并帮助他们解决生活中遇到的困难，从不求回报。

父亲培养的几届研究生都已经成为教育领域的专家和栋梁之材。

为了给国家培养更多的语文教育学科专业人才，1995 年，已经 74 岁高龄的父亲应聘担任全国语文学习科学专业委员会理事长。在父亲和全体同仁的共同努力下，学会先后发展到六百八十多人，遍布全国三十个省、市、自治区。父亲为学会的工作付出大量的心血，超出了自己体力所能承受的辛苦劳动。

现在家中保存有父亲参加并主持全国语文学科学术活动的照片一千余张，真实地记录了父亲参加各届学术活动的场景。有参加研究生答辩的，有办各类研修班发表讲话的，有为实验学校作报告的，有主持“九五”“十五”两项课题实验工作会议的，有在各地讲学的……照片中既有父亲演讲，也有父亲倾听，既有默默沉思，也有开怀大笑。父亲将自己的全部身心都融入了他的事业中。

父亲作为教师他师德高尚，作为普通人他情深义重。父亲病重期间，来自全国各地的学生、同事、朋友不计其数，慰问信、慰问电、鲜花更是源源不断。东北师大盛书记目睹了这情景曾感慨道：“做教师做到这个层次是令人羡慕的。”

父亲历来重视人才的培养，善于发现人才。父亲从自己亲自主办的几届中学语文教师培训班中选拔出了几位业务突出的教师到大学里工作，比如于亚中老师原在长春市第九十中学任教，陈永芳老师原在东北师大附中任教，还有一些外地在中学任教的教师都是父亲发现培养、帮助的，使这些优秀人才能够在更高层次的工作岗位上发挥他们的作用，为国家的教育事业作出更大贡献。他们现在都是各大学的教授或成为其他事业的栋梁，这就是父亲的心愿。

1986 年受国家教委委托，在东北师大举办第一期语文教学研讨班，湖南省益阳教育学院的谷千帆老师参加了那期学习班，从此父亲与谷老师成为好朋友，忘年交。二十多年来他们一直保持着联系。2002 年学会举行盛大活动，谷老师早已退休，自费专程赶来参加活动，并送给父亲一副亲手精心刻制的竹寿联，上面刻着："德无量，寿无量；日长明，月长明。"父亲非常高兴地接受了，并视其比任何用金钱能买到的礼物更为珍贵。我们回家看望父亲时，父亲还常常提起这副竹寿联，感激之情溢于言表。

父亲还与广西师大的黄麟生教授结下了深厚的情谊。这位教授七十岁寿辰时，已经八十五岁的父亲寄去了亲手书写的大"寿"字，并写上"祝麟生七十大寿"，令黄教授感动不已。

父亲从未摆过大学教师的架子，在下放到农村劳动的几年里，父亲结交了许多农民朋友，这些朋友都是农村的贫困户，也就是父亲说的"真正的贫下中农"，父亲送钱送物帮助他们。村民们说父亲"可怜穷人"。多年来，父亲只要知道什么人生活上遇到困难都会解囊相助。几十年来帮助过的人不知道有多少，捐助的钱款也不知道有多少。

然而对于给过自己帮助的人父亲总是念念不忘。父亲经常去邮局邮寄大量的书籍、信件，认为给邮局的工作人员添了许多麻烦，于是每年新年父亲都要给他们送去挂历以表感激之情。父亲去世后我们去邮局办事，那里的工作人员还向我们询问父亲的情况，当得知父亲已经不在了时无不流露惋惜之情。

父亲把大爱献给了祖国的教育事业，献给了他的学生、朋友、同事，把小爱献给了自己的家人。所以说是小爱是因为父亲很少有时间与家人共享天伦之乐，因此母亲和我们对父亲给予我们的爱也就格外珍惜。

父亲是专家是学者，而母亲只有小学文化，他们之间少有共同语言。但是父亲对母亲不离不弃、患难与共，度过了可贵的金婚时光，正所谓糟糠之妻不下堂。在五十年的共同生活中母亲在生活上无微不至地照顾父亲，衣、食、住、行样样仔细周到，使父亲能全身心地投入到工作中。母亲身体不好，不到四十岁就开始生病，五十多岁时患上脑血栓，行动不便，父亲一边开始自己学习做饭（父亲曾几次不无自豪地告诉我们“今天我学会煮粥了”，过些日子又告诉我们“我会煮萝卜条了”），一边为母亲积极治疗。母亲每个月的工资全部用来买药还经常不够，父亲总是提醒母亲要买好药，从不吝惜钱，使母亲得以不间断服用名贵中药。母亲在金婚当年曾感慨地对我们说：“我爱你爸爸，这一生只爱他一个。”父亲听后大为感动，眼含热泪拥抱母亲。

在母亲生命的最后几个月，医生曾几次向父亲告之母亲的病已经没有治疗价值，对亲人也是煎熬，征求父亲意见是否放弃治疗。每当这时父亲都是泪流满面，恳请医生继续治疗不忍放弃。仍然坚持给母亲每天用几百元一瓶的白蛋白维持生命，直到母亲离去。

对于我们几个子女，父亲从不溺爱，我们很小时就帮助奶奶做饭，收拾卫生，自己洗衣服，培养我们独立生活的能力。然而父亲更重视对我们的文化素养教育。在家庭生活困难的情况下仍挤出钱为我们订阅《小朋友》杂志，订《中国少年报》。更令人难忘的是父亲抽时间给我们讲香港电影《可怜天下父母心》，印度电影《两亩地》，父亲为片中的主人公落泪，我们几乎是泣不成声。虽然流着泪，可是围坐在父亲身边听故事，这是我们最甜美的盛宴啊！也是我们童年最美好的时刻。

朱先生全家合影（前排朱绍禹夫妇，后排三个女儿，摄于 1981 年）

记得我小学毕业，父亲从师大图书馆为我们借回了一摞世界名著，有《鲁滨逊漂流记》《汤姆索亚历险记》《哈克·贝里芬历险记》《战争与和平》《悲惨世界》……连同家里的中国四大名著一同交给我们。我如饥似渴地读着，眼界大开，原来世界上有这么好的书，书中另有一番天地，令人着迷。这些书不仅丰富了我的语文知识，也开阔了我的视野，直到今天仍在受益。

父亲不仅重视我们学习文化知识，更重视我们的品行教育，要我们热爱祖国，热爱共产党，做一个对国家有用的人。记得 1978 年我加入共产党，父亲无比高兴，曾几次与人说："加丹是我们家第一个党员，在那个年代实属不易。"我的"不易"怎能与父亲相比，父亲一生为祖国的教育事业呕心沥血，他挨过批判，下过乡……可对祖国的热爱，对共产党的信念却从未动摇过。1984 年 11 月，年逾花甲的父亲加入了党组织，使他一生的追求得以实现，老人家无比欣慰。

父亲对于子女从来都是给予，从不要求回报，甚至不给我们报答的机会。直到生病住院，我们才得以全身心地照顾父亲。然而对于我们的孝敬父亲都深深感激，在身体极度虚弱的情况下将双手无力地搭在我的后背，艰难地说出"我的好女儿……"父亲双眼湿润已无力再说下去，我泪流满面，百感交集，竟一句安慰父亲的话也没有说出来。这是父亲给我的最后拥抱，是用尽他全身力气给我的爱，每每想起都令我肝肠寸断。

对于曾孙辈父亲更是疼爱有加，对我的小孙女给钱给物自不必说。父亲每次到我家都要和当时只有三岁的小曾孙女踢球玩，球在地上滚来滚去，一老一小来来回回，父亲竟一阵阵发出孩子般的笑声。父亲是在给予中享受他的天伦之乐。直到今天小孙女还说"太姥爷活着我多幸福！"可见祖孙情之深，意之切。

父亲走了，但是他的爱还在，父亲的爱从来没有离开我，给我温暖给我力量。

作者系朱绍禹先生的二女儿，退休前任长春市科文公司纪检委员。

天国里的父亲，我的至爱我的痛

朱加丹

2008 年 5 月 9 日下午 2 时，一向健康、开朗、热爱生活、热爱生命的父亲，离我们而去了。

在父亲生命的最后时刻，我一只手紧握父亲的手，一只手轻轻抚摸着父亲的额头。父亲一定是感受到了女儿对他的爱，对他的不舍，失去他的痛，所以才走得那样平静，那样安详。

今年 3 月 8 日，我和姐姐去珠海游玩，刚到珠海一周就接到妹妹电话，说父亲病了，而且很重。我和姐姐无论如何也不相信。父亲一向身体健康，今年 2 月去北京参加了学术活动，3 月初还给研究生上课，怎么突然就病得很重呢？我们急忙飞回长春。待我们到家时妹妹已经安排父亲住进了长春市最高级别的医院，找到了医术高明的专家，并且为父亲做了全面检查，诊断结果是右侧输尿管肿瘤。好在父亲血压、心脏等器官都非常正常，经专家会诊，认为手术是延长生命的最佳方案。医生对父亲的术后康复充满了信心，并宽慰父亲说，术后恢复一段时间照样可以坐飞机，照样可以讲学。父亲对术后能够恢复同样坚信不疑，我们三个女儿虽然知道父亲病情的严重性，但经多方查询也同样认为父亲的恢复是没有疑问的。

可是术后的情况并没有像预料的那样好，父亲的腰部疼痛一天比一天剧烈。妹妹先后为父亲转换了四个医疗科室进行治疗，但终未能留住父亲。父亲去了，带着他未了的心愿。

他惦记着四月份去绍兴参加会议，十月份去成都参加学术活动；他惦记着给友人写书评，给朋友复信函；他惦记着大外孙的事业进展如何，小外孙的女朋友处得怎么样……父亲带着满腹牵挂去了。父亲虽然去了，可他却每时每刻都活在我们的心里，父亲生前的点点滴滴，一幕幕反复展现在眼前。

父亲是个勤奋的人

从我记事起，就记得父亲每天工作到深夜。

印象最深的是1964年夏天，我升初中考试的前一天晚上，我翻来覆去怎么也睡不着，是父亲书房的灯光陪伴着我度过了那漫漫长夜。

还记得1986年，我从外地调回长春，由于没有住房，我和8岁的儿子住在父亲书房里的一张单人床上。那年父亲已经65岁，可他仍像我儿时那样，每天伏案工作到深夜。

父亲多年来始终是手不离书，经常是一边吃饭，一边看书。记得一次家里吃饺子，父亲又是边看书边吃。我们都吃得津津有味，就想试探父亲，于是我的小外甥就问："姥爷今天的饺子是什么馅啊？"果然不出所料，父亲答错了。我们吃的是食品美味，父亲吃的是书中的美味啊！

父亲不仅吃饭看书，做饭也要看书。一次煎鱼，一手拿着书看，一手拿铲子翻鱼，结果鱼煎焦了，满屋是烟味，父亲才发现。过后父亲问我们：煎鱼要几分钟翻一次？父亲真是勤奋得让人敬佩，单纯得让人心疼。

1990年，已经68岁的父亲做了一次胃切除大手术，医生嘱咐术后至少要休息半年才能工作。可是父亲仅仅休息了两个多月，就不顾家人劝阻开始夜以继日地工作。在这一年里父亲为中央广播电视大学编写了《语文教育学》教材，书中汇集了父亲多年来语文教育的研究成果和教学经验之精华。

在此后的20年间，父亲先后在人民教育出版社出版了《本国语文》、在高等教育出版社出版了《中学语文教学法》等近30部著作。

在这20年的时间里，父亲的头发由黑而变灰，由灰而变白，父亲的写作姿势由伏案到跪在地上伏着床沿。每每看到父亲由于腰肌劳损而不得不跪地写作时，我们都不敢劝阻，不敢惊动，只有感动，只有心痛。

父亲的心血没有白费。待他走后，我们才知道父亲所从事的语文教学法研究工作在20世纪五六十年代是一个极不被重视、无人愿教无人愿学的小学科；可是父亲却不小看它，也不小看自己，他全身心地发掘它，研究它，保护它，成为这个学科的奠基者。

父亲是个正直善良的人

父亲一生为人正直善良，他帮助过无数有困难的人。记得我上初中时，班上有个叫赵焕琴的同学，家里生活十分困难，吃不饱饭。她每天上学带的饭都是一个小窝头，一块咸菜。我无意中在父亲面前提起这件事，父亲便让我每天多带一个馒头送给她。“文革”中，这个同学因为接受了我这个“资产阶级狗崽子”的帮助而受到了“红卫兵”的批判，她悄悄告诉我不要再帮助她。当正在遭受“造反派”凌辱的父亲知道这个情况后，马上让我改为偷偷送给她粮票。父身处逆境还帮助我的同学，几十年来我一直铭记在心，永不能忘记。

父亲不仅在生活上帮助别人，在工作上对同志更是满腔热情。记得那年父亲刚刚做完胃切除手术，鼻腔里插着管子，说话很费力，很痛苦，可当有老师拿着厚厚的一沓稿子找父亲商讨时，父亲竟认认真真地和他讲了一个多小时。我又急、又怨、又疼，可父亲却很坦然。

父亲是个时时想着回报别人的人

父亲经常去全国各地参加学术活动，出于对父亲的尊敬和照顾，举办方要求父亲坐飞机，可父亲总是设法为对方节约经费，能坐火车就不坐飞机，乘火车能坐硬卧就不坐软卧。

在病中父亲收到了来自全国60多个单位、朋友、学生、同志的慰问金、鲜花、短信、书信。父亲都一一表示由衷的感谢，并让我们做详细记录，以备日后报答。

父亲甚至对我们做子女的也心存感激，在病中他曾对前来看望的朋友说：“我的三个女儿对我照顾得无微不至，有时使我都难以接受……那是她们的孝心，由她们去吧！”

父亲就是这样带着一颗感激朋友、感激同志、感激学生、感激子女的心去了天国，留给我们的是无尽的思念，无尽的心痛。

虽然父亲已经去了天国，但他永远是我们的至爱。

永远的思念

——忆父亲朱绍禹先生

朱迎丹

朱先生小女儿朱迎丹

我是家里最小的孩子，一直得到爸的偏爱。小时候，爸看电影、参加年轻教师婚礼、野游等活动都带着我。奶奶常说爸对我“含在嘴里怕化了，顶到头上怕歪了”。直至上中学爸还经常把我举起，并给我起了无数的昵称，每当想起这些，心中充满浓浓的暖意。

我在1968年16岁时下乡插队了，离开家后十分想念父母。一年后1969年，爸走“五七”道路也下放到农村了，我又回到父母身边。所以我与爸在一起的年头最多，直到抽调回城结婚生子，一直与爸家相距不远，几乎天天待在爸家，所以我知道有关爸的事就更多些，得到的父爱也就更多。

走“五七”道路　在农村安家的日子

在1968年上山下乡的大潮中，我们姐妹仨人都在下乡之列，按政策可留一人在父母身边，当时我们都坚决响应毛主席号召非常积极主动，谁也不肯留在城里，我才十六岁也闹着要走，爸非常支持我们下乡接受再教育，他说你们先走，等知识分子下放时我随后就走。就这样我们姐妹三人在两天的时间里相继离开了父母与城市，分别下放到不同的地区插队。

一年后的 1969 年，爸响应号召走“五七”道路，主动要求到偏远山区去，不久就被批准到延边朝鲜族自治区安图县两江公社。那里离长白山很近，离原始森林更近。因为能离开不断搞各种政治运动的学校，爸很高兴，开始整理书籍，书太多不能都带走，只好当废品卖了几麻袋。爸和妈坐火车、换汽车走全是吓人的冰雪盘山道，终于来到了目的地。这里就像《智取威虎山》里的深山老林。

当地农民十分热情，帮忙搬东西，一边搬一边说，这家东西咋这么沉呢？一木箱一木箱的，告诉他们都是书，他们说什么也不信，大老远的带书干啥？搬完东西他们也不散，都挤到屋里想看看到底是什么好东西。当时生产队给我家一铺北炕，与南炕另一家中间用泥抹了一个间隔，地下空间很小，没有放书的地方，本不想拆箱，但看社员不走，只好打开木箱，他们看到确实是书，一脸的惊讶与不解。于是社员都知道了城里来的老朱家除了书啥也没有！

两江公社地处山区，生产队的土地自然都在山上，父亲就和社员一样走十几里山路去田里劳动，在劳动中父亲了解到：当地多数社员是从山东逃荒到东北来的，很多人生活十分困难，爸看到就给钱，有几家特别困难的爸每月固定给 10 元钱，那时爸挣不到百元。社员知道下放干部每月发工资，就时常在困难时来家里借钱，而且几乎还不上，但爸每次都尽力相助，以至于家里经济很紧张。那时我们姐仨也需要家里供养，爸这么大方，家里的钱总是过不到月末。用老乡的话说：“朱老师心太善、手太松，攒不下钱。”

在农村生活很苦，但爸能自得其乐，离开了大学校园里的各项政治运动，身心得到放松。爸经常在清晨叫上我和他一起欣赏他眼中的大自然的美，那山、水、树、草、花，爸认为美不胜收。社员看见爸一大早就从山上回来，都纳闷那山有啥好看的，把条裤子都让露水打湿了，多可惜！爸当时处境及他所欣赏的内容和他所达到的境界，是我体会不到的！当地社员更是没法理解一位高级知识分子当时的心境！

在这期间，爸多次动员妈去生产队参加劳动，爸说妈每月拿国家给的四十多元工资，应该做点力所能及的事。当时妈是被爸带到农村的，不是下放干部，没有参加劳动的义务。在爸的说服下妈也参加了妇女队上山干活，妈身体不好没坚持多久就干不动了，家里有台缝纫机，妈就在家里帮社员做衣服，真是和贫下中农打成一片，爸看妈能用一技之长帮助别人，十分高兴。

和社员参加了几个月的劳动后，当地公社认为让大学教师干农活不如到公社中学教书好。于是就把爸抽调到公社中学教语文。山区师资力量十分薄弱，当时中学由长春市实验中学高一下乡的知青们任课，他们也就十八九岁，没有任何经验，爸是教教学法出身，人又非常热情，每天主动给他们讲授如何教学，使他们受益匪浅，茅塞顿开。爸的课生动、幽默、风趣，深入浅出，代课知青和中学生们都兴奋不已，成天围着爸转，他们称从来没听过这么有意思的课，不知语文课还能这么上。他们和爸相处得非常好，成了我家的常客，爸经常给生活贫困的学生买书、本、笔。爸就喜欢爱学习的人，尤其是在那学业荒废的年代。

三年后，爸即将调回东北师大。临行前，爸给当地公社所有老师进行了一次培训。讲了两天课，我也参加了。那是我第一次听爸讲课。讲者引经据典，深入浅出，引人入胜，听者鸦雀无声。我这才知道爸的课讲得这么好，难怪他那么受学生的欢迎！这课真是没听够啊！这三年间爸和学生们建立了极其深厚的感情，回城时学生们在汽车下放声大哭，把我感动得也泪流不止。回城后多年当地的知青老师及学生们还一直与爸有书信往来，并不时地来看望爸和邮寄当地土特产，每次来爸都热情款待并回赠他们礼物。

我当时也被调到公社小学教四、五年级的课。下乡时我初中一年级的课程还没有学完，能当老师爸非常高兴，又十分担心，怕我误人子弟。于是帮我分析课文，教我备课写教案，告诉我如何写板书，又让我试讲给他听，要求十分严格。我当时只有十七岁，不知深浅就去上课，上着上着，学生们的头都齐刷刷转向窗外，我不知就里，学生就说：“朱老师，你家朱老师在窗外听课呢！”我向外一看，原来爸躲在窗外听我课呢！在爸的不断帮助、督促、教育下，我居然教得有模有样。在那样的年代里，在我的一生中还有过当老师的经历，并在爸的指导下，我很幸运！要知道这是爸最喜欢的职业！

爱惜人才　提携后学　有求必应

爸这一生极其爱惜人才，心地极其善良。只要发现人才爸都竭尽全力帮忙，就说几件我所知道的事情吧。

在我们的记忆里，20 世纪五十年代初，陈永芳老师刚成家，没有房子住，他爱人张姨有一段时间就住在我家，我家就 27 平方米，老少三代，拥挤不堪，只能在床上横着睡，爸让我们克服着，坚持了好长一段时间。再后来的几年间，张姨的身体患病很严重，经常住院以至孩子没人照看，爸就让陈老师把孩子放我家。有时是两个孩子连续多天，以至于我们姐仨都帮忙看小孩。房间小、孩子吵，很影响我们的学习。爸说陈老师太难了，这个忙得帮。多年来陈老师一直和爸相处得很好，这在陈老师怀念爸的文章中有所体现："先生始终关心我的学习、生活，指导我做人、做事；一定要刻苦、刻苦、再刻苦，力争学好本领，以后作出更大的贡献！"

这是我们听爸的学生讲的一件事。20 世纪 80 年代爸在一届毕业生论文中发现一篇好文章，他意识到这是一个难得的人才，马上和当时的系主任冯克正老师推荐了该生，认为人才难得应该留校。此时该生已经分配到原地某县城中学，系里领导采纳了爸的建议又改为留校。这名学生后来成为市里重点培养的青年干部。过了很长时间，这名叫杜忠义的农村学生才知道他的留校是由于爸的推荐。爸并不知道该生是哪一位，相貌如何。对爸爱惜人才的事，他的学生们都十分感慨。爸自己却从来没有提起过。

在国家教委委托东北师大主办的几届教学法课程研讨班中，学生们来自全国各地。用爸的话说，他们是一代被"文革"贻误了青春的精英，这些精英们和爸的感情十分深厚。在爸的遗稿中我们看到，爸曾给多名学生所在的院校写推荐信，信中表扬赞誉之词跃然纸上，对学生的人品及求学精神给予了充分的肯定和极高的评价。

在爸的日记中通篇可以看到，多年来与同行和学生们的书信往来十分频繁。对他人要求作书评及写序言有求必应。摘录几段爸去世前两个月的日记，可见一斑。

2008年元月

元旦：付庆生、王光龙电话祝贺节日。

3日：得卫灿金《语文课程与教学论研究》。

得程顺之赠烤鸭与赠物。

孙国兴、陈佳寄来贺卡。

南宁职技学院征求赠言。

陈学法寄赠在杭州照片。

4日：复《上海教育》信。

致南宁职技学院字幅。

寄孙雷信。

收到卫灿金、乔桂英贺卡。

5日：寄给刘永康书评。

寄赠齐桂英字幅。

15日：挂号寄曹颖群祝贺王松泉研究文集的编辑。

16日：收到颜禾书稿。

23日：寄松泉信，索《阅读教育论》。

韩雪屏电话问好。

31日：收到张德斌、潘纪平、周庆元、徐晓丹、魏本亚、南宁职技院贺卡和江敬阔贺卡。

2008年2月

1日：李殿国转来韩雪屏赠内蒙古产食品。

2日：复韩雪屏信。

4日：王相文电话问候。

5日：为临江市建国小学教师张琳捐款。

7日：肖晓燕、王伟、王雅萍、王光龙、程顺之、叶云鹏、刘芳、姜虹、高瑞卿、高长春、肖新如、赵宏梅、闫宏斐电话贺岁。

11 日：王安琳电话贺年并求“序”。

28 日：寄给语文报社《我和〈语文报〉》。

寄程顺之信。

2008 年 3 月

2 日：光龙征求学会年会地点的意见。

5 日：程顺之电话：信已收到。

11 日：为温州教师班讲课。

12 日：到校医院检：右肾囊肿。

2008 年 3 月 12 日是爸写的最后一篇日记。这仅仅是爸离世前两个多月日常工作的片段，每每都是工作，都是他和同行及学生们的互动，有来有往十分亲密。从中可看出他对事业的热爱和他们之间的友情。爸的日记有 10 多本，基本上都是这些内容。爸为这个事业工作到最后，贡献了他的一生。

记得 2000 年前后，有一位河北保定市教育科学研究所名为付永安的老师，为他自己所著新书，慕名向爸索序，爸与他素不相识，但还是非常爽快地为他作了序。付永安老师十分感动，后邀请爸去保定讲学，和爸处得感情很深。在 2007 年 8 月中国社科出版社出版的由爸主编的《语文课程与教学论》一书中，爸请付老师参加了编写工作并担任副主编。爸去世前这本书的稿费还没有到，爸术后清醒时将此事委托给我，并让我把这本书带到医院，我给他念参编人员名单，他逐个告诉我应付给参编者稿费的数量。爸去世后，收到稿费我马上按照爸的嘱咐将稿费一一寄给参编者，完成了爸的这个遗愿。

在爸走前的最后一个春节前后，也就是 2007 年年底，爸应一位在 2007 年 8 月南通会议上刚认识不久的四川名为刘永康老师的要求，为他改书稿写书评。爸为了赶时间，每天跪在地上伏在床边改写稿件。爸常年腰痛，那时更加严重，也就是他去世前的两个月，还在那儿那么认真、那么任劳任怨地帮助一位他并不熟悉的人。我们都心疼不已，那是 87 岁的老人，为了他人对他的信任没日没夜地工作。爸在 2007 年 12 月 3 日的日记中写道：刘永康求写书评；2008 年元月 5 日写：寄给刘永康书评。在爸去世后的《语文教学通讯》2008 年第 10 期登载了爸为刘永康写的书评。题为《语文教学研究的多学科视域拓展——评〈西方方法论与现代中学语文教学改革〉》，这是爸的绝笔之作。

河北柏乡县柏乡镇中学王香芝老师在文章中提到爸对她的评价和鼓励：“一位极优秀的教师，一个从小世界走向大世界的人。”并亲笔题词：“心高志远，致力于教学改革，并已取得成果，可贺可敬。年纪轻，路正长，前途似锦，定能成为名师。书赠香芝 朱绍禹”爸在病中收到王香芝短信后让我回话说：“记得她的美好。”

爸专门有一本《题字题词集》，是自编的，收集了一部分他自己保存的题字题词，其中有写给学校的，杂志社的，报社的，个人的等，真是有求必应啊！爸的一生爱惜人才、提携后人、有求必应的事实在是数不清。

心地善良　助人为乐　回赠社会

爸的心地善良对我们都有极大的影响。我记忆最早的是我五六岁的时候，家住一楼，那时要饭的都挨家敲门，有一次爸开门看见是要饭的，回身进屋就给他冲了一碗油茶面，那可是平时舍不得吃的呀！我在一旁眼馋得够呛。这在 20 世纪 50 年代一个整天吃窝头、高粱米面的孩子眼里，是件多么奢侈的事啊，所以我记忆犹新！

在 20 世纪 80 年代初，有位农安县刘姓函授生，古汉语仅考 40 多分，拿不到毕业证书，就来家找爸帮忙，并说了他老婆肝炎很重，孩子小生活十分困难，爸很同情他的困境，但在成绩问题上没有替他说情，事后吩咐我姐去给他爱人买药，爸又亲自去粮店买细粮让他带回家。当时每人每月就 2 斤细粮啊！平时自己都舍不得吃啊！爸就是总把别人的难处放在心上的人。

在爸的一生中，为学生、为病人、为有各种苦难的人捐款无数次，很多我们都不知道，知道的多数是从别人口中得知的。只有一次是他讲给我们听的，那是在大约爸七十多岁时，在报纸上看到有一病人在省医院住院，生命垂危无钱治疗，爸马上就去医院捐了款，说什么也不留姓名，病人很感动就告诉了记者，第二天报纸上就登出：有一位六十多岁的老人来为病人捐款，不留姓名。爸看报后十分高兴，他高兴的是他已近八十岁，别人认为他六十多岁说他年轻。就为这他才告诉我们。

在爸的日记里，在他离世前的几个月的记载中，2007 年 12 月 10 日一天里就“资助病孩婷婷 200 元。资助临江建图小学张琳 200 元。”在 2008 年 2 月 5 日“为临江市建图小学教师张琳捐款”。再往前翻看爸的日记，这种记载很多。

还有一件我们所知道的爸一直在做而且还没有做完的事。那是 2006 年 3 月，爸在报纸上看到一名叫滕起超的孩子，父亲去世，母亲打工供养其上学，孩子成绩突出考上了省重点高中，为了节省开支，孩子每天不吃午饭。爸看到后马上寄钱给孩子。其母十分感激，给爸回了感谢信。从此以后爸一直资助该生读高中，在病中的他还惦记这件事，我们答应他我们会继续。在爸去世后和第二年那名学生考上北京重点大学后，我们姐仨代表爸找到其母给予资助，完成爸的遗愿。

爸对自己老家农村的小学、中学，走“五七”道路时的农村中学，都多次捐书捐款，为自己任教的东北师大文学院资料室捐书。这在爸的遗物中，找到了购书发票，购书清单及赠书明细表，还有受赠单位的感谢信。这些学校包括：

吉林省永吉县二道沟小学

吉林省永吉县蒐登站中学

吉林省安图县两江中学

东北师大文学院资料室

二道沟小学校长林泽娟在 2007 年 9 月 12 日的回信中写道：“我代表二道沟学校全体师生对您的赠书和赠款表示感谢！感谢您对家乡教育事业的大力支持，家乡的全体师生一定不辜负您老的殷切希望，把家乡的教育事业办好。”

爸的亲戚都在农村，都是爸的晚辈并且分支很多，爸被晚辈们尊称为老朱家的老祖宗。这些与爸相隔几代的人中，有的不是至亲，但只要有学习好的，努力的，爸就资助读书。他写信鼓励、寄钱、邮复习资料，在学习和生活上关心备至，以至于逢年过节这些考上大学的孩子都来看爸，不仅爸盛情款待还要求我们平时多给帮助。有时我们都不知道这些孩子是谁，和我们是什么关系，是怎么个亲戚。

勤俭节约　艰苦朴素

爸一生不讲吃穿，也不让我们讲吃穿。姐妹仨人，我总在这方面挨批评。工作后自己有了工资喜欢买穿戴，爸发现我穿新衣服就说我不节俭、不朴素，弄得我买了新衣服不敢穿，直到结婚成家后爸才不管我穿戴的事。逢年过节我们给他买衣服、生活用品等物总是被批评，有时他发脾气还得退掉，以至他外出时没有像样的衣服。

爸穿得简单，吃得更简单，舍不得买贵菜，他最常吃的就是小青菜蘸酱，很少吃鱼、肉。我们只好每周轮流请他到家里或饭店改善一下。爸特勤快，家里的卫生总是自己打扫，衣服自己洗，饭自己做，生怕麻烦我们。这样的老人实在是不多呀！何况还是一个高龄老头儿！爸自己省吃俭用，但却多年向社会捐赠，这是多高的思想境界呀，我们自愧不如！

对我们的教育

家长对孩子的影响是潜移默化的，爸以实际行动教育我们。小时候，每周日爸都领全家人开民主生活会，互相提意见，畅所欲言，共同勉励。然后给我们讲：要关心国家大事；不要计较小事；做人要大方，和他人外出时消费要主动承担费用；在工作中遇到问题时要主动承担责任；在名利面前，不要争抢，要谦让，不要怕吃亏；做点事不要总表白自己，做得好要由别人来说，大家都看得见；要记住别人的好，一定要报答；遇到有困难的人，要尽量帮助。这些观念的灌输，在我们的人生中起到了至关重要的作用。

“文化大革命”中，我初一没毕业，在家无所事事，爸千方百计给我找书读；中国四大名著，世界名著，唐宋诗词等。我白天读，晚上给爸讲我的理解，爸又把他对名著诗词的理解及其当时的社会背景讲给我听。在那个动乱的年代，爸不让我虚度年华，使我增加了知识量，拓宽了视野。

在我成家后，感觉婆家不是很关心我们，心里就有点不满，爸知道后说：“你对公婆是否像对我和你妈一样好，一样关心？如果不是，你怎么能要求公婆对你像自己的孩子一样关心，扪心自问，你做得怎么样？关心他们了吗？”这话让我豁然开朗，从此再不那么想问题，而是换个角度想，反觉得公婆对我已经很不错了。真是感谢爸对我的及时开导和教育。

朱先生夫妇及三个女儿（摄于 1964 年）

可以说爸的一生，在做学问做人方面堪称楷模。从全国语文学习科学专业委员会的《语文学习科学通讯》纪念朱绍禹先生专号的文章中，同行和学生们追述与爸的相识、相知及对他们的帮助与支持，抒发与爸的深厚情谊，可看到爸的人格魅力。

正因为爸有这样的品质，这样的人格，2002 年冬季在他从教 55 周年，全国语文教学法研究会和全国语文学习科学专业委员会发起和组织召开“朱绍禹从教 55 周年暨语文教育思想研讨会”，来自全国各地的四百多位老师和学生赶往寒冷的长春，并为他祝寿！隆重的场面，热烈的气氛，让人终生难忘。爸在会议发言中说道：“我当初步入教师队伍，本是命运的安排，但如果问我今生最大的满足，我的回答必定是：当了老师。十多年前我曾用16个字自况：‘岁月蹉跎，来日无多，何以自慰，读书写作。’但愿今后再读点书，再写点什么，以不辜负各位今天给我的殊荣！”爸的这段话就是他一生的真实写照！广东黄沧海老师在文章中写道：“世上可敬的人较多，可敬可亲又可爱的学者权威却甚少，而朱先生却是既可敬可亲又可爱的学者、教育家。”多么高的评价呀！

爸在病中，学会的领导、老师、学生、友人从天南地北赶来看望；身后数百人为他送行；全国语文学习专业委员会为他编辑了纪念专刊；与他情同父子的学生张文颖为爸在网上建立了“学界尊师纪念馆”。很多老师在纪念馆里留言，祭奠爸，让人为之动容！爸在天有灵，一定会非常高兴、非常满足！

爸离开我们四年了，我们仍常常沉浸在无限思念当中，不能自拔！回忆从小到大爸对我们及孙辈们的教育，受益终身。他亲切的话语，爽朗的笑声，慈祥的面容，永远印在我们心中！

作者系朱绍禹先生的小女儿，副研究员，退休前任吉林省图书馆阅览部主任。

翁婿情深

王启林

俗话说，一个女婿半个儿。翁婿之间确实是特殊的父子关系。儿子从呱呱降生起在父亲的呵护下一天天逐渐成长，其中的欢乐、艰辛只有为父者能体会到。而女婿则有所不同，当女儿把女婿介绍给父亲时，父亲面对的或是学业有成、职业称心的青年人，或是两者前景看好、初见端倪的青年人。我和岳父之间也大致如此。以“准女婿”身份出现时，我还是“下乡知青”，岳父是“五七战士”，时逢20世纪70年代初中国社会的大动荡大转折，岳父对我在世界观、人生观、价值观等方面的教诲、点拨、引导，使我受益匪浅，改变了职业生涯，修正了人生轨迹。

1971年初，乘火车由长春到明月镇，转汽车到安图县两江公社，大雁带我回家接受双亲二老对未来女婿的“考核”。昔日执教大学讲坛的朱先生除了务农，还参与整理本县本公社先进人物事迹材料，到当地中小学给学生教语文课，指导示范语文教学方法。冬天偶尔到结冰的河上滑冰，一次滑冰时换上冰刀把棉鞋放在岸上，滑完冰后发现棉鞋不翼而飞。老人家当作乡野趣事，没有丝毫抱怨，只是感慨没有棉鞋穿的老乡太穷了。老人家对我“考核”的切入点是哲学范畴。当地下乡知青先进代表在“讲用”材料中就“共产党的哲学是斗争哲学”汇报学习体会。同为下乡知青，老人家让我说说对这段毛主席语录的理解。经历过“文革”的人都知道，这段语录深入人心，耳熟能详，“斗争哲学”可以说是“无产阶级专政条件下继续革命理论”的哲学依据。在高中时学过一点儿哲学常识，“文革”中天天读《毛主席语录》，经常实践“斗争哲学”，对这段语录能说出几条体会。我的回答，老人家基本认可，同时强调指出，“斗争哲学”是一种通俗说法，作为有知识有头脑的人应该全面理解，矛盾有多样性，并不都是你死我活不可调和的矛盾；解决矛盾的方式也有多样性，有疾风暴雨，也有和风细雨。告诫我，立场要坚定，观点要鲜明，也要全面客观，不能简单化、绝对化，攻其一点不及其余；指导我，以毛主席语录为索引，多读点原著，读懂全文才能正确理解一段话。老人家的观点今天看来再平常不过了，可是不要忘记当时社会的大环境，那个年代对立的两派凭借同一本红宝书，相互指责攻击可以将对方批倒批臭，胜负决定于谁的调门高谁的后台硬。事后回味，老人家在动乱年代相对平静的偏远山村对子女讲的一番道理，凭的是知识分子的良心，凭的是对家庭、社会的责任心，凭的是对子女“可教”“可雕”的信心。

1973 年春我和大雁结婚，那以后每逢休息日都去探望岳父岳母，经常见到岳父伏案工作，读资料做笔记，有时腰上还围个热水袋。我在“一汽”当工人也一年多了，天天为年产 6 万辆解放牌卡车出力流汗。某日工间休息时，班组工友们就《参考消息》报道意大利菲亚特汽车公司年产汽车 150 万辆情况议论起来，有人羡慕，感叹与“一汽”两个数量级的产能差距；有人不屑，我们生产大卡车，他们生产小轿车，一辆顶他们好几辆，甚至说那么多轿车卖给谁呀。老实说我属于“羡慕派”，羡慕人家的工装设备、管理水平、工人素质、生产能力强。日后岳父询问“一汽”的生产形势，我也把菲亚特公司产能情况描述一番。恰好岳父也要谈这个话题，他说，消息仅供参考，真实性是肯定的，反映了我们生产能力落后于老牌资本主义国家，看不到差距那是井底之蛙，看到差距不承认落后那是夜郎自大，自欺欺人，只有挨打的份儿了。认识差距，缩小差距，靠学习、靠知识、靠能力。当时了解发达国家正面消息的渠道几乎完全封闭，他嘱咐我利用现有条件，坚持读《参考消息》（我们厂每个班组都订《参考消息》），偶尔借到内部发行的基辛格、田中角荣、蓬皮杜等人的传记，也让我读，了解中国以外的世界。

1973 年下半年，“一汽”恢复了停办多年的职工业余大学，在职培训青年工人。消息传来犹如平静的湖面投进一块石头，激活内心深处压抑多年的求学渴望。就招生条件，我唯一不符合的是入厂时间不足两年。岳父极力支持在职业余学习科学技术，只要允许报名就要全力以赴参加考试，不能懈怠，抓住机会趁年轻多学点知识，生产劳动知其然更知其所以然才能提高水平。在岳父的鼓励下终于如愿以偿成为业余大学学员。入学难，坚持下来更难，每周三天，晚上上课，三年时间够辛苦了。岳父在物质生活方面资助我们小家庭，减少了业余学习的后顾之忧。偶尔也过问学习情况，课程设置、授课教师、学习进度等，他评价汽车厂业余大学比较正规，学以致用，不是赶潮流，读业校值得。

1976 年春节后“批邓反击右倾翻案风”愈演愈烈，首期业大学员进入毕业设计阶段，我和车间里另两位学员一个组，承担车间技术改造项目中一个设备的设计任务，5 月底完成全部设计图。前半段半脱产，后半段全脱产，时间紧任务重，整天查手册，拉计算尺，爬图板，无暇参与大批判。岳父格外关心毕业设计进展情况，嘱咐我不要纸上谈兵，从实际应用出发改进设备才能付诸实现，实现了才能减轻劳动强度，提高生产效率；嘱咐我不要辜负厂领导、工人师傅的期望，集中精力完成设计任务，编筐篾篓，全在收口，毕业设计实践就是业大学习的收口阶段，尤其是生产需要的设备更不能马虎。粉碎“四人帮”之后，才体会到，岳父的嘱咐不仅起到了顺利完成毕业设计的推进作用，也起到了防止卷入“批邓”“追查政治谣言”风浪的屏蔽作用。

1977 年恢复高考，一声春雷惊醒了千百万青年的大学梦，迎来尊重知识、尊重人才的春天。对我这个高中毕业的“一汽”工人来说，而立之年又面临人生岔路口的选择。考还是不考，我有些犹豫。主观上对统一考试，择优录取缺少自信；客观上也有人泼冷水。在这关键时刻岳父出于对子女未来的期盼，凭着丰富的人生经验和敏锐的洞察力，指导我做出正确选择。岳父旗帜鲜明支持考大学，批评我不关心国家大事，全国科技大会上邓小平明确指出四个现代化关键是科学技术现代化，知识分子是工人阶级的一部分，科学技术是生产力，青年人更要学习现代科学技术，上大学是个人进步的需要，也是国家民族振兴的需要。知识分子头上“资产阶级”“臭老九”的帽子早晚要彻底摘掉。鼓励我，数理化基础不错，语文政治基础更好些，凭分数择优录取对我有利，经济上不必多虑，毕竟是带薪上学。告诫我，即使你们分厂所有青年都不参加高考，你也要报名参加考试，不试试会后悔的。岳父不仅讲道理说服我，还把 4 岁的女儿接去照看，帮助搜集复习资料，请东北师大物理系老师辅导答疑，查询考试成绩等。在岳父的支持鞭策下，经过努力，1978 年金秋时节，我终于梦想成真，成为吉林大学半导体系学生，迎来人生旅途新起点。

我们翁婿相伴 35 年，得益于老人家生活上无微不至的关怀，更得益于老人家学业上、工作上的谆谆教诲，开导点拨，授我以鱼亦授我以渔，这大概是把岳父喻为泰山的真谛吧。为此，填词一首以抒感恩情怀——

江城子·咏长白山

钟灵毓秀展奇峰。
卧关东，势恢宏。
溪汇三江，飞瀑助奔腾。
翠谷鹿鸣衔异草，林丛俏，美人松。
神仙鸟兽火岩凝。
赛烛红，巧天工。
万类蓬勃，酥雨惠风情。
山水恩高凌万仞，翁佑婿，梦常萦。

作者系朱绍禹先生的长女婿，吉林大学理学士、研究员，退休前在吉林大学从事党政管理工作。

忆岳父朱绍禹先生

王天佐

朱先生小女婿王天佐

我是1976年和岳父相识的。初次见面，觉得他平易近人，和蔼可亲，风趣幽默，谈笑风生，很有亲和力。

那时我刚从东北师大数学系毕业，被分配到东北师大附中工作。当时的准岳父认识很多附中老师，经常打听我的工作情况，非常关心我。

我家兄弟姐妹比较多，平时住在宿舍里，不经常回家。岳父知道这个情况就经常到学校找我，让我去家里吃饭。那时家里还没有电话，到我校要步行半小时。岳父岳母看到我穿的棉衣、棉裤都是哥哥人针小线给做的，心疼不已，马上买布料、棉花给我做全新的棉衣，让我心里十分温暖。

20世纪80年代初，我教高三，工作时间长，累成了肺炎高烧不退，住院20余天不见好转，岳父亲自到我父亲家商量给我用药，增加营养，改善生活，并主动承担我的医疗和营养费用。岳父去北京开会，特意为我买回两只大补的乌龟，单独给我食用。岳父当时每月仅有106元的工资，为我买昂贵的乌龟，让我心中感到无限的温暖。

1981年我儿子出生，岳父更是疼爱有加，又亲又抱，想尽办法逗他乐。小家伙非常能吃，每天能喝7瓶牛奶，费用每月30元，我们两人工资 80 元，经济很紧张。岳父就每月补助我们 30 元为孩子买奶，帮我们渡过难关，使孩子健康成长。

那时候物资匮乏，我们学校分地瓜，我带着 3 岁的儿子给岳父送地瓜，上楼时把儿子留在马路旁和其他小孩玩。岳父让我进屋坐，我说孩子在楼下，得赶快下去。岳父一听孩子自己在楼下就急了，冲我喊："地瓜重要，孩子重要？赶快走！"这是岳父唯一一次和我发火，为了孩子他真是急了，可见他爱外孙之深。

我儿子从小到大一直在他老人家身边，无时无刻不在接受姥爷的言传身教。岳父经常给孩子讲一些有哲理的故事和做人的道理，及时纠正孩子的缺点及毛病，比我们做父母的都负责。孩子在岳父教育下思想品德好、学习成绩优秀，现已是吉林大学副教授、复旦大学博士后，师从李大潜院士。他学业有成是和岳父的教育密切相关的。

岳父与我父亲相处十分融洽。也是 80 年代初，岳父和我父亲（医大儿科知名教授）相约谁先入党谁请客。两位老人都是从旧社会走过来的，对党怀有深厚感情，一直非常努力靠近党组织。那时高级知识分子入党很难，他们都付出了多倍的努力，岳父早于我父亲半年入党，他们高兴得举杯畅饮的情景仍然历历在目。

仍是 80 年代初，日本学者南本来到师大，与岳父共同研究探讨有关教育教学问题。岳父请南本到家中做客，因我父亲在日本留过学，就邀请我父亲一同接待。我父亲和岳父日语都很好，他们与南本交流甚欢，南本也体会出我岳父对他的尊重。

平日岳父喜欢喝啤酒，每逢周日，我都会做几个岳父、岳母喜欢的菜，每次我做番茄里脊，岳父必夸我手艺好。岳父家楼后有一片空地，他喜欢田园生活，就让我和他一起开荒，我挖地，他点种，那其乐融融的家庭生活让我和这个家完全融为一体。岳父岳母常对外人说：天佐就是我们家的儿子。我话语不多，但是实在、肯干，岳父对我很是厚爱。这种爱，我永生不忘！

岳父经常去外地开会，每次带回的礼物都有我们三个女婿的份，对我们像对自己的孩子一样，让我们深深体会到家的温暖。我哥哥常说：天佐找到了一个好岳父。

我父亲病重期间，岳父曾多次看望，送钱送物。父亲去世时，岳父已年过八旬，仍坚持送我父亲最后一程。

我与岳父相处的 34 年中，他对我的好都点点滴滴融在生活当中。岳父就是我心中的亲父，对我只有帮助不求回报。他病重期间，不愿我耽误工作照顾他，仍然处处为我着想。

岳父对我的好，永生铭记，永远怀念他。

作者系朱绍禹先生的小女婿，东北师大附中高级教师。

烈火炼出来的真金

朱守愚

朱先生侄子朱守愚

解放前我家是一个大家庭，朱绍禹是我老叔，他们兄弟四人亲密无间地生活在一起。吉林市以我父亲为主有个家，在农村以我二叔、三叔为主也有个家。老叔年幼，跟我父亲在吉林读书。我二叔二婶英年早逝，留下不足10岁的5个孩子，兄弟们把他们看作是自己的孩子，抚养长大成人。

我和老叔生活在一起共有两三年的时间。他比我大7岁，在一个学校读过书，他毕业离校后我才入学。他当过店员、银行职员、农民、新闻记者、中学校长、大学教授……我俩一起生活的时间虽不长，但他的人品、学识、才干，都是我的榜样，是我的良师益友。他是一位有抱负的人、敢于追求真理的人，是一位学者，也是社会活动家。

他在学生时代，学习成绩总是名列前茅。他在吉林读中学，后来转学到辽阳襄平商业学校。

老叔孜孜不倦的学习精神也是我学习的榜样。小时候家里藏书不多，不知道他从哪里弄来那么多的书，没完没了地看。有时我们一起外出，他身上也常带着书，有空就看起来。一次我父亲到我们学校，看到课程表上写着朱绍禹教英语课，吃惊地说："他什么时候学的英语？" 有一次祖母叫老叔推碾子加工粮食，祖母发现毛驴在拉空碾子，叫毛驴停住后，到处找人。结果在那碾坊的一个粮食囤子里发现了老叔——他正在偷偷看书。我祖母生气地把他教训一顿算了事。

老叔工作不久，就被伪满征去当兵。适龄青年均有户口登记在案，无处可逃。

“八一五”光复后，老叔重新找工作，凭借自己的实力，很快在吉林市长白山日报社当上了记者。之后又到吉林高科职业学校任校长，同时也把我拉去插入高中班学习。由于日伪统治，对于国共两党的情况一无所知，但他接受新事物很快。老叔给我讲过一些孙中山的革命故事，认为那就是中国希望所在。那时东北青年普遍存在盲目的正统观念，对国民党抱着极大的期望，希望中国迅速繁荣富强。哪里料想到中国革命即将发生翻天覆地的变化，黎明前的黑暗是那么可怕，多少青年稀里糊涂地参加了国民党或三青团。当时有人以助学金为诱拉老叔加入国民党，老叔就是那时加入国民党的。不久，他对国民党即感到失望：那些大员们伴着乐曲上台演说，伴着“吉普女郎”招摇过市。接收大员们到处抢夺“敌伪财产”。日伪时期所有工商业均被日本霸占，人们是多么希望回到祖国怀抱恢复生机，岂知接收大员一来，又把这些当作“敌伪”财产“接收”啦。更有甚者到处设卡，名曰维持治安，实际是公开抢劫。有一年年末我家拉一车粮食去吉林卖掉，返家途中被“中央军”哨卡拦截，把钱款全部搜去。那是我们全家的血汗钱，要用那钱买生活必需品和来年的生产资料，全家气愤、哭泣，生活陷入困境。这些活生生的现实，使老叔对国民党彻底失望了。吉林解放后不久，老叔考入东北师范大学，开始了新的人生道路。以后终于成为一名共产党员，也开始了他的学术生涯。

老叔为人宽容大度，我们几个晚辈侄子常常受到他的关爱，我是受益最大的一个。我上中学第二年，父亲因病退职，再也无力供我读书。老叔当兵后，他所在单位每月还支付他部分工资，他全部留给我，支撑我读完中学。1965 年，我五弟考上大学却无钱入学。当时家里在生产队干活所挣工分连口粮款都不够，何况我父亲又失去了劳动能力，我要寄钱维持家庭生计。无奈之下，我父亲出面把我五弟所需学费的三分之一加到老叔身上，老叔欣然应允。其实，老叔并不富裕，一家六口人，赡养老母，三个孩子在读书，开销是相当大的。老叔对我最大的关爱，是为我指出了一条光明的人生大道。吉林解放后，我在无业、无书读的彷徨困惑之时，老叔得知中国医大招生，叫我前去应试。我不知好歹地报了名，经考试居然中榜，使我穿了一辈子军装，当了一辈子医生。饮水思源，永远怀念我的指路人。

老叔在“文革”中受过“批判”，究竟为什么批，我不知情。从另一方面看，他的学术思想也正是在那个时期走向成熟，经过那场锤炼也并非坏事。那点“批判”算得了什么！一些同行和弟子们要给他写回忆录，肯定他的学术成就和历史功绩，我感到十分欣慰。这是对汉语事业负责的精神，是对中华文化负责的精神。我老叔留下了一笔宝贵的文化财富，使之继续造福后人。文化是人类的灵魂，文化是时代的脉搏，让我们携起手来为创造更加灿烂的中华文化而继续努力奋斗吧。

作者系朱绍禹先生的大侄，1952 年毕业于第三军医大学传染病专业，主任医师，参加过抗美援朝，离休于广州军区干休所。

老叔永远活在我们心中

朱守坡

老叔朱绍禹先生离开我们已经整整四个春秋，但老叔的音容笑貌和熟悉的身影还会时时浮现在眼前。老叔在家族及亲属中口碑极佳，威望极高。可以说，老叔是我们家族的一面旗帜，尤其是晚辈们心目中的光辉偶像。这不仅仅是因为老叔才华出众、业绩卓著，更是源于老叔崇高的道德情操和人格魅力，足以让我们由衷地尊崇他，敬仰他，爱戴他，并永远地追思和怀念他！

老叔孝敬父母，尊重兄长，关爱晚辈，在家族中传为佳话。

20世纪50年代，我的祖母和我们一家人生活在农村。生活虽不算富裕倒也过得去，一家三代共享天伦，可谓优哉乐哉。1958年的“大跃进”热潮，使我们的家庭生活遭受了严重冲击。我父母对祖母虽有孝心，但心有余而力不足。当全家人一筹莫展的时候，老叔从省城赶回家乡，和父亲商量后，立即决定将祖母接去长春，由他赡养。尽管城市里也实行了粮食供给制，每月细粮十分有限，可是老叔总是千方百计让祖母吃上软食细粮，还不时按老人家的口味给祖母搞一点“小灶”。祖母不肯一人独享，老叔大为不快，直到动员老人吃上可口的饭菜才会满意。祖母性格开朗、豁达、乐观，喜爱看京剧。老叔经常留意，一有好看的剧目总要想方设法弄张戏票让老人一饱眼福，如时间允许还要陪老人同看。平素里工作再忙，也要赔老人聊几句家常，为老人营造乐趣。尽管当时老叔的家境也并不富裕，却使祖母度过了安逸的晚年。

20世纪60年代初，我们家、大姑家、六叔家都生活在农村，大姑和六叔两家又恰好在全乡最贫穷落后的黄牛沟。大姑和六叔身体多病，缺衣少柴，疾病困扰使他们的日子苦不堪言。最艰难的时候，甚至连打瓶醋的钱都拿不出来，揭不开锅的现象也时有发生。老叔对大姑和六叔两家的处境尤为关切，每年都要进大山去看一看身处困境的哥哥和姐姐，给他们带去一些衣物、药品和生活用品，还总是留下一些现金，以解燃眉之急。

这里交通很是不便，老叔每次来都要徒步往返10余里的山路。有时为了赶路，不影响次日上班工作，甚至连顿饭都不吃就赶回省城。每每回忆起那段往事，大姑、六叔都感动不已。

20世纪70年代初，我的哥哥朱守身、表兄王纯相继考上了阜新煤矿学院和大连化工学院，可是没有稳定的经济支撑是无法读完大学的。老叔看到家族和亲友中不断有后生从贫穷落后的农村和穷山沟里脱颖而出，打心眼里高兴。为了使两个晚辈读完大学，老叔主动与父亲及大姑商量，愿意尽其所能帮助两个家庭共渡难关，确保两个晚辈圆满完成大学学业。

在老叔自身形象的影响下，家族内一直书香不断，亲属间供子女读书也蔚然成风。一些晚辈还把东北师大作为报考大学的第一志愿，并把自己的人生定格在教育事业上。据我所知，同宗的远房叔叔朱绍启毕业于东北师大中文系，而后其姐姐的两个女儿也相继考入东北师大。

我本人从小格外崇拜老叔，并向往有朝一日能到老叔的东北师大读中文。然而一场“文革”终断了我的读书梦想，1966年初中毕业后，我返乡务农，这是我人生的第一次转折。

回乡后，闲暇时想看看书以排遣寂寞，可是除了尚未舍得丢掉的初中课本外，几乎什么也没有。未来路在何方？内心一片迷茫的时候，是老叔给我指出边劳动边读书的自学成才之路，并给我寄来了整套文科自学资料，其内容足以涵盖高中课程，同时还涉及部分大学文科的相关知识。

在老叔的支持和鼓励下，我在回乡务农的四年时光中，坚持读书练笔，刻苦自学从未间断，文科知识素养有了较大提升。1971年，我被乡里聘为初中文科教员，而后相继转正，入党，提干，成为对家乡颇有贡献的教育工作者，从而实现了我人生的第二次转折。至今，老叔赠给我的大批书籍资料，我尚一一珍藏。老叔给我亲笔题写的大字条幅“扎根农村教育”，被我当作座右铭。我没有辜负老叔的期望，以老叔为楷模，把自己的精力献给了家乡的教育事业。

老叔一生中，对家族肯于担当，对亲友愿意付出，对事业乐于奉献。当老叔已近 80 高龄的时候，还在时时关怀家族中的弱势群体，帮助侄子朱守民脱贫，帮助其孙子、曾孙读初中，上高中，念大学。老叔自己生活上一直勤俭节约，没有豪宅，没有靓车，甚至连高档的家私也不曾置办。老叔的一张写字台、一把椅子伴随他一生，老叔唯一看重的就是平生积累的大量藏书。这是老叔生命的一部分，因为从这里老叔汲取了无穷的智慧和营养，并为当代中国语文教育续写了不朽的篇章。我为老叔的一生感到无比骄傲和自豪！

晚辈们将会永远铭记老叔的言传身教，并沿着他老人家的光辉足迹，努力求索、攀登！老叔的功德不朽！

2012 年 4 月 14 日

作者系朱绍禹先生的侄子，永吉县蒐登站乡高家小学校长。

刻骨铭心的记忆

——缅怀我的老叔朱绍禹先生

朱丽华

2007年的秋天，我来看望老叔，他老人家刚从南方讲学回来。房门刚一打开，他就把我拥进怀里，笑着说："亲一下！"我在他的左脸上亲了一下，他又把右脸凑了过来，用鼻音冲着我："嗯？"我又在他的右脸上重重地亲了一下，他这才满意地往里走，边走边说："老丫（我的小名），你可真有口福，你看老叔带什么回来了？"我随着他走进厨房，看见灶台上放着一大包又肥又大的螃蟹。那时，老叔的身体健康，精神矍铄，我在老叔家里还自己动手做了晚餐。可是仅仅隔了一年，老叔却永远地离我而去了。我一直沉浸在悲痛中，随着时间的推移有增无减。

朱绍禹先生（前排右）与吴素贞老师（前排左）及侄女朱丽华（后排右）

我小时候，家住在乡下，那时交通不便，下车后还需走几公里的泥土路。但老叔无论工作多繁忙，每年都会抽时间来看望我的父母。记得有一次，老叔给父亲带来一瓶茅台，父亲把这瓶酒放到了家里最显眼的地方，放了好久都舍不得喝。

儿时的记忆大多已经模糊，老叔却给我的童年留下了深刻的印象。那时在我的眼里老叔高大、帅气、亲切。老叔到家里来父亲的喜悦溢于言表，母亲更是高兴地把家里过年才舍得吃的东西拿出来做给老叔吃。父亲和老叔坐在一起有说有笑，其乐融融，我出于好奇就趴在门缝往里面偷看（小时候父亲家教极严，家里有客人小孩子是不可以围在身边的），老叔看见了我，就冲我说："老丫，怎么还不敢见人呢？过来，到老叔身边来，看老叔给你买什么了？"我乐颠颠地跑到老叔身边，只见老叔从包里拿出一本连环画册。老叔告诉我这是《三毛流浪记》，我如获至宝，爱不释手，甚至睡觉都要搂在被窝里，"三毛"一直陪伴我度过了童年美好的时光。

长大后，我到了吉林市工作，我会经常去看望老叔。我眼中的老叔一直在读书、写作，他老人家经常写到深夜，为防止犯困他养成了常年喝咖啡的习惯，有腰痛病不能久坐就把理疗仪绑在腰上跪在地板上写，不会用电脑就用钢笔一笔一画地写，80多岁高龄的老叔经常做着超负荷的劳动。老叔自己曾坦言："写作是一件很累很苦的事情，但是当想到会产生一个文字的结晶时，就会感到累和苦的价值。"

老叔已经离休多年，以他自身的优越条件，完全可以尽享晚年的幸福生活。然而，他却做出了常人难以理解的选择，老叔凭借他的坚韧和勤奋完成了数部关于语文教育理论研究的著作，为教育事业作出了卓越的贡献。

生活中的老叔非常简朴。他的家里没有高档家具，没有名牌电器，房间里其他的陈设也很简单。老叔的物质生活是清贫的，但老叔的精神世界却是富有的，老叔的家里摆放着他用大部分积蓄买回来的、被他罗列得满满当当、整整齐齐、分门别类的永远也读不完的书。在老叔的价值天平上，这些被他视为生命的书籍又岂能用金钱来衡量。

老叔性格乐观、开朗，为人耿直、善良，在家族中有着极强的亲和力和凝聚力。在后辈们的眼中，老叔是朱家人的骄傲，是朱家人的楷模，是朱家人的依靠。后辈们遇到大事时都会找老叔帮助拿主意，家族里很多亲人都得到过老叔不同层面的帮助，赠予衣物和钱款是司空见惯的事情。据我所知，老叔的家里一直保存着我的爷爷、奶奶，我的父亲以及姑姑、叔叔们的照片。直到他去世的前一年，每年清明节前他都会带领后辈们走几公里崎岖的山路去给亲人扫墓，以此来教育我们不忘先辈们的养育之恩。2006 年，在老叔的一手操持下，几个年轻的后辈分头查找族人们的联络方式、家庭住址以及工作情况。由于居住得太过分散，查找起来相当困难，大致花费了两年多时间，老叔才和后辈们共同完成了一部很全面的《朱氏家族族谱》。早在 1966 年，老叔就曾经资助过我的哥哥读完大学，他临终前还在资助我另一位叔叔的曾孙女儿读大学（现在这孩子在长春理工读研）。老叔对自己给别人的帮助，向来不和任何人提起，但当年我父亲供他读书的事情却一直念念不忘，老叔常说：没有大哥就没有我的今天。老叔不止对家人，对同事、朋友也是如此，直到弥留之际他心里还一直惦记着如何报答那些有恩于他的人。老叔为人师表，处处以身作则，他用自己的实际行动教育我们，鞭策我们，为我们树立了光辉的榜样。

老叔对我的关怀更是体贴入微，细心周到，每次我去看望他，他都特别高兴，无论多忙都会放下手上的工作，耐心地听我讲我的故事。有一次他笑眯眯地对我说：“老丫，你经济上有困难吗？如果需要跟老叔说，老叔还有稿费。”

还有一次我去看望他，他从一个大旅行包里拿出一条很时尚的大披肩，说是上南方讲学时碰见了，觉得我披起来会很好看，就买了回来。我拿起老叔千里迢迢给我带回来的披肩，兴奋地披在身上炫耀，他脸上绽放出孩子般灿烂的笑容。望着眼前这既慈祥又可爱的老头，我整个人都被这爱包裹着。

老叔关心到我身边的每一个人。有一次我告诉他：我有位哥哥退休后在家里养了十几只小兔子，每只小兔子的脖上都挂一小牌，小牌上写着小兔子的名字。老叔高兴得哈哈大笑。

在老叔身边时，他总是鼓励我多读一些书，并有针对性地向我推荐一些名家名作，还曾多次把他自己编著的书送给我，每部书他都会用毛笔写上“老丫存阅”，并随时对我的学习情况进行认真的询问和详细的指导。我依照他的指引一路读下来，几年时间过去，使我受益良多。老叔对我寄予了殷切的厚望，他希望我能够在书中学到更多的知识和本领，用以回报社会。

回顾我的人生旅程，每走一步都凝聚着老叔的心血，他对我的教育有着非凡的意义。可以说，是他的不懈努力改变了我后半生的工作和生活。对于老叔的厚爱，我心中充满了感激之情。

老叔有着惊人的毅力，更有着极其顽强的生命力。2008 年 3 月初，老叔被查出患有右侧输尿管肿瘤，那期间亲人们都沉浸在无比的痛苦之中。记得住院期间，老叔依旧每天坚持读报、听收音机。老叔是一个特别爱干净的人，他不光自己干净，还要求我们也都要穿戴整洁。他会按时洗脸，让我们帮助清洗假牙，每天清晨他都会以一个崭新的面貌迎接新的一天。每天医生来查房前，他都会让我们扶他起来，坐在那里等待医生的到来，他会详细地向医生询问自己的病情，积极配合医生的治疗。

老叔健康时总是在忙，难得有时间和我们聊天。那期间他老人家病了，有充足的时间和我们在一起，有时他会忍着疼痛给我们讲我们祖辈上的一些事情。他讲他的父辈，他的兄弟姐妹，他讲他的学生、他的朋友，讲他自己，他说等他病好后还要续写家谱。老叔学识渊博，讲什么都带有浓重的感情色彩，回忆起那段日子是最温馨也是最灰暗的。

老叔手术后半个月，医生告知可以回家调养。回家的第二天早晨，大姐把我叫到老叔的床前，老叔躺在那里脸色苍白、面容憔悴，枕边放着厚厚一沓钱。见我走到身边，老叔轻轻地说：“老丫呀，这段时间你为老叔减轻了很多痛苦（我稍懂按摩技术），你来了这么多天了，是不是想家了？你先回家看看，过些天再来，本来孩子结婚时老叔是要去主婚的，现在看来是办不到了，这些钱就留给孩子结婚时用吧。”我泪流满面，窘迫得不知所措，站在那里结结巴巴地说："我……，我怎么可以……？"没等我说完，老叔就打断我："不拿着今后就不要来了！"声音虽轻，却带有足够的威慑力。大姐站在旁边用低沉的声音斥责我："别惹老爷子生气！"这时我看见老叔的眼角已经淌出了长长的泪水。再说什么都是多余的，我默默地拿起这钱，慢慢地装进包里，然后一步三回头地离开了那间屋子。老叔给我的何止是一沓钱哪，这分明就是一份沉甸甸的父爱。老叔啊，你让我如何承受得起！

老叔生前一直把我看作他的亲生女儿，在他老人家那里我得到了一份深沉的父爱。家族里众多的后辈中，其他人对老叔都有一些敬畏，唯独我是个"另类"，我有时甚至在他老人家面前胡言乱语。有一次，我对他说："你已经修炼到了人书合一的最高境界，今后还学什么？"老叔听后不生气，反而开怀大笑。

老叔走了，他老人家最后的日子我没陪伴在身边，是我今生最大的遗憾。但老叔的音容笑貌已经深深地铭刻在我的脑海中，老叔的一言一行一直潜移默化地影响着我，老叔对我的谆谆教诲使我终身受益。我会怀念他，直到永远，永远……

作者系朱绍禹先生最小的侄女，吉林市船营区第二建筑公司会计。

永远怀念叔叔

朱守英

朱先生侄女朱守英

2008年的春节，87岁高龄的老叔来到我家。老叔步伐稳健，精神饱满，兴高采烈地和我们家人坐在一起，详细地询问我家的生活、工作以及后辈们的读书情况。这一幕就如发生在昨天。万万没想到的是，仅仅相隔三个月的时间，老叔竟永远地离开了我们，真让我心痛不已。

我是1998年从三线厂搬迁到长春的。我单位原来是军工企业，原址在长白山区。来到长春后不久，爱人因病早逝，当时孩子还小，老叔对我常有帮助，特别是帮助我在长春市买下住房。那时老叔的经济也不宽裕，他就让我的三个妹妹（老叔的三个女儿）每人拿一份儿，使我家的生活条件从此大有改善。我的孩子读书很少，老叔非常着急，就对我说，孩子们如果能读书，他会帮助我。后来，孩子都分配到长春汽车厂工作，在老叔的激励下边工作边读书，目前都拿到了大专自考文凭。

老叔无微不至地关心别人，自己的生活却很简朴，能走路他就决不打车。我刚来长春时，因为住得比较偏远，家里又没有电话，老叔惦记我，走了很远的路才找到我家。那一天，天气非常热，老叔被晒得满脸通红，衬衣都被汗水浸湿了。我的心里实在不忍，老叔却没事人儿似的把话题转到了一边儿，关心起我的生活问题。

我的老家在乡下，在我很小时爷爷已经去世，留下奶奶一个人，她在几个儿女家轮流住。每当奶奶来到乡下时，老叔都会把他自己节省下来的细粮拿回来给奶奶和我父亲吃。奶奶病重期间，老叔经常陪伴在病榻前，奶奶有什么需要，他都会尽力去办。

“文革”期间，老叔被下放到安图农村，以至于父亲病逝都没能赶回来奔丧，这件事成了老叔心中永远的痛。直到“文革”后期落实政策，老叔才又回到长春，依旧在东北师大任教。他回来第一件要办的事情就是到我父亲的墓前祭拜，那天，老叔在父亲的坟前放声痛哭。直到 2006 年在我家族亲属的一次聚会上，老叔即兴演讲，说到他和我父亲的深情厚谊，依旧泣不成声。

老叔特别注重晚辈的教育。我们小时候，他经常给我们买一些儿童读物，如《三国故事》《华佗》《吴运铎》《高玉宝》等，有时他还会坐在炕头上给我们讲故事，我们围在他身边津津有味地听。老叔那开朗、幽默、风趣的性格，加上他那丰富多彩的语言，使我们的家里充满了欢乐和生机。老叔对我们的要求很严格，他教育我们要认认真真读书，踏踏实实做人。在他的身边，就好像生活在知识的海洋里。

老叔很少想到自己，从不愿接受别人的帮助。在他住院期间，有谁去看望他，想帮助他做点儿什么，他除了感激外，就是催促早点儿离开，免得影响工作。

老叔在病床上还坚持读报、听新闻，自己看不了时，就让妹妹们读给他听，直到离开我们。

老叔给予我经济上的帮助，精神上的鼓励，点点滴滴汇成了记忆的洪流。

作者系朱绍禹先生的第八个侄女，退休前为长春市南关区新兴小学教师。

我和姥爷

王阅微

我的名字叫阅微，透过二字，有人看到长辈的期许，有人看到家学渊源，给我取名字的人是姥爷。我的小名叫大宝，因为在同辈中年长，姥姥、姥爷视我为掌上明珠，给予宠爱最多，是名副其实的大宝。

我 4 岁时，父母才上大学。他们边工作边学习，很辛苦，姥姥、姥爷为减轻他们的负担、为我能上最好的幼儿园，把我接到身边照顾，一直到 16 岁我都在姥爷家常住，是典型的“坐地户”，直到大学毕业时才把户口从姥爷家迁往深圳。上高中以后，虽然不是每天都在姥爷家住，但是每

朱先生与外孙女王阅微（摄于 1990 年丹东）

周和全家人在姥爷家欢聚。青春年少的我对于这欢聚习以为常甚至漫不经心，在欢聚中时常眺望远方、遥想未来，曾以为这欢聚是随时都有的，可没有想到，2008 年 5 月之后，这欢聚便成了永恒的回忆。

我在姥爷、姥姥身边 12 年，每天都离不开衣、食、住、行。

先说衣，姥爷对晚辈在穿衣上严格要求，必须朴素大方，不可花哨轻浮。有一件事和一句话，我至今记得。那是我 5 岁时，初秋的傍晚，我在院子里和小朋友玩，姥爷下班看到我还穿着短袖裙子，就问：天凉了为什么不穿长衣长裤？我随便说了一句“我没有”，就又跑去玩了。姥爷回到家就问姥姥：为什么大宝没有长衣长裤？姥姥苦笑道：衣服裤子早就做好了，孩子忙着玩不肯换衣服。姥爷急忙把我喊回来，说：赶快多穿件衣服，你感到冷可就晚了。

说到食，可说的太多。20 世纪 80 年代姥爷享有专供教授的细粮、豆油和肉，姥姥经常做好吃的给我。姥姥说：家里的大骨头大多被大宝吃掉了。姥爷经常出差，回家时就是小孩子的节日，姥爷带回北京点心、天津麻花、海南椰子、广东荔枝、陕西石榴、四川腊肉、新疆蜜瓜……还有各地的见闻。9 岁时我在家里朗读课文《葡萄沟》，姥爷听到了就给我讲新疆的吐鲁番、伊犁以及当地特产，后来他还找出一盒刚从新疆带回的葡萄干，让我带到学校与老师和同学们分享。那时候葡萄干在东北可是稀罕物，现在想起来还觉得甜。这是我第一次在课堂上吃东西，也是第一次体会到与人分享的快乐。

说到住，和姥爷一起生活有两个方面让幼年的我“不满意”。首先不能睡懒觉，其次受的约束多。为什么不能睡懒觉？天刚亮姥爷就出去晨练，边走边听日语广播，回来后拖地板，同时听中央人民广播电台的新闻和报纸摘要节目。由于耳背，广播音量总是调到最大，我哪里能睡懒觉？还有就是姥爷对晚辈的道德人品、行为习惯、言谈学识要求高，不溺爱孩子。

除了以上两点之外，都是我喜欢的优点了。

第一，身在校园中。师大的篮球场、人工湖、假山、小亭子、秋千都是我平时玩耍的地方。那时在青年二舍楼后，有一眼面盆大小的泉水，夏日傍晚姥爷带我把啤酒和汽水放在小泉中，晚上拿出来喝，那凉丝丝的感觉超爽。有时候坐在草地上看星星，我还记得姥爷夸赞邻家小尤姐姐认识的星星比我多。有一年长春发生日全食，姥爷带着我去师大天文楼通过天文望远镜观测太阳的变化。不少同学都羡慕我生长在大学校园中。

第二，谈笑有鸿儒。经常有国内外专家、学者、学生来姥爷家交流，由于房子小，我一般会安静地坐在客厅的角落里旁听。记得一次姥爷对几位研究生说：文颖在同届学生中是文笔最好的一个，我觉得还有以下几点可以进一步完善……

第三，隔壁有芳邻。我出生后姥爷搬家两次，先后住过青年二舍、五舍、教授楼，我们的邻居有物理系、化学系、生物系、政治系、外语系、历史系的教授。上中学的时候，我请教物理系杨教授一个很简单的问题，杨教授告诉我基本定义和原理非常重要，理解一定要深刻，不能因为简单而忽略。

第四，独占小书房。我 12 岁上中学，姥爷为了给我更好的学习环境让我单独住在书房。书房中除了单人床和书桌，就只有 4 个顶天立地的大书柜。我虽住了 4 年，可惜在书房里读的书并不多。我看的第一类书是国内不同时期、多个国家（比如美国、新加坡、马来西亚等国）的中小学语文教材，那时只有这种书我能看懂；后来我又看适合中学生的学习方法、阅读战略以及姥爷推荐的名家名篇、各种杂志等。我的第一套《新概念英语》书就是姥爷请北京的朋友寄过来的，我的第一部随身听也是姥爷送的。姥爷有时会和我讨论某本书，还告诉我什么样的书不合适我读。姥爷给我的最珍贵礼物之一，就是教我逐渐养成读书的习惯，现在读书是我生活的一部分，读书可以让我克服生命中的虚无感。

说到行，我和姥爷有很多故事。姥爷带我去过北京、吉林、永吉、大连、丹东、南京。我 6 岁时和姥爷坐火车去北京，半夜路过山海关，姥爷下车给我买大螃蟹，我在火车上美美地吃，后来姥爷还经常提起我那小馋猫一样的吃相。夏日炎炎，姥爷带我在故宫里走了大半天，边走边讲故宫历史、三大殿、日晷、盛水的大缸等。那时故宫里面竟然没有饮用水卖，我因为口渴早就不想听了，就问姥爷："现在还有皇帝？""没有了。"我恍然大悟道："原来皇帝都是渴死的！"姥爷哈哈大笑，这成了我家的典故。我在丹东第一次看到海，在永吉看到祖屋，在南京与我先生一见钟情。二姨为我婚礼题词：千里姻缘姥爷牵。

2008 年，我们夫妻带着孩子冒着大雪，从深圳出发取道广州买了最后 4 张机票中的 3 张飞回长春。这是我大学毕业后 11 年第一次回东北过春节，全家 15 口人欢聚。我看到姥爷脸上的喜悦和满足，我说我很感谢姥爷给我的遗传基因：智慧 + 健康。姥爷说：那当然。成年的我，知道与家人欢聚是多么宝贵，因为 08 聚会来之不易、又是唯一，所以弥足珍贵。

和姥爷一起生活，除了衣食住行，还有一个必不可少的字——学。从幼儿园到中学，我在东北师大体系内学习，从本科到博士我在吉林大学度过。若没有姥爷，我不会有这样的学习环境和教育背景。幼儿园毕业的时候，老师要我代表毕业生讲话，讲稿是姥爷写的，现在想想教授为小孩写讲稿真是大材小用得不可思议。不仅如此，作为小孩儿的我还提意见：什么"我们、我们"，"我们"太多了，还教授呢？姥爷虚心接受，认真修改。在家里除了我——姥爷的大宝，没有晚辈敢给姥爷提意见。

朱先生与外孙女王阅微

我上小学四年级的时候，姥爷每天早上在《唐诗三百首》中找一首诗抄在蓝色的卡片上让我背诵，晚上检查。几乎每首诗都有我的汗水甚至是泪水，我当时觉得很难，特别盼望姥爷出差。在姥爷的督促下，我坚持了一年，这本书背得差不多了，一年辛苦，终身受益。

在姥爷身边学习压力大，姥爷见不得孩子胸无点墨、好逸恶劳。从上小学到高中毕业，我的每一位语文老师都对我说过类似的话："你是朱先生的外孙女？我听过他的课（或是读过他的书）。"年纪渐长，闻听此言压力渐大，大有"学业不佳有辱门庭"的感觉。中学毕业后，我才知道有几位老师（姥爷的学生或是老朋友）曾以书信或电话形式与姥爷沟通我在校的情况，怪不得姥爷对我的学习情况了如指掌。

上中学以后的周末，我会赚些"外快"——帮姥爷誊写序言或其他短文。每次我乐颠颠接受任务，心安理得赚钱，竟不知道这是姥爷给我创造的学习机会。

我和嘉嘉弟弟先后攻读博士学位，姥爷得意地说，咱们家有两位王博士了。姥爷对于自己的成果从不炫耀，也不曾有过这样的得意，家里人很少知道他的学术成就以及为学科作的贡献。我女儿 3 岁半的时候，第一次见到纪念盘上姥爷的肖像。她注视很久说："妈妈，我觉得太姥爷是个伟大的人！"

四年来我没去过姥爷家，没有打过电话给姥爷，全家欢聚已成往事，长思念并不感伤，何故？因为梦中常相见。那夜，我回到姥爷家，姥爷在洒满阳光的书房里写字，还是一丝不苟、心无旁骛。我不敢打扰，想去厨房做点粥，不想有一位年轻姑娘在狭窄的厨房里忙碌，她笑盈盈地说：我做好了。我既惊又妒，回到书房嗔问：为什么不让我做呢？姥爷微笑不语。出门后我才知道那年轻姑娘是天使。醒来时是初春的早上，天气乍暖还寒，心里却阵阵温暖。我要把这温暖与每一个想念姥爷的人分享。

作者系朱绍禹先生的外孙女，经济学博士，中信证券投行部副总裁。

思念姥爷

王楷植

一个打小赖在姥爷、姥姥身边的人，有很多与他们相关的美好回忆。说起姥姥，多是她对我具体的、直接的、温柔的爱。说起姥爷，从前的感觉是既亲切又敬畏，而如今的感觉只剩下思念。暂拨开无序的思念，我试图理出头绪，必定不能完全，却能和怀念姥爷的亲人、朋友共同分享我对他老人家最真切的记忆。

姥爷对我的疼爱是永生难忘的。他的爱多表现为对我的教导，方式直接且严厉，这些教导对我逐渐形成的人生观和价值观产生了重要的影响。

朱先生与小外孙王楷植

然而，如今细细想来，姥爷对我最直接、最有效的教导却是他自己的行为方式，即所谓言传身教。

因为疼爱一个人，所以希望他一生都过得好。为了这个目标，只能教会他，启发他学会如何把一生过好，这也正是姥爷对我所有教导的初衷。有印象的，姥爷教会我的第一件事情是如何使用筷子。使用筷子似乎不用教，不会用就吃不到，吃不到就要自己想办法，总归会学会的。然而，能用筷子把食物送进嘴里未必算是会用筷子了。长大以后和同学、同事吃饭才发现很多人用筷子的方式很笨拙、很难看，让人感觉这对别人也是不够礼貌的，说到底这是个人修养的一部分。我并没有一拿筷子就会正确使用的天分，剪刀式的拿法被姥爷彻底否定，并且开始不厌其烦地对我进行纠正。一遍不行，两遍；两遍不行，三遍；三遍不行菜都凉啦，急得直哭哇！吃饭的信念是坚定的，我在姥爷的严格教导下终于学会了筷子的正确使用方法。这段回忆痛并快乐，从小事抓起，姥爷对我是用心良苦的。

诸如此类的行为规范数不胜数，再比如姥爷对我站姿、坐姿和卧姿的要求：“站如松，坐如钟，卧如弓。”虽然现在清楚这九个字的养身内涵，然而在当时却全然无法理解，觉得连最放松的状态都要受约束真是太烦啦！不理解，先照做，是儿时对待姥爷“最高指示”的贯彻态度。当好习惯养成了之后才理解其之所以是好习惯的时候，对姥爷的感激是加倍的。

小时候，我印象最深的是姥爷总是以讲故事的形式为我讲道理，让我从小知道是非曲直。总是询问我白天在幼儿园、学校里遇到的事，让我讲述，让我说事情的对错，问我如何想的，然后他再讲给我这些事情应该怎么看，我应该怎么做。在我幼小的心灵里早早就有了是非观念。以至后来遇到事就找姥爷帮我分析，姥爷就是我的主心骨。

记得上初中时，有几次姥爷自告奋勇为我开家长会，并认真记录，向老师详细询问我的各方面情况。我学习很好，其他方面也都不错，姥爷很欣慰，真是没给姥爷丢脸。他希望我是一个有知识、有修养的人。

姥爷三次带我去外地旅游，北京、保定、厦门。去北京时我 7 岁。姥爷领我去故宫、天坛、历史博物馆……每到一处都认真讲解，故宫每一道门，每一个殿的来历；天坛当时是干什么用的；姥爷还领我参观了历史博物馆，不厌其烦地给我讲历史大事件，虽然我听不太明白，但也有了一个大概了解，至今仍记忆犹新。在保定，我看到了在课本里学到的白洋淀；在厦门看了陈嘉庚墓，姥爷给我讲陈嘉庚对国家教育事业的重大贡献。每到一处都是有目的地让我受教育。他希望我是一个了解国家历史、对社会有责任感的人！

再长大些，姥爷开始对我进行更为深入的教育。记得上高一的时候姥爷送给我一本书——邵道生的《学会生存》，这本书涉及了人生命运、处世醒世、事业工作、朋友交往、劣性恶行、情感缺陷、人格毛病、修身养心、情绪情感、婚姻家庭、生活健康等方面。书中讨论了“学会学习、学会生活、学会做事、学会生存”的话题，当然学会生存是核心内容。姥爷送我这本书无疑是想借书中通俗、平和的话语，来让我主动学习如何生存这一人生基本问题。书一直在身边，格外珍爱，每次翻开读上一节都有些新的感悟，仿佛姥爷又在启示我些什么。

姥爷曾经“骂”我“愚蠢”，如今想来，我却觉得我的“愚蠢”是跟他学的。那大概是小学4年级的事情，我开始近视了，不得不佩戴眼镜。配眼镜之前需要验光，验光之前要散瞳，散瞳之后需要一段时间眼睛才能恢复正常。那次散瞳过后，爸妈带我来到姥爷家参加每周一次的家庭聚会。此时散瞳的影响并未消失，可是我的作业还未完成，大概是五页小楷之类的。家长们的意见是情况特殊，作业不完成也罢，眼睛更重要；而我却硬要坚持完成作业，态度异常坚决。无论当时还是今日看来，这都违背孩子的心理，有正当理由不完成作业是乐不得的事，哪有硬坚持的道理。爸妈劝我，不听，就是要“轻伤不下火线”。最后，我们家的最高权威——姥爷出面来劝我了。按说我也“装”得差不多了，应该借坡下驴，可是也不知道哪来的这股劲就是不听劝，必须完成作业，必须的！姥爷也拿我没办法，又气又笑，于是送了我“愚蠢”二字。现在回想起来，我才慢慢琢磨出当年固执己见的缘由，怕老师责罚只是很小一部分原因，有家长的合理解释，老师不会怎样。大部分原因是我有一种愿意在某些困难的环境下，完成自己应该完成的任务的心态。那么这种心态又从何而来呢？

我从小在姥爷姥姥家长大，小学之前几乎每天都在姥爷姥姥家度过，因而受他们各方面的影响都很深。姥爷当年在我的印象里是每天都坐在写字台前工作，拿着毛笔静静地写着什么。他坐的时间长了，腰疼，坐不住了跪在地上，趴在床头继续工作（晚年依旧如此），这些画面无数次出现在我的眼里。一个小孩子最基本的特质就是善于模仿，姥爷常在那里写字，我也开始爱写写画画；姥爷腰疼也不放弃工作的状态也许就是我日后“愚蠢”的根本原因。这份“愚蠢”伴我走过了二十几个春秋，从初中，高中，大学本科，硕士研究生，博士研究生到博士后，求学的路上它帮了我很多很多。

朱先生与小外孙王楷植

姥爷对我最为牵挂的一件事是我的恋爱问题。书读多了，人发呆，已经博士二年级了，我还没谈上恋爱。姥爷为此事很着急，怀疑我不会谈恋爱，找我妈谈了话，还十分留意报纸上有关大龄青年相亲会的信息，商议要亲自带着我的资料去相亲会。情之深，心之切，可见一斑。2008 年年初，姥爷已经发病，一次我和姥爷单独在一起，一顿午饭时间，姥爷忍着病痛一直在开导我要对恋爱的事上点心，告诉我那是人生必要的部分。当时我感觉很自责，很心酸，让病重的姥爷还为我操心。

2008 年 5 月姥爷离开了我们。2012 年清明，家人前去祭奠姥爷、姥姥。我牵着新婚妻子的手来到墓前，说不出话，只是泪流满面。

2012 年 4 月 15 日

作者系朱绍禹先生的外孙，吉林大学数学学院副教授。

痛苦的记忆，衷心的感谢

朱迎丹

我的爸爸是一个非常乐观、豁达、幽默、健康、善良、勤奋、有学问并可爱的老头。爸在 2008 年 3 月 12 日发现尿血后，看病、住院、手术到去世一共不到两个月，从手术到逝世才 46 天！这叫我们无论如何都无法接受！

2008 年 3 月 8 日，在珠海的大姐为给爸改善居住条件，她出资、我出力给爸装修房子。3 月 12 日，爸说他发现尿血。我马上联系医生，第二天就进行了细致的检查，结果为右肾积水并已失去功能，右侧输尿管有肿瘤，基本可断定为恶性。医生会诊后认为，现在手术已经有些晚，但没到不能手术的程度。如不手术存活底线为半年，手术后的存活时间可能为 1—2 年，甚至 3—4 年。医生很慎重，又做了许多项检查，结果很令人欣慰，除他的右肾和右输尿管有病外，其他部位十分正常,. 这在 80 多岁的老人中是很少见的。在这种情况下医生建议手术治疗。我们姐仨又咨询了几位名医，他们一致认为应该手术，而且越快越好！爸这时已明显感觉到腰部疼痛难忍，夜不能眠。他知道长了肿瘤，有可能是恶性，但不会危及生命，所以他也希望早些手术解除病痛。

3 月 25 日，爸做了手术。手术近 4 个小时，进行得很顺利。医生说爸术后还能康复，只是需要一段时间。术后爸恢复得很好，第 4 天已能下地，而且精神极佳，吃饭、谈笑、写字、看报全行，我们十分高兴！没有人想到有后来的结果，所以我们都很乐观，爸也是！晚上疼痛时就给我们讲他的成长史，他的父母，我们的妈妈，他是如何搞语文教学法的，他学会的工作，他得意的学生，今年还要参加几次学术活动等，一讲就是两三个小时。

可从第5天晚上起，他开始烦躁不安，疼痛难忍，翻来覆去。这时病理已经出来：移形细胞癌，为Ⅲ期。手术后半个月，两个手术刀口已长得光光滑滑的，病情也没有什么明显变化，我们就回到了家中。到家后不久，发现爸的头已抬不起来，接电话拿不动听筒，吃不了几口稀饭。我们找医生，医生说放射科有种支持疗法有助于康复，于是在回家三天后又返回医院。

二次住院后，爸的身体已经不能用放、化疗治了，只能打一些进口的增强免疫的药物和维持生命的各种营养液。术后20天左右做B超，已发现肝脏上有大量转移。这样的结果是爸和我们都没有想到的，真如晴天霹雳，令人痛苦万分！

这期间爸一直很清醒，每天早上4点多天刚一亮，他就叫我们给他洗脸、戴假牙，然后等医生来查房，他期盼着和医生诉说他的病情，期盼着能快些康复。我们一直犹豫是否告诉他病的实情，总觉得他求生的欲望那么强烈，他的身体一直那么硬朗，这么残酷的现实怎么能让他接受，我们又怎么能忍心告诉他，所以一直到最后也没有明明白白地告诉他病已不可治愈的真实情况。但我们想他心里早已明白了，只是怕我们伤心，他也不说破！只是有天早晨把我们叫到一起说："我每时每刻都像在一场灾难中，疼痛难忍，我不想活了！"我们痛哭流涕，无言以对！不知能用什么话来安慰他！不知能有什么办法来挽救他的生命！

术后一个月左右，爸开始浮肿，几天后又开始尿血。我们的心情随之一天比一天沉重，整天生活在痛苦之中！我们三姐妹不分昼夜地护理，生怕失去爸！但爸在术后46天还是舍我们而去了！ 5月7日下午，他就开始进入昏迷状态，不能说话了。直至5月9日午后1点一直比较平稳，1点半后就大喘气，有出无进了，很快心电图就变成了直线，他就这样去了！爸走得我们心不甘呐！因为他一直身体硬朗，还没到该走的时候啊！

爸走了近一个月了，我们思念的心情有增无减！每进爸家，第一眼是爸的大照片，好像他在问："小鸽（我的小名），你来啦？"走到哪个位置，他的眼神都好像跟着我。屋里静悄悄的，总在想这个老头儿上哪去了？怎么还不回家？我们后悔的事越想越多！装修好了的房子没住上！没有上北京大医院去看病！没有好好打听一下手术和不手术的利弊！当时是否应该把实情告诉爸让他也参与一下意见？我们在谴责自己，这病是怎么给爸治的，怎么就把一个好生生的人给治没了呢？不能再说了，不能再想了，我们都快要崩溃了！实际上我们都知道爸是得了不治之症，不论采取何种方式都是这种结局，道理都明白，但还是想不开！只要想起就泪流满面！只能让时间来冲淡伤痛吧！

爸患病住院期间，王光龙、王相文、韩雪屏、洪宗礼等老师曾多次往家中打电话无人接听，他们又委托省教育学院的佟士凡、毓明笠老师多次来医院看望。同时，他们又多次与我通电话，发短信，随时了解爸的病情，并要求在爸还清醒、能说话时来看望一下。王相文老师几乎天天和我通电话安慰我，并告诉我应该如何做，就像在关心自己的父亲一样。是否让大家远道来看爸，得征求爸意见，否则他会不安。

4 月 25 日上午，爸还让我给要来看望他的王光龙老师回短信："知你要来，你很繁忙，此意我已领会，切勿成行。"爸是担心老师们工作忙，路途远，又要花费很多钱，非常过意不去！我们知道他已没有多少时间了，就又做他工作，说大家都想来看看你，你也肯定很想见他们吧？25 日傍晚时他终于点头，同意让大家来了！

在 4 月 26—30 日这几天里，爸的天南地北的学生、同仁、好友千里迢迢来病榻前看望，给了他极大的安慰。看到这么多人来，他非常高兴。那几天他的精神格外好，话也说得格外清楚。王光龙、王相文、张文颖、姜丽萍、高丽、张蕾、王松泉、王安琳、闫宏斐、程顺之、李咏梅等老师都从外地赶来，在他弥留之际，给他以莫大的安慰！爸说话已很费力，但他还是把每个人叫到身边，一一询问工作情况、事业发展，并对每个人做了嘱咐。用爸的话说，他和他的学生们情同父子！爸对前来看望他的人、送慰问金的人、送礼物的人、发短信、打电话问候的人，均让我们做好记录，并让我们回电，还嘱咐我们在有机会时回报关心他的人！

那一段时间，通过我的手机来电话、发短信祝福的话语铺天盖地。我把每一条都念给爸听，然后基本上按他原话给予回复。那时他说话已经很费力了！印象最深的是：山西太原乔桂英、雷桂萍送来一篮鲜花，他马上说你回短信告诉她们："鲜花鲜艳无比，非常美丽。祝她们工作、著作双丰收！"湖南谷千帆老师每天必发短信来问询，5 月 7 日上午谷老师短信中对我爸说："朱先生，你承先启后堪称先哲，亮节高风可式后人。先哲前辈有才有德之人式后人，为后人楷模。你同意吗？"我念给爸听，他说："过奖了，完全同意！谢谢！"其实这时爸一直处于半昏迷状态，给谷老师的回话是爸最后说得最清楚最完整的话！

在这期间，周庆元、阎立钦、郑惠坚、曾祥芹、陈建伟、曹洪顺、倪三好、陈学法、张中原、卫灿金、袁修钧、黄沧海、陈玉秋、傅永安、王伟、张德斌、赵北柯、顾黄初、欧小松、叶云鹏、刘占伦、王香芝、许建中、颜禾、钱家珍、刘荧、张占根、吴雁程、武永明、黄麟生、李有荣、许书明、孙国兴等老师，中国高等教育出版社王宏凯、魏振水老师，山西师大语文报社蔡智敏总编，中国高等教育学会语文教育专业委员会，中国高等教育学会语文学习科学专业委员会，中国阅读学研究会，中国文章学研究会，全国教学艺术研究中心，湖北武穴实验小学等很多个人和学术团体，均以不同的形式表示了关心和慰问！这么多人的爱也无法挽救爸的生命！但这种感人的师生情、同志情叫我们感动万分！也为有这样一位受人尊敬的爸爸而自豪！我在这里代表全家向大家表示衷心的感谢！

送爸走时，王相文、王光龙、王玉辉、王雅萍、韩向东、张景业等老师赶来为爸送行，此情此景让我们难忘！不能前来的老师们敬献了满厅的花圈表达他们的哀思！这么多人送爸！爸：你知道吗？你这老师当得多光荣啊！这辈子真值！

在长春的陈永芳、佟士凡、毓明竺、刘莉萱、李晓明、高长春、宋翔、王鹏伟、张玉新、刘笑言、李北川等老师，多次到医院探望，并在这期间帮我们做了无数的工作，解决了我们的后顾之忧，让我们一心一意照顾爸。陈永芳老师和他的老伴钟姨，不顾年纪大跑前跑后，跟我们去看墓地，帮助安排亲属住宿，这些事都让我们难忘！

最让我们过意不去的是爸的得意门生张文颖。他毕业20多年来始终与爸保持着亲密的联系，他们的感情胜似父子。在爸病中，他多方努力，在治疗和后事上做了大量的工作，并陪我们看墓地。他所做的比我们姐仨都周到细致，我们没做到想到的他都替我们做了。真不知道如何感谢他！这些我们都铭记在心！

东北师大党委盛书记在百忙中看望爸，并给予了很高的评价。文学院领导、老干部处领导，都在爸病中和后事料理上给予了极大的帮助，对告别仪式精心安排，让爸走得很隆重，也很庄严！

爸去世后，王光龙和王松泉老师在繁忙的工作中积极组织怀念爸的文章。全国语文学习科学专业委员会决定《语文学习科学通讯》编发一期纪念专号，以这种形式表达学会同仁对爸的追思之情！

在这里，让我们再次向所有关心我爸的领导、同仁、好友、学生表示衷心的深深的谢意！

后　　记

敬爱的朱绍禹先生是2008年5月9日与世长辞的，享年87岁。全国语文学习科学专业委员会为了纪念本会第一、二届理事会理事长和第二届学术委员会主任朱绍禹先生，特在本会内刊《语文学习科学通讯》第22期编发了“纪念朱绍禹先生”专号。在专号的《编者的话》中说：为了学习先生的学术思想，发扬先生的学术精神，缅怀先生的光辉业绩，继承先生的未竟之志，为我国的语文学习科学事业作出更大贡献，我刊编委会在朱先生辞世不久，即决定编发《语文学习科学通讯》的“纪念朱绍禹先生”专号，以这种形式寄托我们的哀思，深切怀念敬爱的朱绍禹先生。第22期《语文学习科学通讯》共征集到51篇纪念文章，于2008年8月20日印发。

《语文学习科学通讯》第22期印发后，受到会员们的高度评价，认为学会做了一件及时的很有价值的好事。编印的1500册很快就赠送一空。考虑到《语文学习科学通讯》印数和赠发范围的有限，也考虑到征稿的对象还不够宽广，于是2011年4月开始在更大范围再次征集纪念文章，筹划正式出版纪念文集。征稿活动得到国内外语文同仁的热烈响应。年过八旬的赵北柯、董味甘、陈永芳、王伟等老先生闻讯都积极撰稿。阎立钦教授从国外归来后，立即赶写了回忆文章。朱先生的第一位硕士研究生、身在海外的严正教授得知征稿消息后，也及时联系发来稿件。部分同仁还撰写了第二篇回忆文章。朱绍禹先生的三个女儿在感激之余也组织亲属写了10多篇回忆文章。在一年多的时间里，我们先后征集到近百篇回忆文章，字数有26万之多。

征稿完成之后，为了保证文集的质量，避免回忆中的误记之处，我们请王松泉、佟士凡、王安琳、许建中、毓明笠、宋祥等六位教授分工对文稿作了内容审订和文字润色。六位教授不辞辛苦，对文稿详加审订，一丝不苟，令人感动！我们还邀请许建中教授参与了统稿工作。统稿完成后，我们特请中国高等教育学会语文教育专业委员会理事长周庆元教授为回忆文集撰写了序言。阅读庆元教授满怀深情的序言，不禁使我们再次涌起对朱先生的敬仰和怀念之情。

书稿文章大体按作者年龄从大到小排列。亲属文章排在后半部分。

张文颖先生是朱绍禹先生早年的语文教学论专业硕士研究生，对朱先生有着特别深厚的师生之情与“父子”之情。这本回忆文集是我们两位合作主编的。本书的出版得到了张文颖先生的慷慨资助。

语文出版社是教育部直属出版社，一直以出版语文教育图书而享誉海内外。我们选在语文出版社出版这本回忆文集，是想告慰毕其一生从事语文教育研究的朱绍禹先生：他所热爱的社会主义语文教育事业蒸蒸日上、后继有人，一代代语文教育工作者正沿着前辈所开创的语文教育大道阔步前进。

值本书出版之际，由衷感谢所有为本书撰稿、审订、作序、出资、编辑与出版的语文同仁！

王光龙

2014 年清明时节于杭州三塘